粮食安全视角的职业农民分化路径诊断与优化

LIANGSHI ANQUAN SHIJIAO DE ZHIYE NONGMIN FENHUA LUJING ZHENDUAN YU YOUHUA

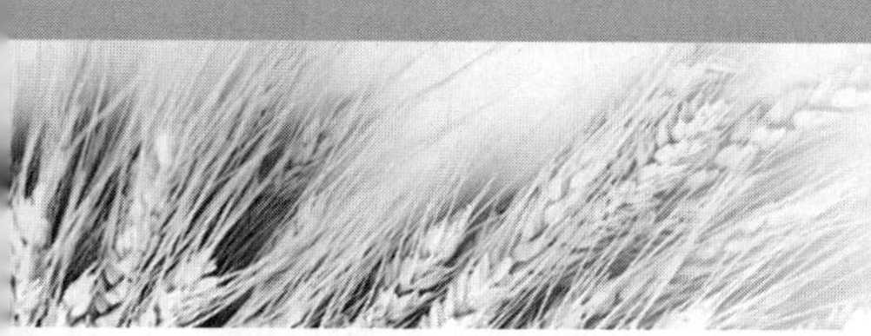

陈江生　海江波　吕律　著

中国农业出版社
北　京

图书在版编目（CIP）数据

粮食安全视角的职业农民分化路径诊断与优化 / 陈江生，海江波，吕律著．—北京：中国农业出版社，2023.5

ISBN 978-7-109-30588-5

Ⅰ．①粮…　Ⅱ．①陈…　②海…　③吕…　Ⅲ．①农民教育—职业教育—研究—中国　Ⅳ．①G725

中国国家版本馆 CIP 数据核字（2023）第 060682 号

中国农业出版社出版

地址：北京市朝阳区麦子店街 18 号楼

邮编：100125

责任编辑：司雪飞　　文字编辑：张潇逸

版式设计：王　晨　　责任校对：刘丽香

印刷：北京中兴印刷有限公司

版次：2023 年 5 月第 1 版

印次：2023 年 5 月北京第 1 次印刷

发行：新华书店北京发行所

开本：700mm×1000mm　1/16

印张：17.75

字数：285 千字

定价：68.00 元

本专著内容是完成国家社科基金项目（X16XRK002）和陕西省2021年度创新能力支撑计划项目（2021XYSF-12）形成的成果汇总和拓展，专著的出版受到陕西省2021年度创新能力支撑计划项目（2021XYSF-12）的资助。

前　言

FOREWORD

城乡关系有其相互依存性，乡村因其粮食安全保障的核心功能而有其重要的存在价值。乡村稳、城镇兴，只有乡村地区充分发展，才能充分发挥城市和乡村各自的功能，城乡之间才能达成功能互补、互利互惠、共生共赢的社会大系统。探讨乡村问题永远不会过时，且在新的时期显得愈发重要。

在当前农地资源有限的情况下，乡村粮食安全保障核心功能的实现主要来源于农地的高效利用，基本机制可以表述为：农地流转集中→稳定的职业农民群体形成与发展→构建高效的农业生产和经营体系→促进现代农业发展→保障国家粮食安全。在这个机制的运行过程中，稳定的职业农民队伍发挥着保障国家粮食安全的支撑功能，关键在于人、地升级，因为稳定的高素质职业农民与规模化农地结合是高效农业新技术应用的基础。

人、地升级是一个环环相扣的过程：①小农户分化和转移是农地资源通过流转集中于其他留守农户手中，进而形成集中连片的规模化农地的基础；②规模化的农地利用方式是农地经营者获得足够供养其家庭的收入保证，有利于高素质农地经营者长期专注于农业生产和经营，从而形成稳定的职业农民队伍；③人、地升级一方面可以实现规模经济，另一方面便于应用高效的农业生产新技术，无论是在进行粮食作物生产还是非粮食作物生产的情况下，职业农民均能获得较高收入，社会总体的粮畜油果产品的供给才会均衡，最终保障国家粮食安全。

乡村振兴战略的目标是服务于发挥好乡村独有的核心功能，通过“五大建设”（产业兴旺、生态宜居、乡风文明、治理有效、生活富裕）来破解乡村发展的关键问题，即吸引高素质青年劳动力乡村就业，更好地促进职业农民群体的形成与发展。对于农业生产者来说，一是收入吸引，这一吸引力的实现可由人、地升级本身来实现；二是宜居的生活环境吸引，包括硬环境（生态宜居）和软环境（治理有效和乡风文明）；三是完善的农业生产服务体系吸引，决定着农业生产对职业农民收入吸引实现的可能性。

规模化农地耕作模式能够有效抑制农地的非粮化进程，因为目前已经实现的机械化大田作物生产，使农户在不突破劳动者体力极限的情况下依然可能获得较高的总收入。农户间承包地的流转与集中被认为是农地承包权益再续30年政策条件下实现农地规模化经营的有效手段，但政策高效运行需要：①识别（潜在的）弃耕农户和（潜在的）农业退出农户；②探究对（潜在的）弃耕农户和（潜在的）农业退出农户的弃耕和退出决策产生阻碍的原因；③寻找（潜在的）高效规模化农地管理者。为此我们开展了相关主题的实证研究，为提速有限农地资源规模化的政策设计建言献策。

只有构建和协调好乡村生活服务系统、农业生产服务系统和农业生产系统三个方面的功能，才能有效提升乡村各业劳动力的基本素质，进一步实现农业劳动力素质结构的优化，例如乡村义务教育和医疗保障水平的不断提升在一定程度上会消除职业农民的后顾之忧，让高素质的青年农民安心于农业生产。乡村生活环境条件和农业生产服务条件吸引力的塑造都需要相关高素质劳动力的加入，开展潜在的乡村就业高素质劳动力精准定位研究，有利于进一步开展相应的政策设计，促进乡村劳动力素质结构升级，塑造对潜在职业农民有吸引力的乡村就业环境。

大学毕业生是高素质劳动力的典型代表，大学毕业生乡村就业的积极意义在于：首先，无论他们是直接从事农业生产、农业生产服务还是乡村生活服务行业，结果都会与农村生产和生活息息相关，能促进现代农业发展和保障粮食安全；其次，由于农业知识或服务技能的家庭濡化、继承和积累，农村生源的大学毕业生乡村就业有利于农业生产。因此，需要明确：是否有大学毕业生愿意到乡村就业？大学毕业生乡村就业的影响因素是什么？他们倾向于什么类型的岗位？为此我们开展了大学毕业生乡村就业实证研究。

从我国农村家庭子女的职业传承情况看，弱势小农家庭表现出了明显的被迫子承父业的特征，说明在一定时间内，我国农业的延续依然要由小农子女来承担，这与职业农民培育和现代农业发展的要求相矛盾。从大学毕业生视角看，虽然大学毕业生总体的就业倾向地是城市，但是也有少量的大学毕业生选择乡村就业，甚至继承父业，说明基于乡村就业的大学毕业生发展职业农民队伍是可能的，在这一过程中需要特别关注农科类专业的农村生源大学毕业生，促进他们的人职匹配有利于提高农业生产的效率。当前我国较大规模家庭农场的经营者还没有形成稳定的职业阶层，通过流转实现农地利用的规模化需要大量的资金投入，也就是说，成为具有较高职业阶层的职业农民、大农场管理者的门槛较高，阻碍了这些农村劳动力在农业内部的向上流动，相关稳定传承的机制仍然需要进一步探索。

乡村劳动力分化、升级和现代农业发展会促使未来乡村发生空间布局、劳动力和居民结构的变化，但是粮食供给的核心功能不会消失。稳定的职业农民队伍是发挥好乡村核心功能的关键要素，相关政策设计可以通过乡村生活服务体系、农业生产服务体系和农业生产体系的帮扶提升来实现职业农民队伍的吸引力、构建和素质方面的提升。我们在前期深入研究的基础上，围绕以上主题精心编撰了本专著，供相关学者和实践工作者参考。虽然本专著探讨的主题范围有限，我们仍然希望能够在推动相关理论认识和实践上做出一定的贡献，也欢迎广大读者批评和指正。

陈江生　海江波　吕律

2023年4月

目 录

CONTENTS

第1章 绪　论

1.1 研究目的和意义

“三农”问题事关全局，一直受到政府和相关学者的关注，目前学术界关于“三农”问题解决方案的基本共识是：减少农民，即从系统整体出发，通过各种途径积极疏导农村人口向城市永久性转移，有效控制农村人口增长（李宾等，2014），进而实现农村较少的劳动力（即职业农民）使用较多的生产资源，实现农民富裕、农村和谐和农业稳定的目标。其运行路径可以通过图1-1表述：在城市化背景下，农村劳动力（人口）首先分化为流动群体和留守群体，流动群体通过“农民兼业化→农民非农化→农民城市化”“农村中学生→高校入学→城市化”以及当兵转移、婚姻转移等其他城市化路径，实现大部分农村人口向城市的永久性转移，达到减少农村地区人口数量的目标；而较少的留守群体、城市回流的劳动力及大学毕业生则通过“农民专业化→农业技术现代化→家庭农场规模化→农民职业化”路径，在现代农业生产模式下实现富裕，进而更加安心地长期从事现代农业生产，以实现粮食安全的目标。

农业劳动力转移与农地集中具有重要的社会经济意义，前者能够支持国家的工业化与城镇化进程，后者有利于农业的规模经营与生产方式转型，实现现代农业生产。然而现实情况却并没有达到理想的状态，一方面，在家庭承包经营为主体的农村基本经营制度下，农业的经营方式并没有因为劳动力的转移而发生根本转变，因为有劳动力转移的家庭大都处于半转移状态，即部分家庭劳动力非农化，同时仍有家庭劳动力在农村生活，处于农业生产状态，以至于我国农业基本格局依然是小规模、分散化经营。另一方面，由于城乡劳动力市场的二元分割，使得在农村劳动力非农化流动的同时，并未产生有效的“市民化”人口迁徙。也就是说，农民

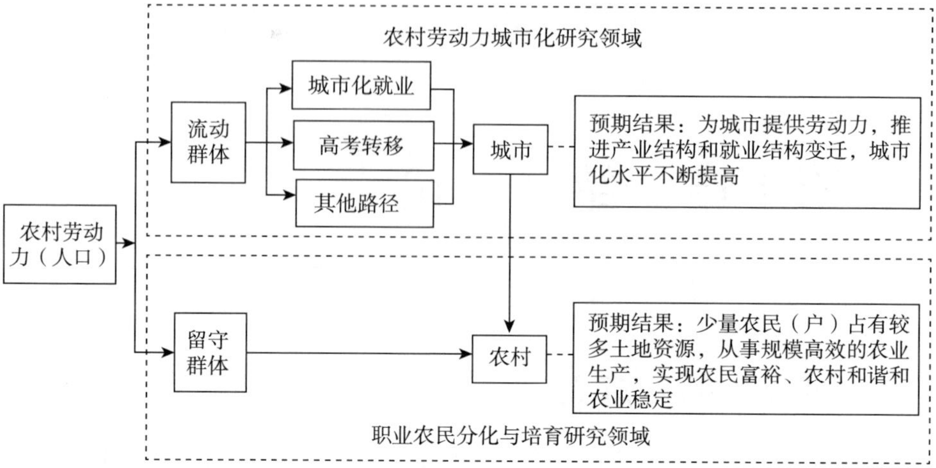

图 1-1　农村劳动力分化及职业农民形成路径

工“离农”，但却没有“弃地”；农民工“进城”，但却没有“迁徙”；农业耕地存在“弃耕”，但却没有发生有效的农地集中。

虽然农村人口城市化为减少农民，进而顺利实现农业规模化、产业化乃至现代化提供了历史条件（刘亮等，2014；Zhang et al.，2010），但是在实践中，“三农”问题的解决远未达到理想的程度（韩俊，2013）。随着大量新生代青年劳动力的“脱农”，“老人农业”和“留守农业”盛行，粗放经营、耕地细碎化、弃耕（撂荒）成为普遍现象（秦立建等，2011；陈池波等，2013；盖庆恩等，2014），说明我们在着力推进城市化进程的同时，忽略了农村地区新型农业生产主体的培育，以至于目前的农业生产主体分化进程落后、结构不合理，仍以传统的农业劳动力为主，而传统的农业生产劳动力又存在年龄结构不合理的问题。农村劳动力结构矛盾突出，农村人口锐减，老龄化程度严重，容易引起粮食生产粗放式经营、复种指数降低以及土地撂荒等现象。未来农村劳动力的短缺与老龄化将成为制约粮食产量和质量增长的重要因素，“明天谁来种地、怎样种地、谁来保障中国的粮食安全”等涉及中国农业长远发展和社会稳定的问题急需关注。若不从战略上研究并解决这些问题，我国将面临无人种地的境地（陈池波等，2013）。

农户行为的改变均是对相关政策响应的结果，基本机理可以通过图 1-2 的反向过程加以表述。国家农业领域的相关政策目标均是以保障总体粮食安全为指向的，即粮食数量安全、质量安全和未来安全。在土地资源有限的现代社会里，粮食安全保障的实现路径是农业的高效生产。农业生产效率的进一步提高在于改变传统的种植或养殖方式，即提升土地利用效率。在目前的各种土地利用方式中，传统的种养、家庭农场、农业合作社生产和大型企业运营等各类模式的生产效益差异较大，生产效率较高的农业生产模式是实现粮食安全的支撑基础。改传统农业生产模式为高效生产模式的执行者是农户，有些农户的家庭资源状况适合进一步发展为家庭农场的生产模式，有些农户的家庭资源状况则已经不适合继续从事农业生产，从政策上帮助适合的农户发展新的生产模式，同时积极引导不合适的农村家庭城市化，以减少现代农业生产的阻力，有利于现代农业的顺利发展，进而有效保障粮食安全。农户家庭生计的变化均是在追求其家庭利益最大化的过程中对相关政策响应的结果，在城市化引导政策下，部分农户因为自身家庭资源状况有利于在城市非农就业而获得更大的收益，其家庭则会通过一定的路径进城，而部分农户则会因为职业农民培育等惠农政策的实施而专注于农业生产，总体表现为农业劳动力的分化和职业农民群体的形成。

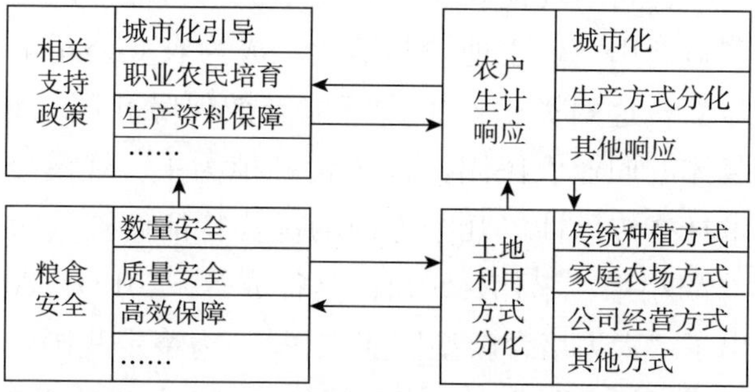

图1-2 “三农”政策目标与农户生计响应互馈路径

政策设计与实施、农户生计响应与分化、农地利用变化、粮食安全保障，它们彼此之间具有紧密的联系，是一个系统工程。为了有力保障粮食安全，我国出台了一系列的惠农政策，但是并没有停滞青年农民离开农业的脚步，因此有理由认为，图1-2所表示的粮食安全保障路径中的某个环节一定出了问题。目前的粮食安全形势的严峻状态可归因于土地利用方式的不合理，而土地利用方式的不合理主要来源于农户对相关政策的生计响应偏差，主要原因在于政策本身。粮食安全机制构建的高效性在于政策设计的合理性，政策设计的是否合理取决于农户生计响应行为是否走在了高效利用土地的道路上，其关键点在于对农户生计响应产生的分化和稳定的职业农民群体的形成过程的合理调控，因此必须加强对耕地利用最直接的执行者——农民的关注（谢旭轩等，2010；刘洪彬等，2012）。

基于以上认识，笔者从不同角度针对农户生计分化展开了前期研究。在前期研究中发现，农户生计策略会受到各种因素的综合影响，其中政策引导与调控居主导地位，农户行为在政策约束下具有明显的被动性特征，农户生计策略是农户结合自身资源对相关政策响应的结果（孙文凯等，2011），而农户生计选择又必然会影响到土地利用方式和国家总体粮食安全。因此，有必要对农民的生计分化过程和职业农民培育机制进行全面探讨，并在相关政策合理研究设计的基础上，使职业农民队伍走上高度稳定、技能先进、后继有人的道路。

目前我国的农业生产现状是传统农业劳动力、农业生产公司和职业农民等几类农业生产主体并存。传统农业劳动力虽然以粮食生产为主，但是生产效率低下；农业生产公司虽然在一定程度上缓解了耕地细碎化的问题，使农业规模化生产、利用现代农业生产技术成为可能，但是实力雄厚的农业生产公司在利益牵引下，土地“非粮化”成为农业公司生产模式下的一个普遍现象。显然，这两类生产主体不能有效保障我国未来的粮食安全。以家庭农场为载体的职业农民因其以粮食种植为主、规模经营、现代农业生产和产业技术具有传承性等几个方面的优势特征而被认为是值得期待的农业生产主体（胡小平，李伟，2014；李谷成等，2015）。2012 年的中央 1 号文件首次提出了“大力培育新型职业农民”，为稳定我国农业生产指明了方向，也意味着通过培育职业农民来保障粮食安全的思路正在走向实践。

长远看来，农民要作为一种职业选择，就必须具有职业吸引力，而这种吸引力主要来自从事该职业的劳动力能够得到符合社会发展水平的收益报酬。农民个体要实现农业收益报酬的提高，一方面来源于生产规模的扩大（黄季焜，靳少泽，2015），另一方面来源于农业生产效率的提高。与其他职业不同的是，农业生产是依赖经验的活动，只有代际稳定传承才能不断积累和丰富农业生产经营经验，进一步稳定粮食的持续供给。从长期稳定的粮食安全角度考虑，农民（职业岗位）还应具有可传承的吸引力。农业生产技术代际传承的重要途径是家庭的代际传承，是在家庭环境下的濡化过程，农业技术的家庭代际传承相对于其他培训来说更加有生命力。

农业生产技术代际传承的实现，依赖于父辈职业农民能够获得的资产积累，并能够方便地传递下去，同时也依赖于职业农民子代认为该职业和资产能够成为其可信赖的报酬来源，从而值得继承并发展。但是现实情况却不容乐观，各类种养农民中，种粮农民收入最低，社会地位最低，劳动强度最大，种粮与其他工作的收入差距愈来愈大，种粮农户日益弱势化，农民种粮意愿不断下降，农民正不断地从种粮这个职业分化出去（肖铁肩等，2017）。这些问题是在农民分化过程中产生的，也需要在农民分化中解决，解决问题的基本思路是进一步引导农民分化，努力把留在农村的农民培养成职业农民。

只要农业生产的特点不变，以农户为经营单位的经营形式就不会发生变化，以此为基础形成的家庭农场就会成为主导的农业生产模式，因而家庭农场建设可以说是农业职业技术代代相传的重要途径（朱启臻等，2014）。以家庭农场为载体的职业农民必然会重视土地的可持续利用，不仅会对生产负责，也会对生态负责；不仅会对当前负责，也会充分考虑对后代负责，给子孙后代留下可以永续利用的土地。

“好”的制度能使“坏人”办好事，农户生计行为的“好”与“坏”均是在追求自身利益最大化的过程中对相关制度响应的结果。职业农民培育政策的目标实际上是微观层次的农户生计响应行为累积产生的宏观效果，一方面是支持城市化进程，促进更多的农村人口转化为城市永久居民；另一方面是在非城市化人口中分离出有一定规模的职业农民群体，并加以培育和支持，保障粮食安全。理清政策实施及反馈各环节的运行机理是提高政策效率的关键所在，对农户生计策略分化规律、相应引起的土地利用方式变化规律及其粮食安全效应展开研究有益于深层次地挖掘和评价“农业政策-农户生计-农地利用-粮食安全”系统的动态变化特征和机理，评价政策效果，并找出改进政策效果的途径。

20世纪70年代末期以来，我国农村的农民群体在职业选择、收入来源、消费方式等方面的均齐化特征不断减弱，异质性特征持续增强。农民群体本身越来越成为一个由不同类型行为主体构成并相互产生作用的“组合体”，同时，这一“组合体”随着时间的推移，也存在明显的分离特征。将农民视为同质化概念并据此认识我国“三农”问题和城乡融合问题正面临的重大挑战，从静态和动态两个方面对我国农民分化和职业农民群体形成特征进行检视，对深化已有经济理论有重要的意义。

乡村振兴战略是我国在决胜全面建成小康社会、全面建设社会主义现代化国家的背景下，围绕农业农村现代化和城乡融合发展命题而作出的基本战略部署。通过有效吸引和培育职业农民，发展现代农业生产，进而实现粮食长久安全和社会和谐稳定。在市场化经济体制转型背景下，农民是乡村振兴战略的主要实施者、推动者和获益者。激发农村活力、创新农业发展，首先需要理解农民概念和群体的变迁及其结果，就此而言，探究现阶段我国农民分化的表征、发生机制及客观效应，对立足农业和农村劳动力结构特征，有效地实施乡村振兴战略具有实践价值。

如何让一部分农民愿意放弃农地，既推进农民有效迁移，又使被低效利用的农地通过合理流转提高利用效率？如何通过多种形式的土地流转促进农村劳动力转移，推进城市化进程？不同类型的农民在土地流转和劳动力转移行为选择上具有何种差异？本书拟以农户政策响应规律为研究起点，从不同群体（农户和大学毕业生）微观层面研究劳动力在相关政策约束下的生计分化规律，深入系统地揭示案例区“政策引导-生计分化-土地利用升级-粮食安全”动态过程机理，以期进一步充实职业农民领域理论研究，在实践上科学地认识相关政策效果，尝试着开出宏观层面以粮食安全为目标，微观层面以引导职业农民生产粮食化、规模化、现代化和可传承性为内容的政策体系药方。

1.2 研究内容框架

1.2.1 基本思路

在生产实践中，当某类生产技术标准化以后，相关的生产才会实现规模化，规模化与标准化相互影响，相互促进。就目前的农业生产情况来看，平原区的粮食作物生产技术基本可以实现标准化，能够进行规模化生产；平原区的农地更容易通过流转实现集中，更容易符合我们目前关于现代农业规模化生产的认识。非平原区目前的农业机械化水平相对较低，农业科技水平还需要提高，非平原区将来如何开展规模化的现代农业生产、其现代农业走向何方尚不明晰。就目前的农业生产技术来说，在平原区开展实证研究，其结论可能与现代农业发展的要求更加接近。从特征的普遍性上来说，本书拟以陕西关中平原区为案例区开展研究，其结论可能对类似平原区的农业发展具有普遍的参考意义。

在城市化背景下，本书以农村劳动力（包括未迁移农村劳动力、回流农村劳动力及农村就业大学毕业生）为样本对象，以粮食安全为最终指向目标，开展农民分化特征及现代职业农民培育路径研究，为进一步的新型农业生产主体培育政策设计提供有价值的参考信息。

本书将在整合现有研究成果的基础上，在农户层面围绕“政策引导-生计分化-土地利用升级-粮食安全”互馈传导过程，通过变量筛选、调查汇总、数量模拟、逻辑分析等步骤，以农户政策生计响应为研究起点，分别开展“政策引导-生计分化”“生计分化-土地利用升级”“土地利用升级-粮食安全”三个环节相关内容的研究，以期发现问题，并提出共性或适于当地可行的职业农民促分化的政策建议。基本研究思路框架见图1-3。

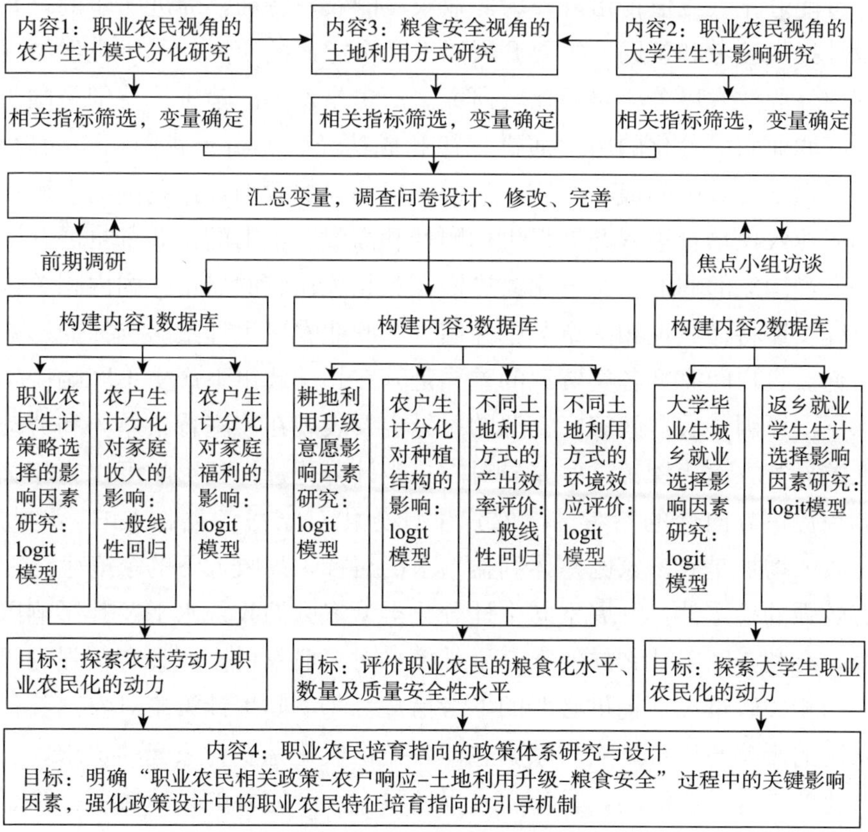

图1-3　基本研究思路框架

1.2.2 基本内容

目前从事农业生产的劳动力主要包括未城市化的留守劳动者、部分回流的农村富余劳动力和农业领域就业的大学毕业生，这些劳动力既是直接进入农业生产劳动力的来源基础，也是乡村生活和农业生产服务体系发展所需要的劳动力来源基础，因而表现出农村劳动力内部的多样性分化，同时也可能再次发生农村劳动力的外部性转移。本书将主要开展以职业农民为指向的各类劳动力分化路径特征诊断与优化研究，具体内容包括以下几个方面。

(1) 职业农民视角的农户生计模式分化研究

本部分研究内容将以图 1－4 所示路径为框架，以稳定的、高素质的职业农民队伍形成为指向，从家庭背景、收入水平和生活满意度等方面探索有可能分化（或值得培育）为职业农民的农户特征，为进一步的培育政策设计提供参考和帮助。主要开展以下几个方面的研究：①历史发展视角的国内外职业农民分化路径比较研究。历史是发展的镜子，特别是国外发达国家职业农民分化的历史演进规律和成功经验能给予我们相应的启示，我国可以学习其中的成功经验，规避其中的失败教训，让我国的农民促分化和职业农民培育进程开展得更加顺畅和高效。本书的第 8 章将展开介绍国外发达国家的职业农民分化演进回顾和相关比较的启示，国内相关内容的研究发展将在其他相关章节中介绍。②职业农民生计策略选择的影响因素研究。农户间家庭各类资源的差异是其在相关政策下产生不同响应结果的深层次原因，农户间家庭资源的差异主要表现在家庭背景差异和劳动力特征差异等方面，探索这些差异对农户生计分化选择的影响可以为相关政策调控提供方向性的参考。③农户生计分化对家庭各类收入的影响与评价。收入增加是农户家庭整体利益追求的目标，高收入下的家庭生计模式具有较强的稳定性，开展不同生计分化类型家庭的收入水平及其影响因素研究，有利于明确什么样的家庭生计模式对一般农村家庭具有较强的吸引力，为相关政策设计提供必要的参考信息。④不同生计策略对农户其他福利状况的影响与评价。农户家庭整体收益最大化是农村家庭的追求，收益最大化的内容是广泛的，目前学术界还没有一个完善的指标体系，除了收入水平之外，生活满意度指标也是标示收益的福利指标，较高的生活满意度意味着稳定的生活模式。开展基于生活满意度指标的农户生活福利水平影响因素研究同样有利于为相关政策设计提供有价值的参考信息。

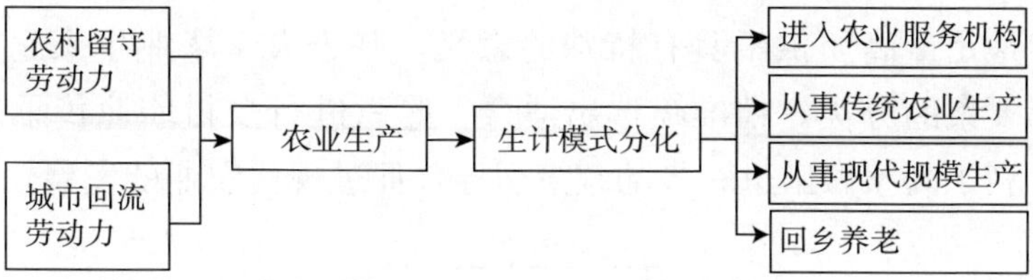

图1-4　农村劳动力生计分化路径

（2）职业农民视角的乡村就业大学生生计选择及其影响因素研究

大学毕业生是各行各业都需要的高素质青年准劳动力，对于农业和农村领域也不例外，大学毕业生是职业农民的理想候选人，是发展现代农业的高素质劳动力来源基础，促进大学毕业生乡村体系就业有利于改善我国农业现状、发展现代农业、保障粮食安全。图1-5是大学毕业生初次就业后的职业分化和发展的可能路径，在此框架下，研究是否有大学毕业生愿意乡村就业？谁会乡村就业？他们都去了什么岗位？他们的职业选择过程发生了职业传承还是职业流动？通过回答这些问题，挖掘大学毕业生乡村体系就业可能性及影响因素信息，对促进未来农业现代化发展具有重要的参考价值。我们将关注几个方面的内容：①大学毕业生城乡就业选择影响因素研究。城市和乡村均是大学毕业生的就业选择地，城乡生源大学毕业生由于家庭背景和个人特征的差异，其选择就业地时也会有不同的规律性存在，探析大学毕业生城乡就业选择的影响因素有利于明确大学生就业选择规律，为分离和寻找理想的职业农民提供较清晰的方向指引。②大学毕业生返乡就业生计模式选择影响因素研究。大学毕业生乡村就业是提升乡村劳动力基本素质、优化乡村劳动力年龄结构的有效途径，但是什么样的大学毕业生有可能选择乡村就业还需要深入研究。当然，乡村职业广泛，不仅包括农业生产，还包括乡村生活服务岗位和农业生产服务岗位等，这些岗位的劳动力年龄和素质结构的优化均会直接或间接地提升农业生产水平，进而保障整体的粮食安全。从相关特征差异入手分析可能乡村就业的大学毕业生有其现实基础，相关差异的梳理有利于为精准吸引大学毕业生乡村就业提供理论支持。③农村生源大学毕业生职业传承特征研究。职业传承有利于顺畅职业更替过程，职业流动有利于更好地进行人职匹配，但是由于农业生产职业往往处于各职业阶层的低层，在劳动力职业向上流动规律下，稳定农业代际传承对保障农业稳定而持续地发展、维护国家粮食长期稳定地足量高质供给具有特殊的意义。基于大学毕业生家庭背景、个人特征等要素的分类，精准筛选出适合、愿意进行乡村职业传承的大学毕业生，有利于国家做出进一步的政策引导，促进现代农业的发展。

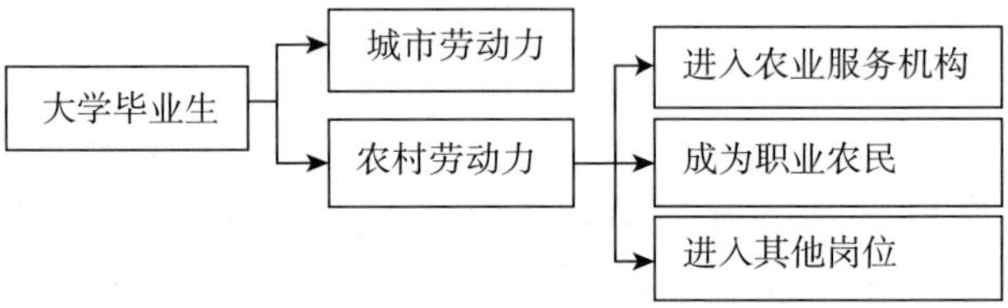

图 1－5　大学毕业生迁移路径

(3) 基于粮食安全视角的农户土地利用方式选择影响因素研究

从图 1－2 的政策反馈过程机理可以看出，土地利用方式是保障粮食安全的重要一环，也是农户生计选择和变迁的重要内容。细碎化、小规模的农地承包经营模式在完成其历史使命的过程中逐渐显现出了生产效能的不足，改革现有土地利用方式、促进规模化的农地利用方式，既是现代农业生产的基本要求，也是吸引高素质青年劳动力加入职业农民队伍的基础条件之一。在第二轮土地承包到期后再延长 30 年的政策背景下，如何走向规模高效的现代农业生产需要进行深入研究。本部分内容主要关注不同生计选择下可能的土地利用方式选择及其影响因素，相关内容包括：①农户生计资本差异对耕地利用规模及技术升级行为（意愿）的影响。在已经没有未开发土地资源的情况下，现有农地资源农户承包再续 30 年意味着农地小规模细碎化的承包状态在一定时期内长期存在，只能通过使用权的流转来实现耕地利用规模化，哪些农户会流出农地使用权、哪些农户会流入农地使用权、哪些农户会进一步发展成为职业农民，这些都需要精准定位。②农户生计资本差异及背景特征对耕地种植结构的影响。粮食供给量足、质优和可持续是社会稳定的基础，但是由于不同类型的种植作物收益率差异较大，在小规模农地使用情况下，农户更倾向于“非粮化”使用土地。大量农地“非粮化”会给国家粮食安全带来较大压力，探索影响农地“非粮化”的相关因素对保障国家粮食安全政策的设计具有重要的理论支撑意义。③农业视角职业代际传承的土地利用方式比较。农业职业的代际传承必然涉及土地利用方式，即农地承包权和使用权在家庭成员内部传承和外部传承是否会对土地质量产生影响，这一问题涉及农地可持续利用和粮食质量安全问题，开展农业代际传承研究有利于丰富农地质量提升领域的理论基础。

(4) 职业农民培育指向的政策体系研究与设计

科学的政策设计是解决社会问题的有效工具。发现问题下的深层次原因是科学设计政策，进而有效解决问题的基础。本部分内容在上述对农业劳动力行为进行研究的基础上，以粮食安全为目标，以适当减少农民数量、合理调控结构、选育理想职业农民为原则，围绕职业农民种粮、规模、高效、可传承四个方面特征，系统地展开农村劳动力城市化背景下的农地流转、农村生源学生教育和就业体系、职业农民培育等方面的政策研究和设计。主要包括：①职业农民群体政策定位研究。职业农民群体可能来源于留守农民的发展、农民子女的传承和青年大学生的加入，有针对性地设计种粮农户帮扶政策，促进部分有离农意愿的农村劳动力离农，同时帮助懂农业、爱农业的劳动力专心种粮，实现职业农民队伍长期有效和可持续地合理更替以及稳定职业农民队伍的目的。②代际传承性指向的政策研究与设计。农业财产、生产资料在代际间的传承受到保护是农业生产技能代际传承和发展的基础动力之一，也是现代农业发展和粮食安全的劳动力保障内容之一，但是其前提是农民上下两代均认为这些农业财产和生产资料值得继承，且代际传承在受到保护的政策下具有优先权。帮助有传承倾向的农户增加农业财富和生产资料、明确有吸引力的保护范围是农业相关政策设计的重要内容。③生产规模化指向的政策研究与设计。农地规模化是现代农业生产的基本要求，也是吸引高素质青年劳动力入职农业岗位的基本条件之一，目前认为，在第二轮土地承包到期后再延长 30 年的政策承诺下，农地使用权的流转是实现农地规模化的有效路径，开展农地促流转集中政策的设计具有重要的时代价值。④农业生产技术升级指向的政策研究与设计。农户层面农业生产技术的升级及普及化是全面实现现代农业生产的保证，精准帮扶有职业农民发展倾向的农户提升农业生产技术水平是相关政策设计的重要内容。农户农业生产技术水平升级包括硬件技术设备的升级和劳动力生产技能的升级两个方面。

需要说明的是，以上几个方面内容的深入研究分散分布于后续章节中，并没有拘泥于整齐的对应关系。

1.3 研究步骤与方法

科学有效的研究过程设计是研究内容实现的基础和保障，我们将按以下步骤开展相关研究工作，相关步骤中的研究方法也有明确的规范。

1.3.1 明确样本范围，筛选相关特征变量，完善调查问卷

研究数据库是实证研究的基础，研究样本和相关变量是研究数据库的基本内容，而调查问卷则是获得研究样本和相关变量的载体。笔者在前期研究的基础上，进一步细化对比，筛选样本特征要素，为样本调查问卷的进一步设计做准备。农户生计分化和职业农民培育相关研究的变量筛选主要关注农户生计类型、农户家庭人口特征、农户承包耕地特征和家庭所在地区域社会经济特征等。以高素质青年劳动力乡村就业特征为主要内容的研究变量主要包括大学毕业生的家庭背景信息、个人特征及学业成绩信息等。

为便于被调查对象回答，依据研究关注点筛选出所有的研究变量和要素，有针对性地将所有变量转化为相关问题，并将问题汇总列于问卷上，形成调查问卷。在正式开展调查前，需要进行小范围的预调查，并依据预调查过程中发现的问题进行问卷修订和优化，形成调查问卷定稿。支撑构建“农户分化与土地利用模式研究数据库”和“大学生乡村就业特征研究数据库”的调查问卷定稿分别见附录 1 和附录 2。

1.3.2 实地问卷调查方案设计与执行

实地问卷调查是一个庞大的系统工程，一方面需要执行随机调查的原则，另一方面也需要调查员熟悉问卷内容，以便调查顺利开展。调查时段、随机调查实现方式、样本调查过程实现方式、各项问题口径标准等方面均需要进行事先谋划和设计。笔者针对两项调查制定了详细的调查方案，并依据调查方案分别对两组参与调查人员进行了内容上的培训、明确了纪律与操作上的要求，以保证调查的顺利完成和统计信息的口径一致。

调查方案内容包括调查时段、地点、调查工作的后勤保障、调查对象的选取、问卷填写方式、问卷内容的理解一致性问题、问卷的回收要求等。按照调查方案要求，两个随机调查均是通过面对面问答、调查员亲自填写纸质问卷的形式完成，调查完成后问卷由调查员保存回收。

开展的两项调查用以构建两个研究数据库，对应支撑两个方面的研究：农户生计分化相关内容的研究（对应研究内容 1 和研究内容 3）和大学毕业生乡村就业特征相关内容的研究（对应研究内容 2）。这两个数据库分别为“农户分化与土地利用模式研究数据库”和“大学生乡村就业特征研究数据库”，从典型性和经济性原则出发，农户生计分化相关研究数据调查以具有典型土地流转快速发展特征的区域作为研究案例区开展调查，大学毕业生乡村就业特征调查以 2018 年 6 月毕业的大学毕业生为调查对象，在全国高校毕业生中开展随机调查。

1.3.3 数据汇总，形成一手数据库

对于调查完成后回收的问卷，通过预判问卷信息的完整性和有效性，将信息完整有效的问卷按两项调查分别进行统一排序和编号。首先在 Word 文档中按照问卷中的问题顺序设置变量名称、明确定义和统一赋值；然后由汇总人员依据变量顺序、定义和赋值要求，在 Excel 表中按照问卷编号顺序依次录入样本信息；最后拼接各汇总人员的汇总表，形成总体样本信息统计汇总表。

由于问卷多，需要汇总统计的变量信息量大，汇总过程中出现串行错位的现象在所难免，故可以利用统计软件中的变量描述统计功能进行变量的识别，对于超出赋值范围的变量可以通过样本编号返查调查问卷，如果是统计错位，可以进行修正；如果是调查过程中的错误信息，则可以考虑删除该样本。

经过对所有变量的统计识别、返查问卷、样本信息修正和极端样本删除等过程，最终形成有效的研究样本数据库。

1.3.4 实证分析

通过统计描述能够初步直观地了解样本特征及整体规律性，以便更进一步地提炼构建研究模型所需的特征变量、特征层变量以及提出研究假

设。对数据库进行的统计描述包括离散分析、因子分析、相关分析等，本书各部分的实证分析均不同程度地进行了相关方面的统计描述。

多元定类 logistic 回归模型是本书开展研究应用的重要模型，主要用于内容 1 的研究，通过构建因变量虚拟变量，分别估计相关因素对三种及以上生计类型的影响。其中自变量分别为相关政策虚拟变量、家庭背景特征变量、耕地特征变量和区域经济特征变量等。假设因变量（农户生计策略）有 M 类，确定某一类生计策略为参照，其估计概率模型如下：

$$\Pr(y_i = l) = \frac{1}{1 + \sum_{h=2}^{M} \exp(\sum_{k=1}^{K} \beta_{hk} X_{ik})}$$

非参照策略概率估计模型为：

$$\Pr(y_i = m) = \frac{\exp(\sum_{k=1}^{K} \beta_{mk} X_{ik})}{1 + \sum_{h=2}^{M} \exp(\sum_{k=1}^{K} \beta_{hk} X_{ik})}$$

其中，X_{ik} 为第 k 个独立变量的第 i 个观测值，β_{mk} 是观测值 X_{ik} 的估计系数。为了便于解释，将以上两个模型相比后取对数进行线性化，线性化的表达式见式 1-1。本书后续研究的相关内容将按线性化表达式 1-1 展开讨论。

$$\ln\left[\frac{\Pr(y_i = m)}{\Pr(y_i = l)}\right] = \sum_{k=1}^{k} \beta_{mk} X_{ik} \qquad (1-1)$$

二项 logit 模型主要用于大学毕业生就业选择（内容 2）和农户土地利用意愿（内容 3）相关内容的研究，分别探索大学毕业生乡村就业发展为职业农民的可能性和农户土地利用升级意愿的影响因素。自变量分别为农户生计策略（或大学毕业生就业选择策略）虚拟变量、家庭背景特征变量、个人特征变量、耕地特征变量、区域经济特征要素等。生活满意度和收入情况是农户追逐利益而进行生计决策的重要参考指标，生活满意度影响因素研究拟选用二项 logit 模型展开估计，而收入影响因素估计则选用一般线性回归模型，模型结构如式 1-2 所示：

$$\ln y_i = \alpha + \beta X_i + u_i \qquad (1-2)$$

其中，y 为因变量，表示农户家庭收入（包括家庭总收入、人均收入和劳动力年收入等）或大学毕业生初职收入；α 为常数项；β 为自变量系数列向量；i 表示第 i 个样本；X 表示自变量列向量，包括土地利用方式、家庭资源特征变量等；u 为残差列项量。

1.3.5 政策方案设计

根据以上研究步骤的实现和探索结果，特别关注显著性水平较高的影响因素，通过充分论证，提出能正向影响相关变量的政策方案，以期达到农民群体有效分化和实现职业农民群体稳定发展的目标，进一步保障农业生产的粮食化、规模化、高效化和技术可传承性。

1.4 研究数据库构建

1.4.1 “农户分化与土地利用模式研究数据库”构建

在研究小组相互之间进行研究目标讨论、变量筛选和预调查的基础上，研究小组完成了《农户分化与土地利用模式研究调查问卷》。问卷内容由家庭成员基本信息、家庭背景信息、家庭收入信息、农地流转信息和现代农业技术使用情况五部分组成。家庭成员基本信息主要包括被调查者家庭的户主、家庭成员与户主的关系、家庭人口数、家庭成员的性别、家庭成员的年龄、家庭成员的受教育水平、家庭成员的劳动能力等。家庭背景信息包括农户家庭距离最近集镇的距离、农地距离主干道的平均距离、农户家庭农机拥有数量、农户家庭承包地面积、农户家庭承包地地块数、农地抛荒地块数等。家庭收入信息主要包括种植业收入、养殖业收入、打工收入、工资收入、家庭副业收入、政府补贴、土地转出收入等。农地流转信息主要包括农地流转状态、农地流转面积、农地流转金额、农地流转年限、农地流转对象、农地流转合约类型、流转农地用途等。现代农业技术使用情况主要包括农地温室大棚技术使用面积、农地机械技术使用面积等。

将研究案例区定在陕西关中平原区，主要原因在于：①陕西关中平原区人口密集，耕地面积接近陕西省耕地总面积的一半，是陕西省最主要的粮食产区，其农业生产水平处于全国中游水平，在农业生产水平上具有较强的代表性；②陕西关中平原区农业人口众多，土地细碎化严重，但是该区地势平坦，具备农地规模化经营潜力，规模化农地有利于农业机械化操作，这些都是发展现代农业生产的优势条件；③陕西关中平原区各县已经开展了不同程度的农地流转实践，既有经验，也有教训，具有开展相关研究的实践基础，其中表现出来的规律性值得探讨和研究；④从研究经济性的方面考虑，陕西关中平原区具有探索现代农业生产发展的典型代表性，同时就近调查研究有利于以较低的成本投入得出有价值的研究成果。从特征的普遍性上来说，本书的研究仅对平原区的农业发展具有普遍的参考意义。其他方面，如中游的农业生产水平特征和较强的农地流转水平特征等的研究价值在于成功与教训并存，基于实证研究得出的相关结论对相邻发展水平的区域来说有重要的参考价值。

调查小组由参与本项研究工作的西北农林科技大学教师团队和研究生组成。经过反复推敲完善调查方案后，于 2018 年 1 月 1 日至 20 日在陕西关中平原的杨陵示范区、周至县和西安市鄠邑区开展了随机入户问卷调查。调查采取问卷调查和典型访谈相结合的调研方法，由调查小组成员入户调研，对农户家庭成员代表进行一对一访谈，并记录信息。虽然调查对象是农村家庭中的某一位成员，但是调查的信息是以其家庭为单位的相关信息，可以假设农户家庭成员对其家庭情况是完全知情的，这样调查的农户家庭样本信息就是有效的。在每个县区随机抽取 10 个村庄，每个村庄随机调研 25 户农村家庭样本，最后共获得调查问卷 700 份。由于部分被调查数据表现出明显的不合理，例如极端高（低）的家庭收入，或者重要研究内容部分缺失，所以这些样本被剔除。最终确定的数据库样本量为 564 个，样本量符合大样本要求。

调研结束后，对调查问卷进行集中初审，对有效问卷编号，按顺序录入 Excel 数据表中。在统计软件中经过极端值检验，找出极端值样本编号对应的样本问卷，复查这些错误信息的来源，对于登录错误的信息进行改正，如果这些极端错误信息来源于问卷中的原始信息，则删除该样本。对于那些离散变量缺失值的情况，对样本进行删除处理；对于连续变量有缺失值的情况，以总样本的该连续变量平均值代替。除了问卷中的个人和家庭信息外，对于涉及的地区信息，按照样本住址查阅政府发布的统计数据，并对应样本序号录入数据表。数据表中的劳动力个人信息、家庭信息、区域信息共同组成研究数据库。数据库中的相关变量定义和统计描述在后续相关章节中表述。

1.4.2 “大学生乡村就业特征研究数据库”构建

一般来说，我国各高校本科毕业生均在每年的6月底毕业离校，而最后一个学期，即1月至6月是毕业生找工作的重要时期。每一位大学生在毕业前都面临着就业和升学的抉择，他们要向其所在大学或学院的学生工作办公室提交升学录取通知书或就业合同来证明他们去哪里就业或去哪一所机构继续深造学习。学校的学生就业服务机构将根据这些文件或合同将毕业生档案派送到相关的学生去向部门。如果毕业生没有提交升学录取通知书或就业合同，他们的档案将被发送到其家乡所在地的人力资源部门。这样一来，几乎所有的学生都可以在6月底前确定他们将要去哪里。

本研究数据库的构建主要服务于探索影响毕业生乡村就业可能性的关键因素，主要通过在毕业生中开展随机问卷调查的形式收集研究数据。研究团队依据前期研究成果、查阅相关文献、结合进一步的研究方向，明确所需要的研究变量，将研究变量对应的调查问题排列汇总成调查问卷，问卷主要由学生家庭背景、教育背景、个人特征和学习成绩等相关信息问题组成。家庭背景信息包括家庭成员人数、主要劳动力参与者的文化程度、家庭收入、父亲受教育年限、家庭居住地；教育背景信息包括学生就读大学的排名、学位和专业等；个人特征和学习成绩信息主要由学生的年龄和分数水平等信息组成；职业信息指依据就业协议显示的毕业后的初次就业情况，主要包括工作地点、工资和基于雇佣合同的雇佣类别等。调查问卷经研究小组在西北农林大学2017年毕业生中小规模预调查后修正定稿。

组建符合要求的强力调查执行团队是调研工作的重要一环。我们基于参与团队工作的西北农林科技大学8名四年级本科毕业生，通过他们分别邀请分布于全国各高校的朋友（主要也是各高校的四年级本科毕业生）参加调查工作。由于这些毕业生分布于各高校，所以由他们持问卷调查本校毕业生较方便，既可提高效率，又可降低成本。我们向这些参与调查工作的成员发放问卷、解释问题、提出工作程序和方法、反复交流统一思想，经过这些程序的全面培训后，要求他们在统一的时间段内开展工作。最后组建的工作团队由58名大学四年级的毕业生组成，分布于29个省份的49所不同大学或学院，这29个省份不包括青海、西藏、台湾、香港和澳门。

调查于2017年6月15日至20日进行，由每一位调查员在其所在的大学（或学院）和邻近的大学（或学院）对应届毕业生进行随机问卷调查。要求每一位调查员在每所大学10个以上不同专业的毕业班中以纸质问卷、面对面问答的形式开展调查，每一份样本问卷由调查员亲自填写和暂存。每班被调查样本量保持在3～5人。调查整理后共收集有效问卷1586份。

经过问卷初审，保留信息完整、没有明显错误的问卷进行统一顺序编号，然后基于受访者的问卷依次将样本信息录入Excel表格中。在统计软件中经过极端值检验，找出极端值样本编号对应的样本问卷，复查这些错误信息的来源，对于登录错误的信息进行改正，如果这些极端错误信息来源于问卷中的原始信息，则删除该样本。对于那些离散变量缺失值的情况，对样本进行删除处理；对于连续变量有缺失值的情况，以总样本的该连续变量平均值代替，例如，一些大学生毕业后拟在其父母的农场工作，对于此类没有确切收入值的职位，以其平均值作为其初始就业收入。最终确定的有效样本量为1479个，符合大样本标准。数据库中的相关变量定义和统计描述在后续相关章节中表述。

1.5 随机调查数据库构建技术要点说明

1.5.1 问卷设计的要点与经验

问卷是获得研究数据信息的基础，正因如此，许多开始从事相关研究的学者非常重视调查问卷的设计工作，以至于查阅大量的相关资料学习如何设计问卷。其实问卷设计工作没有太多的技巧，至少在格式、内容上没有太多的技巧，但是有些方面如果加以改进的话，能让研究进程更加顺畅。笔者根据以前的研究过程总结一些相关经验供读者研读和借鉴。

第一，问卷的篇幅和排版问题。①问卷最好采用一张纸的双面打印方式，这样的打印方式后期保存方便，不会发生因问卷反复查阅而丢失部分信息卷的情况。②由于被调查者的配合时间有限性和调查工作高效性的要求，所以调查问卷不宜过多，以两页为佳。虽然调查者通常希望通过一次调查获得更多的样本信息，但是被调查者往往不希望被占用太多的时间，以应该尽量用较少的问卷篇幅获得较多的样本信息。③在一对一问答、由调查员填写问卷的调查模式下，字体大小对调查没有太大的影响，较多篇幅的问卷可以通过缩小行间距和字号的方式控制在两页以内。

第二，问卷的导言设计。问卷抬头设计几句导言是有必要的，主要目的是让被调查者了解问卷目的，使被调查者放心配合调查。这一部分没必要设置太多的语言，一方面被调查者不会关心得太深入，被调查者更关心会不会让他的利益受损，因此用尽量少的语言强调匿名、用时少、没有利益冲突即可；另一方面，较大篇幅的导言解释和说明会占用问卷空间，反倒挤压了正文的空间。

第三，问题设置小技巧。①问卷中的问题是进一步研究要关注的问题，关心什么问题就罗列什么问题，问题的排列也没有一定之规；实际工作中通常会有不同的调查人员关于问题排列提出异议，在此需要强调的是，如果某一调查员所调查问卷中的问题排列顺序有变化，就会让后续统计汇总工作很难进行，顺序不一致的问卷只能作废处理，其后果是增加调查成本，降低调查效率，甚至中断研究工作。为了后续统计工作的方便，问卷中问题的排序不容随意打乱，因此发放纸质问卷开展调查是有必要的。②所设置问题的完成方式越简单越好，结论或答案最好能由调查员几笔完成，以保证调查工作能在较短的时间内完成。实际上，在随机调查过程中，被调查人对陌生的问话者往往会有较强的戒备心理，通常经过大约五分钟的简短寒暄后才会放松戒备、配合调查，这样一来，调查一份问卷要花更多的时间，那么能在调查前做的工作要尽量提前完成，能在后续工作中获得的信息就可以不在问卷中体现。③定稿的问卷也要对定性问题提前赋予固定的值（可以在问题后面的括号中标注），例如：男（1）女（0），调查员只需要在相应的答案上标记就行。这样可以有效减少问答过程中的工作量，简化记录，同时还有其他的优点，一方面定性问题数量化有利于后期统计软件的阅读；另一方面定性问题数值化便于不同人员统计过程中的口径定量统一。④能连续记录的变量就不要离散化记录，以减少失真的可能性。

1.5.2　调查方案设计要点

调查方案是调查工作的指导方案，是保障调查工作顺利完成、获取研究数据的又一项基础工作。调查方案设计和调查工作运行的效果都将影响研究数据的质量，进而影响研究成果。有了科学的调查方案，后续的调查工作按照调查方案依序展开，可以有效提高调查工作进度和质量。相关要点包括：

第一，调查方案内容要明确和具体。让每一位调查人员都能够看到调查方案有利于他们在工作过程中不断地查阅方案，解决调查过程中可能遇到的问题。只存在于负责人脑海中的调查方案会降低调查效率，甚至造成混乱。可见的调查方案应该发放到每一位调查人员手中。调查方案内容应该包括：调查时间要求、调查人员、调查地点、调查方式、后勤保障、调查任务、关键问题的理解、问卷填写要求与暂存、问卷的归集等。

第二，组建强有力的调查队伍。农户调查工作往往涉及区域广，工作量大，同时调查工作还有较强的时效性，需要在一个较短的时间内完成，以保证最终的数据库有更强的时间和地点代表性。在一个较短的时间内完成较大量的调查工作，需要吸纳较多的人员参加到调查队伍中来，但是最终数据库的使用与调查队员的利益相关性各不相同，最终数据库与调查队员利益相关性越强，调查队员工作起来往往越认真和高效。因此，应尽量吸收以学习为目的、自愿加入的成员或者数据库使用人员。或者说，扩大数据使用范围有利于调查成员队伍的扩大。

第三，严格培训调查人员。调查人员的态度和对问题的理解直接关系到样本信息的质量，培训调查人员是其中不可缺少的关键环节，关键点有：①让每一位调查人员了解随机问卷调查的科学意义。科学研究的目的是认识世界（总体），但是认识总体总是非常困难的，由于随机抽样具有突出的统计合理性和优越性，所以通过随机抽样构建研究数据库已经成为统计应用研究的一个重要步骤。实践过程中很难做到充分的随机调查，因为调查过程中的非随机性特征是难以避免的，例如，在走访农民过程中，总会有一些特征代表性的农民不在家，即使对在家的农民进行调查，过程中也会存在选择偏差。样本数据的获取过程不可能做到完全随机，那么利用样本数据去完全认识总体也是做不到的，但是我们应有的态度必须是通过分析、学习和交流，不断改进获取数据（随机调查）的方法，以尽量消除调查过程中的非随机特征，使之尽量与实际总体相靠拢，可以更好地代表总体。②让每一位调查人员熟悉问卷并统一对问卷中每一个问题的理解，以防出现较多的偏差。统一认识可以通过在组内逐项讨论确定最终的理解，特别是对于容易引起误解和歧义的问题或询问语言。③组内交流入户调查经验和预判可能出现的新情况，事先深入推演，以应对可能出现的其他问题。

第四，调查过程要点。调查人员的工作方式直接关系到样本信息的质量和效率，基本经验有：①采用面对面调查，由调查者填写问卷。虽然这种调查方式看似效率不高，但是获得的样本数据信息往往更全，质量更高，最终的效率会更高。②入户调查需要科学组合调查人员，男性调查员在入户调查实践中更容易引起居民警觉，女性调查员往往有较强的亲和力，容易获得居民的配合。③调查人员必须在自己调查的问卷上签名，然后递交给汇总保存人员。在问卷上签名有利于在研究过程中出现与该样本有关的问题时，可以追溯联系调查人员回忆相关信息，也有利于追责，提高调查人员的责任心。

1.5.3 汇总工作要点

问卷汇总工作是调查的收尾，却是数据研究的开端，有几个关键点需要重视。

第一，给有效问卷统一顺序编号，按序归档，长期保存。给回收的纸质问卷进行编号的意义在于：①在纸质问卷上直接编号，工作简便，一卷一号，不容易出现电子问卷经常发生的“一个问卷多次重复统计”的问题；②按照编号顺序保存和归档，方便后期查找；③统计描述过程中发现了样本异常值，可以通过样本编号顺利地返查相应的问卷，以核验相关信息；④在对一个问题进行研究的过程中，基于原生问题往往会有新的发现，产生新的研究问题，这种研究问题的延伸特性要求对调查问卷进行长期保存。

第二，按照问卷中编号和变量的顺序在汇总表中逐项录入样本信息。按照问卷编号顺序录入样本信息的过程要求问卷编号也是需要录入的样本信息，样本信息在汇总表中按样本编号顺序排列，一方面方便对可能出现的问题样本按顺序进行查找，另一方面也方便在多个统计人员之间按照编号协调和分配统计任务。按照问卷中的变量顺序录入信息，一方面是减少变量信息错位现象发生的基本要求，另一方面有利于多人同时开展汇总统计工作后进行汇总表的拼接。汇总统计工作往往由于调查问卷多、工作量大，需要多人同时汇总统计，需要事先对每一个需要统计的变量进行顺序定义，变量定义则需要形成专门的独立文档使用。每位汇总人员按照顺序定义的变量值进行汇总统计，可以有效减少汇总过程中因定义的理解偏差出现的汇总错误。

1.6 研究要点及可能的贡献

1.6.1 研究要点

第一，乡村粮食安全保障功能提升的关键点是对职业农民有吸引力的乡村生产和生活环境的塑造。

乡村因其粮食安全保障核心功能的不可替代性而有其重要的存在价值，在城乡社会系统中不可或缺。在当前比较收益率差异的影响下，以青壮年劳动力为主体的农业劳动力非农化转移致使我国农业劳动力结构失衡，我国正面临着发达国家同样面临的“青年农业劳动力短缺”的现实问题。吸引以青年、高素质和长期专注农业生产经营为特征的职业农民到乡村去从事规模化的现代农业生产，被认为是应对青年农业劳动力短缺、保障粮食安全的可靠途径。主要做法应该是：一方面通过促进现有小农户分化后，一部分走向城市，一部分走向乡村本地的非农岗位，可以为进一步的农地资源规模化、吸引高素质青年职业农民长期专注地从事现代农业生产创造积极的资源基础条件；另一方面通过吸引或培育高素质青年劳动力，使其成为职业农民，在规模农地利用模式下积极发展现代农业，进而实现保障国家粮食安全的总目标。规模农地利用模式下的收入提高是提升职业农民岗位吸引力的基础，也是长久保持职业农民队伍代际合理更替的基础。探索农户分化规律，精准定位潜在离农农户，有利于促分化调控政策的设计，为提速有限农地资源的规模化利用创造积极条件；在理清乡村振兴战略运行机理的情况下，开展潜在的乡村就业高素质劳动力精准定位研究，有利于进一步开展相应的政策设计，促进乡村劳动力素质结构升级，塑造对潜在职业农民有吸引力的乡村就业和生活环境，进而充分发挥乡村粮食安全保障的核心功能。

第二，通过农地流转集中创造农业生产家庭收入提升的生产条件是增强职业农民岗位吸引力的前提条件之一。

职业农民分化、现代农业发展、粮食安全三个方面相互影响，联系紧密，其中职业农民在这一体系中起着基础性的作用。在农地资源有限的情况下，粮食安全保障主要来源于农地的高效利用，即高效的现代农业发展为社会提供足额优质的粮食，其中的关键在于农业现代化发展过程中稳定的职业农民队伍的形成与发展。保障粮食安全是乡村振兴战略和促进现代农业发展的目标指向，只有通过人、地升级，进而实现农业现代化，才能真正保障国家粮食安全，基本机制可以表述为：构建有吸引力的职业农民服务体系（生产服务体系和生活服务体系）→农地流转集中→稳定的职业农民群体形成与发展→促进现代农业发展→保障国家粮食安全。在这个过程中需要注意几个方面：①小农户分化和转移是农地流转的基础，也是稳定的职业农民队伍形成的基础，因为只有一部分小农户离开农业，其承包的农地资源才可能通过流转集中于其他留守的农户手中，形成集中连片的规模化农地；②细碎化的农地经过流转集中形成的规模化农地，一方面可以实现规模经济，另一方面便于应用高效的农业新技术；③规模高效的农地利用方式是现代农业经营主体（职业农民）获得足够供养其家庭的收入保证，基于规模化的农地经营带来的稳定且高于或持平于其他行业的收入有利于现代农业经营者长期专注于农业生产和经营，最终安心于提升农业生产技术水平以适应不断提高的职业农民岗位要求；④安心于农业生产的职业农民队伍通过专注于现代农业技术应用，专心于农地质量保护而实现农业高效生产；⑤无论进行粮食作物生产还是进行非粮食作物生产，只有职业农民能够获得较高农业收入的情况下，社会总体的粮畜油果产品的供给才会均衡，最终保障粮食安全。

第三，职业农民生活环境的优化是提升乡村地区职业农民岗位吸引力的又一前提，乡村振兴战略是乡村生活环境质量提升的契机，乡村生活环境建设是基本路径。

城乡关系相互依存，乡村稳，城镇兴，只有乡村振兴才能使社会整体持久繁荣。通过振兴乡村（包括农业生产子系统、农业生产服务子系统和乡村生活服务子系统）有效提升职业农民生活环境吸引力，才能促进城乡要素均衡配置，充分发挥城市和乡村的各项功能，使城乡之间形成功能互补、互利互惠、共生共赢的良性循环。乡村振兴战略运行的主要环节有：①粮食安全是乡村振兴战略的重要内容，实现粮食安全目标的基础是有限农地面积上的农业持续高效生产（即农业产业兴旺）；②要实现农业持续高效生产，必须要有高素质农业劳动力（职业农民）愿意长期从事农业生产，愿意的基础是安心居住（来源于生态宜居的生活条件）在乡村的劳动力可以从农业生产中获得足够供养其家庭生活的收入，至少与其他城乡行业的劳动力收入水平相当（即职业农民富裕才是保证职业农民岗位吸引力的基础）；③农业生产收入高（即农民富裕）才能吸引青年劳动力以农业为职业开展现代农业生产，但青年劳动力要获得足够的农业收入，要依靠其专业知识、适度规模的农地和完善的农业生产服务子系统的结合；④完善的农业生产服务体系升级也需要相关行业的高素质青年劳动力去乡村构建；⑤只有完善的生活子系统塑造的乡村宜居生活环境才能吸引高素质青年劳动力去乡村从事生产，反过来，完善的生活子系统和宜居的生活环境也需要高素质青年劳动力去优化。乡村生活子系统包括硬环境（生态宜居）和软环境（治理有效和乡风文明）。乡村振兴的直接目标是服务于乡村社会独有的农业生产核心功能，乡村振兴可以保障社会整体粮食安全，其着眼点应在于提升乡村地域系统整体的可持续发展能力和竞争力，通过“五大建设”（产业兴旺、生态宜居、乡风文明、治理有效、生活富裕）来破解乡村发展的关键问题（即吸引高素质青年劳动力乡村就业，更好地服务于职业农民群体的形成与发展）。

第四，职业农民促分化和培育进程可以着眼于农民分化特征的差异性，精准施策。

总体来看，适于机械操作的规模化农地耕作模式被认为是有限劳动力和农地资源供给约束条件下提高粮食生产效率、改善粮食自给能力、保障粮食安全的有效途径。在劳动力层面，虽然粮食生产的利润率较低，但是在较大规模生产情况下，农民种粮依然可以获得较高的收入；另外，农业机械及标准化生产技术在大田粮食作物生产上相较于经济作物生产来说更为成熟，可以有效突破劳动力的体力束缚，因此规模化的农业生产模式可以有效抑制农地的“非粮化”进程。如果立足于农户的规模经济而扩大农户经营土地的规模，在农地资源有限的情况下，要让一部分农户获得规模农地，另一部分农户必须以家庭为单位离开土地去寻找非农就业机会，这样才会空出土地，促进农地集中而实现规模化利用。促进农户间承包地的流转与集中被认为是第二轮土地承包到期后再延长 30 年政策条件下改变农地细碎化经营导致的农业生产低效率问题，实现农地规模化经营，促进现代农业高效发展的有效手段。完善农地流转和规模化经营调控政策设计，要做的是：①识别（潜在的）弃耕农户和（潜在的）农业退出农户；②探究对（潜在的）弃耕农户和（潜在的）农业退出农户的弃耕和退出决策产生阻碍的原因；③寻找（潜在的）高效规模化农地管理者。为此我们开展了农地流转视角的农户分化特征实证研究，发现了一些有价值的信息：①耕地的规模效应是存在的，也就是说规模化种植农作物有利于提高生产率，这将吸引一些潜在的农地租入户实现规模化种植，进而保障粮食安全；②男性劳动力是其家庭增加耕地租用面积和农场规模的主要促进因素；③承租人、出租人和退耕者的良好生计状况将对潜在的农地流转行为产生积极的示范性影响；④当地劳动力非农就业可以增加农户租出其承包地的可能性。研究过程中也发现了一些值得注意的负面信息：①参与农业生产的家庭女性劳动力在农业生产和农地流转的决策中更有影响力，但她们普遍对小规模农地家庭的农地租赁构成障碍；②那些经过农地流转但是生活质量没有提高的农户对农地转移有更强大的负面影响，他们很容易成为周边农户的负面例子，以至于其周围的农地未流转户和农地部分租出户出于租出的风险考虑而不敢继续将土地租出；③女性留守农业是农户出于风险考虑的一种家庭劳动力安排，女性劳动者在农业家庭中始终处于抗风险的地位；④巨额的投资门槛阻碍了一些潜在的农村土地承包经营权流入行为的发生，而失败的农村土地承包经营权租入的例子也打消了潜在的农村土地承包经营者土地流入的念头；⑤另外，任何事情都有两面性，一些农业优惠和补贴政策也在一定程度上起到了阻止小农户把承包的农田租出去的作用。

第五，乡村各业劳动力素质提升既是乡村生活环境优化的标志，也是乡村生产和生活环境吸引力提升对建设劳动力的基本要求，有利于促进职业农民队伍发展及其合理的代际更替。

农业生产效率的提高可以来自农场规模扩大而实现的规模经济、人力资本水平提高实现的生产力提升和生产资料投入增加带来的产出增加。大规模农田和高素质青年劳动力（职业农民）的结合，即受过高等教育的青年农民经营的大型家庭农场是农业可持续发展和农业生产力水平提高的关键。关于农业劳动力素质结构升级的学术共识有：①家庭农业在将来的一定时间内仍然是世界范围内农业生产和粮食供给的主要来源；②顺畅地吸引高素质青年劳动力加入职业农民队伍有利于农业可持续发展、粮食安全和防止农业劳动力老龄化；③受教育水平较高的劳动力往往乐于经营较大规模的农场，并会更加有效地维护和提升农地质量，保障粮食安全。

大学毕业生乡村就业的积极意义在于：首先，无论他们是直接从事农业生产、农业生产服务还是乡村生活服务行业，结果都会与农民的生产和生活息息相关，能促进现代农业发展和保障粮食安全；其次，由于农业知识或服务技能的家庭濡化、继承和积累，农业生产家庭背景的大学毕业生乡村就业更有利于农业生产；最后，由于准入成本和制度限制，未来可能成为职业农民的大学毕业生很可能最初以家庭农业的方式经营。因此，需要明确：是否有大学毕业生愿意到乡村就业？大学毕业生乡村就业的影响因素是什么？他们倾向于什么类型的岗位？为此我们开展的大学毕业生乡村就业实证研究发现：①目前大学毕业生初次就业选择乡村的动力主要来自城市的推力；②具有乡村背景的毕业生比城市毕业生更有可能在乡村地区工作，但大多数有乡村背景的毕业生更倾向于非农管理岗位。

针对乡村留守劳动力开展教育培训是提升乡村劳动力素质结构的又一有效途径，但是针对农业劳动力开展的教育培训工作不能仅仅着眼于职业农民方向的教育培训。只有构建和协调好乡村生活服务系统、农业生产服务系统和农业生产系统三个方面的功能，才能有效提升乡村各业劳动力的基本素质，进一步实现农业劳动力素质结构的优化，例如乡村地区高素质劳动力支撑的义务教育和医疗保障水平的不断提升在一定程度上会解除职业农民的后顾之忧，让高素质的青年职业农民安心于农业生产。

第六，职业农民生产模式同样具有代际传承与阶层向上流动的职业吸引力，构建稳定、长期和可传承的职业农民队伍是可能的。

从我国农村家庭子女的职业传承情况看，弱势小农家庭表现出了明显的被迫子承父业的特征，说明在一定时间内，我国农业的延续依然要由小农子女来承担，这与职业农民培育和现代农业发展的要求相矛盾。从大学毕业生视角看，虽然大学毕业生总体的就业倾向地是城市，但是也有少量的大学毕业生选择到乡村就业，甚至继承父业，说明基于乡村就业的大学毕业生支撑和发展职业农民队伍是可能的，在这一过程中需要特别关注农科类专业的乡村生源大学毕业生，促进他们的人职匹配有利于提高农业生产的效率。农业行业内部没有形成有效的职业向上流动机制，影响了现代农业的发展和传承，一个可能的原因在于农业内部职业分化还没有成熟，例如规模化家庭农场主还不是稳定的职业阶层，通过流转实现农地利用的规模化需要大量的资金投入，也就是说，成为具有较高职业阶层的职业农民、大农场管理者的门槛较高，阻碍了这些农业劳动力在农业行业内部的向上流动，另一个可能的原因在于乡村“城市导向”的文化氛围的影响，农业生产家庭以其子女离开农业为荣，严重地影响了职业农民培育的进程。

乡村劳动力分化、升级和现代农业发展将会促使未来乡村发生空间布局、劳动力和居民结构的变化，但是乡村区域的粮食供给的核心功能不会消失，稳定的职业农民队伍仍是发挥好乡村核心功能的关键要素，相关政策设计可以通过针对乡村生活服务体系、农业生产服务体系和农业生产体系的帮扶提升来实现职业农民队伍的吸引、构建和素质提升。

1.6.2 可能的贡献

（1）理论贡献

本书将学术界关于乡村振兴、农户分化、现代农业生产等相关主题中纷繁的观点向职业农民支撑的粮食安全保障主线进行了归集，以宏观层面粮食安全为目标指向，在微观层面开展了以职业农民生产粮食化、规模化、现代化和可传承性为指向内容的前端环节上的规律性研究，希望相关结论和建议能为相关部门的决策提供有价值的参考。

（2）研究方法贡献

本书对研究过程中的做法进行了梳理和总结，包括问卷设计、样本调查方案设计、样本调查注意事项和样本统计分析等。这些经验总结都是在研究过程中经过检验的感悟，希望这些经验的分享能对相关学者的研究提供帮助，特别是对青年科研工作者在研究方法上的进步提供支持。

第2章　理论基础与相关概念探析

2.1　基本理论

2.1.1　分工理论

古典经济学的核心思想之一就是分工理论，分工与专业化是同一现象在不同层面的表象。从宏观层面来看，分工是指一个经济任务分解到不同职业岗位，各岗位相互配合衔接、共同完成经济任务的过程；而对分工后由某一个职业岗位承担的较为单一的任务特征，则称之为专业化。分工和专业化是促进生产效率提升的深层原因，因为专注于一件事情可以有效节约不同工作任务转换的时间，长期专注于一件事情积累的经验和对任务的理解也可以提升熟练度，有效缩短任务本身完成的时间，此外专注于一件事情也有利于技术创新。分工也是推动交易进行的支撑力量，因为只有在交易成本低于分工效率的情况下，生产行为才会走向分工和专业化；成本下降的过程就是经济增长的过程，因为成本下降的过程意味着利润增长，生产者愿意生产更多的商品。生产过程伴随着人们对成本下降技术的探索，因此分工被视为经济增长的源泉。马克思吸收了亚当·斯密的分工理论，将分工区分为2种类型：企业内部分工和社会内部分工。企业内部分工实际上是一种为提高资源配置效率而由企业管理部分设计的制度安排；而社会分工则是当相关群体间的交易费用足够低时，相关群体在参与市场交易过程中，各自追求利益最大化所产生的生产行为的差异化、专业化和市场化。前者是企业行政管理部门针对内部各岗位的制度安排设计，后者是由市场看不见的手协调实现的，虽然企业内部制定分工制度在小范围内只需要较低的成本，但是在大的市场范围内，市场规则会更有优势。

新古典主义批判分工理论提倡的专业化，认为其与规模经济、报酬递增是相违背的，不能从长期来解释效率提升和经济增长。笔者认为它们相互之间实际上并不矛盾，因为各自视角和关注点不同，专业化是内部不同任务之间相互独立现象的表述，而规模经济和报酬递增则是内部交易成本下降引起的同一任务量扩张的必然结果。科斯认为当存在较高的交易费用时，交易受阻，企业间的分工低效且难以形成，市场整体是无效率的，分工仅表现为企业内部行为。阿林·扬重新挖掘了分工理论的价值，认为分工会受市场范围的限制，超越市场范围的经济行为产生的成本是巨大的。梳理相关的理论文献，发现影响分工规模的因素大致包括市场范围（或市场规模）和交易成本，最终基于分工带来的专业化程度取决于对分工收益和交易成本的权衡（吴伟伟，2014）。虽然分工理论从产生至今仍在经历各种争议，但在具备一定外生性条件的情况下，如交易成本足够低、市场范围足够大，分工带来的专业化所引起的效率增加是毋庸置疑的。

随着社会经济的发展，社会各角落的技术进步促使相关成本不断降低，如交通技术的发展让运输成本不断降低，同时也扩大了经济行为的辐射面和辐射距离，从地理区域看，涵盖的市场范围在不断扩大。另外，在市场价格一定的情况下，如果生产技术的进步可以有效降低生产成本的话，那么扩大的利润空间无疑可以支持交易成本的增加，或者说可以用于支付市场扩大带来的成本，从这个角度看，社会技术的进步、经济的发展总会伴随着职业分工的不断发展。

农业领域也不会独立于分工理论之外。从社会整体视角看，农地流转与农业劳动力转移也是分工过程的表现形式，是社会总体分工的部分内容。在这个过程中，原农业劳动力群体分化并走向不同的职业岗位，分担不同的工作任务。从劳动力个人视角看，原农业劳动力走向不同职业岗位后，专门承担新的岗位所要求的工作任务，随着社会的发展，对各岗位的要求越来越细，专业化生产的特征越来越明显。斯密认为，分工有利于提高劳动熟练程度，节省转换工作的时间，促进技术的发明与运用，农业生产发展过程也不例外，正是因为分工深化，农地走向规模经营、集约经营，高效的现代农业生产对农地流转提出了要求。工业领域的分工与农业领域的分工具有紧密的联系，工业岗位的专业化集中于特定区域，经过长时间的发展之后，行业秘密公开、技术与组织发展、专有机器在众多企业的推广和有效使用、辅助行业的发展、熟练工人和技术工人市场的形成以及职业多元化等都构成了对农村富余劳动力转移的拉力，有利于农业资源的集中。

2.1.2 可持续发展理论

可持续发展的理念古已有之，中国古代文明就有“天人合一”的哲理和“人地共生”的长期社会实践理念，追求人与自然的关系保持高度的和谐统一。20世纪以来，随着科学技术和生产力的快速发展，人类社会创造了前所未有的物质财富，但是在经济繁荣的背后，资源枯竭、环境污染、生态破坏、贫富差距过大等问题日益突出，成为制约人类社会发展的难题。人们在重新审视走过的社会发展道路之后，逐渐意识到以资源环境换取经济增长的道路难以为继，人类应该探索一条新的发展道路。

1962年，美国生态学家蕾切尔·卡逊发表了《寂静的春天》，通过揭示化学杀虫剂的滥用对生物界和人类的致命危害，指出人类应该与自然界的其他生物和谐共处，共同分享地球。人们由此开始关注环境问题，关于经济增长、社会发展与环境关系的各种观点和学说不断涌现。1968年，一个由学者组成的非正式国际学术组织“罗马俱乐部”成立，该组织于1972年发表了题为《增长的极限》的报告，这份报告深刻地阐述了自然环境的重要性以及人口和资源之间的关系，指出人类正面临着资源耗竭和环境崩溃的现实性和紧迫性问题。该报告提出的“零增长”对策性方案表达了“合理的、持久的均衡发展”的思想，这正是可持续发展理念的雏形。1984年美国学者爱迪·维思在社会选择和分配公平理论基础上系统地论述了代际公平的理念，成为可持续发展的理论基石（冯雪艳，2018）。

1980年，由联合国环境规划署、世界自然保护基金会、国际自然保护联盟共同发布的《世界自然保护大纲》中首次明确提出了“可持续发展”的概念。1983年联合国成立了世界环境与发展委员会（WCED），以审查世界环境和发展的关键问题，并于1987年向联合国大会提交了研究报告《我们共同的未来》，正式对“可持续发展”的内涵作了明确的界定和深入的阐述：“可持续发展是既要能满足当代人的需要，又不对后代人满足其需要的能力构成威胁的发展。”1992 年，在巴西里约热内卢召开的联合国环境与发展大会上，183 个国家的代表和 70 个国际组织的代表讨论通过了《里约环境与发展宣言》和《21 世纪议程》两个纲领性的文件，可持续发展得到了世界最广泛和最高级别的政治承诺，标志着可持续发展理论走向实践。

可持续发展理论的核心是公平，包括代内公平和代际公平。代内公平是指同代人之间的横向公平，是可持续发展的公平原则在空间维度上的要求，应该体现在国与国之间、地区与地区之间，也应该体现在不同群体之间。代际公平的核心是“后代人优先原则”，是可持续发展的公平原则在时间维度上的要求。代内公平是可持续发展的基础，也是实现代际公平的前提，因为代内公平问题将会以各种形式对代际公平产生直接或间接的影响，对后代产生传递效应（方行明等，2017）。

可持续发展的目标是发展，核心是可持续，这就要求在实践工作中要兼顾公平原则、持续性原则和共同性原则，兼顾经济、社会、生态效益，兼顾当代人和后代人的利益，兼顾不同地区、不同行业、不同部门、不同群体的利益。目前社会各界关注的主要内容包括：①可持续发展的评价指标体系。科学地衡量一个国家或地区的可持续发展能力和状况，是对未来发展方向认识的基础，建立一套科学、实用、稳定的评价指标体系具有重要的实践意义。近年来，国内外学者对可持续发展指标体系的研究从未中断过。②可持续发展的模式。区域经济和社会的发展过程中往往会遇到这样或那样的资源或者环境约束，国内外围绕可持续发展模式的探索都是为了突破资源环境约束，实现经济发展与环境保护的双赢。近年来，循环经济、低碳经济和绿色经济的可持续发展模式相继出现，成为学术界研究的热点问题。③可持续发展战略。可持续发展战略要求当代的发展不牺牲未来几代人的需要，是在促进人口、资源、经济、社会、生态、环境协调发展、良性循环方面进行的全局性安排。

农业可持续发展是可持续发展的重要内容之一，是可持续发展理论在农业生产与发展过程中的体现和应用。1984 年，哥尔丹·道格拉斯明确提出了“农业可持续性”的问题。1991 年，联合国粮食及农业组织（FAO）将可持续农业定义为：可持续农业是采取某种方式，通过管理和保护自然资源，并调整技术和机构改革方向，以确保人类社会获得持续满足目前几代人和今后世世代代对农产品的需求。1992 年，世界环境与发展委员会（WECD）在巴西召开的环境与发展会议上通过的《21 世纪议程》，将农业与农村的可持续发展作为可持续发展的根本保证和优先领域。

国内外农业可持续发展的理论与实践研究主要集中于以下几个方面的内容。①内涵与特征。主要共识有：农业可持续发展就是要求在发展农业生产的过程中，不仅要强调产量、经济效益、社会效益，还要注重节约资源、维护生态、保护环境，讲求生态环境效益；既考虑当前，又不忽视长远；既注重生产的可持续性、经济的可持续性、社会的可持续性，又强调资源的可持续性、生态的可持续性、环境的可持续性。②理论基础与基本原则。农业可持续发展的理论基础来自生态学、经济学、社会学、生态经济学、资源经济学、环境经济学等多学科理论，我国在实践中提出了农业可持续发展的四大原则：坚持农业生产发展与资源环境承载力相匹配、坚持创新驱动与依法治理相协同、坚持当前治理与长远保护相统一、坚持试点先行与示范推广相统筹等。③规划设计与综合评价。强调将生态农业、循环农业、休闲农业等纳入农业可持续发展进行整体规划设计，通过实施和运行，对农业可持续发展的能力、生产效率、生态经济社会综合效益等进行科学评价。④典型模式评价与借鉴。相关学者在研究农业可持续发展模式时，还结合具体案例和实践加以分析，使模式研究更具有针对性、实践性和可操作性。国内外广泛研究的典型农业模式主要集中于发达国家。⑤发展途径与关键技术。相关学者提出实现农业可持续发展的主要途径有改善生态环境、改进种植结构、改变耕作方式、改良生物品种、改革管理制度等，进一步提出的关键技术有多熟种植技术、合理灌溉技术、土壤增肥技术、绿色防控技术、循环利用技术等。⑥区域发展障碍因子与对策。影响和阻碍农业可持续发展的因素有自然的，也有人为的，世界各地的自然条件和社会经济状况不同，农业可持续发展的障碍因子也各异，但是资源短缺、生态破坏、环境污染、能源不足、自然灾害频发、生物多样性锐减等问题是共性问题（黄国勤，2019）。除了上述研究之外，相关学者还进一步研究了全球尺度的农业可持续发展问题。

2.1.3 现代农业生产理论

1964 年，美国经济学家舒尔茨在其《改造传统农业》一书中从三个方面论述和分析了改造传统农业的问题，他将农业划分为三类：传统农业、现代农业和过渡农业。现代农业最根本的特征是不断将科学技术的最新成果应用于农业生产之中，不断改进其生产要素的配置，以机械替代手工劳动，不断突破体力劳动的约束，应用生物技术，使用化肥、农药，从而大大提高产量，使生产效率不断提高。改造传统农业必须从以下几个方面着手：对传统农业进行投资；新的农业生产要素要有合理的构成，并能不断提高质量；生产要素的价格要合理；必须加强农业科学研究；要建立多方面的社会性服务机构；要改革农业管理制度；要对人力资本进行投资；农业部门必须对农业大力支持等。

现代农业是相对于传统农业而言的概念，已经受到各国政府、广大学者和科技人员的关注。现代农业不是一个固定的图景，而是一个动态的、历史的、不断突破的农业生产过程，在其发展过程中表现出的特征有：①现代农业是以生物技术和信息技术为先导的、技术高度密集的产业。这里的技术指的是不断创新进步的技术，是不断突破要素束缚的技术进步。人的体力在一定时段内是有极限的，机械替代人力的过程就是突破人力束缚的过程，突破农业要素束缚而向无限方向发展。②适度规模经营和标准化。适度规模经营和生产流程标准化是技术进步突破资源约束的必然结果，受人力约束的种地规模有限，机械耕种可以突破人力限制，适合大规模生产行为，同时机械生产过程的要求也是标准化的。③现代农业的功能正在向多元化方向拓展。农业功能多元化是指农业功能多样，即超出传统农业粮食供给的单一功能，在为社会提供粮食和原料基本职能的基础上，不断拓展出文化、环境、社会等延伸功能，也就是说，农业不仅具有基本的经济、保障功能，而且还具有生态保护、观光休闲、文化传承等多重目标和功能。④现代农业是贸工农一体化经营和面向全球经济的商品农业。在农地资源有限的条件下，适度规模经营本身就意味着现代农业是少量农业劳动力从事高效的农业生产，产出较多的农产品，经过交易后，实现在各消费群体间的均衡分配。⑤现代农业是资源节约可持续发展的绿色产业。可持续农业理论是现代农业发展必须恪守的准则，现代农业发展的内容和目标不仅要立足于当前，更要展望于未来。农业是国民经济的基础，可持续农业是可持续发展理论的重要组成部分，是世界经济社会可持续发展的基础（刘喜波等，2011）。

现代农业是农业生产率持续增长的高效农业，其依赖基础是现代农业技术的不断进步和管理方案的不断优化。现代农业进程中需要不断优化的核心问题有两点：一是通过不断提升农业生产技术水平来突破农业发展面临的生产要素约束；二是要增强农业的市场竞争力和市场地位，以解决农业发展面临的市场需求约束和劳动力约束。换句话说，发展现代农业的基本路径便是破解农业发展面临的市场需求与生产要素的双重约束。舒尔茨关于改造传统农业的主要思想就是突破约束，促进现代农业发展，其许多观点都适用于我国现阶段农业发展的情况。相关学者提出的技术先导性、要素集约性、功能多样性、效益综合性和持续性等现代农业特征为我国农业的可持续发展做出了有益的探索。现代农业发展不仅对于农业增产、农民增收有重要意义，而且对促进社会主义新农村建设、统筹城乡协调发展、构筑和谐社会等均具有重要的支撑意义。

2.1.4 人力资本理论

人力资本理论是20世纪60年代在西方经济学中发展起来的理论，其代表人物为美国著名经济学家西奥多·舒尔茨。舒尔茨在长期的农业经济问题研究中发现，从20世纪初期到20世纪50年代，促使美国农业产量迅速提高和农业生产率增加的重要原因已不是资本存量、人口数量或者土地的增加，而主要是人的能力和技术水平的提高，即人力资本。人力资本是体现在劳动者身上的一种资本类型，包括劳动者的数量和质量，具体以劳动者的知识程度、技术水平、工作能力以及健康状况来表示和衡量。人力资本和土地、资金等实体性要素在社会生产中具有同等重要的作用，可以通过投资形成。人力资本的积累是社会经济增长的真正源泉，基本原因在于其内生效应、外溢效应和聚合效应。

人力资本的内生效应是指人力资本的改变会影响自身的边际产出，较高的产出又能反向投资于自身人力资本的增加。劳动者通过知识的积累、经验的增加、体质的强壮和素养的提升，将其应用于生产，可以有效降低成本，不断提升自己的边际产出水平。随着劳动力收入的增加，还能够通过投资不断实现自我提升，从而形成高效率、高产出和高收入的良性循环。

人力资本的外溢效应是指人力资本的改变对整个社会产生的影响。人力资本理论认为，一个拥有较高人力资本的人会对其周围的人以及整个社会产生更多有利的影响。首先，高资本化的人力个体会利用自身的知识和技术顺畅地承接技术的转移和扩散，能够开发和创新新技术，提高整体经济要素的生产效率。高资本化的人力群体更容易通过协同带动周围更大的群体提升生产效率。其次，高资本化的人力个体收入的增加不仅惠及自身，还能够加大家庭人力资本的投资力度，使整个家庭每一个成员的人力资本都得到提升，从而惠及整个社会。再次，高资本化的人力个体，由于素质较高、收入丰厚，会更加自觉主动地遵守法律法规，从而减少整个社会的犯罪率，能够切实维护社会的稳定，为社会经济发展提供一个稳定和谐的氛围。另外，高资本化的人力个体更具有理性，是理性的社会公民。理性的公民能够推动产生更好的政府，更好的政府则意味着明智的政府决策，而明智的政府决策会促进社会经济健康发展。这是外溢效应的正向性，反之就会出现外溢效应的负向性。

人力资本的聚合效应是指人力资本的提升会源源不断地吸引各种生产要素的流入。在国际或区域间的资本流动中，大部分商业资本都是从不发达国家或地区流向发达国家或地区。资本流动之所以如此，是因为发达国家或地区的人力资本开发得比较充分，形成的劳动力素质较高，具体表现在发达国家或地区的劳动力不仅普遍具有更丰富的知识、更熟练的技能和更丰富的经验，还具有诸如敬业精神、契约意识、创新思维等良好的职业素养。

自从人力资本理论创立以来，国内外学者对人力资本与收入的关系的研究逐渐增多，但是大多集中在教育对收入的贡献分析方面（张艳华等，2006；周逸先等，2001）。事实上，人力资本的形成途径多样，对人力的投资也体现在多个方面，主要有：①教育支出；②保健支出；③国内劳动力迁移流动的支出；④国际移民入境的支出。显然，凡是对劳动力基础的智力水平、体力水平和产出水平提升有贡献的投入行为均属于人力资本投资的范畴，相关学者围绕这四个人力投资方面的内容，在教育、健康、移民等领域展开了深入研究。舒尔茨在其人力资本投资理论中，把劳动力个人和家庭进行迁移或流动以适应不断变化的就业机会看作是自身人力资本投资的重要内容之一，是个人或家庭整体追求更大经济收益的行为决策过程。劳动力（或其家庭整体）在做出迁移（或职业流动）决策前必须考虑迁移（或职业流动）的成本与收益问题。劳动力（或其家庭整体）的迁移（或职业流动）成本包括：货币成本，即迁移费用，如交通、住宅、食物等方面的支出；机会成本，即因失业而减少的收入；非货币成本，即迁移的时间成本、脑力和体力的支出、心理成本等。迁移（或职业流动）的收益包括迁移后增加的货币收入和周边社会关系的改善、个人心理上的满足等非货币内容的收益。只有当迁移（或职业流动）的收益大于成本时，迁移（或职业流动）才可能发生。人力资本理论从人的体力和智力的视角解释了劳动力（或家庭整体）迁移的原因、特点和机制。

不难看出，劳动力的职业或地理区位的流动是人力资本投资的重要内容，因为劳动力流动行为可以促进人力资源向人力资本转化，实现地区人力资本的增加。许多贫困国家（或者具有良好教育基础的地区）难以摆脱贫困的原因之一就是缺乏促进劳动力流动、使现有人力资源高效转化为人力资本的机制，人力资源无法转化为人力资本，造成经济资源的浪费与流失，从而表现出本地区人力资本的缺乏（陈江生，2014）。农村人口城市化程度被认为是经济发展的评价标准之一，其实质是农村青年参军过程、农村生源大学生就业过程和农村富余劳动力流动就业过程均表现出了非生产过程中的人力进入生产过程的特征，这些过程是农村人力资源在城市实现资本化的过程，这些过程均体现了原农村劳动力的体力和智力在城市生产过程中的效率实现或提高。

目前人力资本流动或职业分化领域已经成为各相关领域学者关注的热点，如人口学和社会学学者关注劳动力个人的年龄、性别、文化程度、职业、家庭和种族等因素对迁移行为的影响；地理学者强调距离、迁出地和迁入地的人口规模等因素与迁移行为的相互影响，重力模型是其典型的研究方法；经济学家的研究建立在个人收入最大化追求假设的基础上，被广泛认同的一个迁移（或职业流动）的原因是建立在农村劳动力对城乡收入预期差距的基础上，如果劳动力预期流动的收入大于流动的成本，那么劳动力就会选择流动。随着中外学者对人力资本领域相关内容研究的不断丰富，人力资本理论逐步充实起来（陈江生，2014）。

2.2 基本概念探析

2.2.1 劳动分工与劳动力分化

要弄清楚劳动分工与劳动力分化的区别与联系，首先必须明确分工与分化这两个有着不同含义和应用领域的概念。辞典中关于分化的基本定义是：性质相同的事物变成性质不同的事物，或者是统一的事物变成分裂的事物。该定义应用于不同的领域则有不同的含义，如植物生物学关于分化的定义为："分化是指来自同一合子或遗传上同质的细胞转变为形态、化学成分结构和功能上异质的细胞的过程"。辞典中关于分工的定义为：按不同技能或社会要求分别做各不相同而又互相补充的工作。显然，分化是指事物的一种性质或状态的变化，其概念包含有一定的时间顺序性；而分工则指职业岗位的差别，其概念包含有时点并列性。

通过引申分工与分化的概念，结合本书的研究目标，分别引申出劳动分工与劳动力分化的概念。劳动力分化是指某一职业劳动力群体发展分裂为不同劳动力群体的过程；劳动分工是指劳动力群体按不同技能或社会要求分别做各不相同而又互相补充的工作的状态。劳动分工与劳动力分化既有区别，也有紧密的联系。劳动力分化是在整体层面的专业（生产劳动）多样化和劳动力间的专业差异化；劳动分工是指社会层面的劳动分工，亦称劳动社会分工，在本质上是劳动力个体层面（生产劳动）的专业化。

劳动分工是社会发展到一定阶段的必然结果，有其漫长的发展过程。人类社会起初只是行为方面的分工，即一个人承担多种工作任务，开展不同的工作时采用不同的操作手段。后来由于天赋、需要、偶然性等而出现了自发的或自然产生的个体分工。这种自然产生的个体分工不同于劳动的社会分工。真正意义上的社会分工是原始社会后期出现的，那时由于人口的增长和生产的进一步发展，出现了三次社会大分工：第一次是农业和畜牧业的分离，形成了专门从事农业和畜牧业的劳动者；第二次是手工业和农业的分离，出现了专门的工匠和独立的手工业者；第三次是商业的出现，分化出了专门从事商业活动的商人。在三次社会大分工的过程中，逐渐形成了物质生产劳动和精神生产劳动、体力劳动者和脑力劳动者的分离和对立。从物质劳动和精神劳动分离的时候起，才开始形成真实的分工。社会分工同自然分工的主要区别是：①社会分工不再是按性别和年龄等生理特点划分、局限于家庭范围内的物质生产劳动的分工，而是按劳动类型和形式在社会范围划分的具有广泛性的劳动分工；②社会分工不再是偶然存在的劳动分工，而是具有固定性专业划分的、稳定存在的社会性分工；

③社会分工是受到私有制、阶级对立制约的。社会分工突出地表现为脑力劳动和体力劳动分别由不同的人担任。

劳动的社会分工随着社会的发展变化而发展变化。社会分工取决于生产力水平（包括生产工具的类型和特点）和生产关系性质。在不同的社会历史阶段，分工具有不同的特点、形式。奴隶社会、封建社会由于生产规模狭小、经济和科学技术发展水平不高，社会分工处于不发达的较低级的阶段。封建社会农业中的分工由于土地的小块经营而受到了阻碍，在工业中和各手工行业内部根本没有实行分工，而各手工行业之间的分工也是很少的。随着近代工业的出现、资本主义经济和科学技术的发展，造成了社会分工的广泛发展，主要表现在：新的生产领域和生产部门的增加，企业或工厂内部分工的出现，生产过程的专业化分工越来越细，在整个社会中形成复杂的分工体系，并把分工扩展到国际范围，出现了国家间的分工。专业化的分工模式使社会分工具有固定化的性质，劳动者个人完全屈从于社会分工。

劳动的社会分工展现出个人专业化、专业多样化、生产迂回化和经济组织化四个方面的基本特征。报酬递增和效率改进可以通过改善交易效率以提升个人专业化水平、专业多样化程度和生产迂回化程度等途径获得，也就是获得个人专业化经济效果、专业多样化经济效果和生产迂回化经济效果。这些途径具有紧密的联系，生产迂回化实际上是生产环节的分解，结果是过程的多样化以及分解后的每一环节均走向了专业化，而这一切最终都综合在一定的分工组织结构中，形成整体的分工网络经济效果。劳动分工是经济发展的重要源泉，劳动力分化则是劳动分工过程的表现，劳动分工促进了劳动力分化。

从农业资源配置角度来看，农业劳动力是重要的农业生产资源，其数量无疑是影响农业生产组织方式的重要因素。当农村存在大量绝对富余劳动力时，每个家庭都试图通过“精耕细作”的方式使得产出最大化，以养活家庭中足够多的人口，在这种情况下，普遍存在着“男耕女织”“男外女内”等家庭内部性别之间的分工模式。由于农业劳动力规模大，往往选择以人力替代畜力或其他生产资料投入，当不存在从外部获得更高收入的就业机会时，很少有家庭会选择改变这种生产方式（如将土地出租给那些更善于经营的人，而自己从事商业活动或成为专门农业雇工）。我国计划经济时代，农村人口规模大，并且人口流动受到限制，工业、服务业部门能吸纳的劳动力有限，虽然增加了农业资本投入，但未从根本上改变以人力投入为主的农业生产模式。

2.2.2 农民分化与劳动力转移

农民是一个包含经济、社会、文化、政治以及地域特征的综合概念，从不同的标准出发可形成不同的农民概念。在当代中国，农民可以依据产业性质被定义为“从事农业生产的劳动者”，也可以依据区域性质被定义为“居住在乡村地区的社会成员”，还可以依据户籍性质被定义为“拥有农村户籍的居民”。尽管这些概念存在着重叠和交叉部分，但不同概念强调的侧重点是有区别的。然而这些概念都忽略了农民所从事的职业与其他生产经营的关系，表现出了较强的独立性。在当下的中国，农民更多的是一种身份、一种社会等级、一种生存状态、一种文化乃至一种心理状态。农民一词带有明显的文化色彩，仅以经济和社会发展的视角审视，可将农民定义为主要从农业中获得生活资料的劳动者（高帆，2018）。

目前，有许多学者关注农民内部类型的多样化，相关学者定义为农民分化问题；同时也有一些学者关注农业劳动力的离农过程，相关学者定义为劳动力转移问题。从理论上说，农民分化意味着农民群体内部从同质格局走向异质状态，其本质上属于农民或农民发展问题。农民分化源于农民的禀赋条件存在着差异，不同的农民家庭在人口结构、年龄特征、人力资本、社会资源、资本积累、对土地的依赖程度等方面并不相同，基于其禀赋资源而追求家庭收益最大化的结果会导致农民的经济选择不一致，由此就蕴含着农民之间产生社会分工和群体分化的可能。

农民分化通常被定义为农民在社会系统的结构中由原来承担多种功能的单一社会地位发展为承担单一功能的多种不同社会地位的过程（刘洪仁，2006）。换句话说，农民分化就是指农民这个群体在生产与生活方式中出现了从同质化向异质化的转变。这里面包含有两个含义，或者说目前学术界存在着两个方面的认识：一是结果的异质化或者是结果特征的不同，也可以理解为结果的多样化；二是走向特征差异的过程，包括质变情况下的分离，如非劳动力与农业劳动力的分离，有学者认为农民分化是指

“农民在现代化过程中从土地上、农业中分离出来，在由农业劳动者转化为非农产业劳动者或经营者的过程中形成的具有不同利益、不同特点、不同需求、相对稳定的阶层组合”。

转移的概念在辞典中有专门的定义，指同一主体从一个地方转往另一个地方，是一个主体在地理位置上发生变化的过程；或者是从一种存在状态转变到另一种状态，尤指精神上的转变，也是同一主体的状态变化。从这个定义可以看出，在转移的过程中，主体数量并没有改变。相应地，在引申研究农村劳动力转移的时候，主要指的是农村劳动力地理位置上的变化。农村居民的居住地从农村迁往城市，农村居民成为城市永久居民的过程，我们称之为城市化，这一过程其实也是农村居民或农村劳动力转移的过程。农村居民以农民工的形式进城打工，虽然居住地没有变化，但是该劳动力的就业状态发生了改变，这种情况也可以归入农村劳动力转移的范畴。农村劳动力转移是在市场机制的引导下资源优化配置的必然结果，它改变了留在农村务农的劳动力结构、认识水平等。

农村劳动力转移与农民分化既有区别，也有联系。区别在于，农村劳动力转移的视角是劳动力个体本身，转移前后的主体类型数量没有发生变化，而农村劳动力分化的视角是农村劳动力群体变化。从农业领域中转移出来的农村劳动力，他们从事非农产业生产经营，成为在城镇安居乐业的人群，从属性上看，他们已经不属于农民群体，但这一从农民群体分离的过程推动了留守农村的农民群体多样化结果的形成。两者之间的联系在于考察基础都是农村劳动力群体。一方面，农村劳动力转移出农村地区是停留于农村的劳动力群体结构发生变化和多样化的推动力；另一方面，如果发生城市劳动力加入农村劳动力队伍的情况，新入职的新型劳动力会促进农村劳动力结构多样化的形成。这种城乡劳动力地理位置上的迁移均能带来农村劳动力群体结构的多样化，可以认为农村劳动力转移是农村劳动力分化的重要内容之一。正因为两者间的紧密联系，一些学者将农民分化与农村劳动力转移过程等同起来。

劳动力分化和转移是一个职业差异化的过程，是历史发展的必然，不以人的意志为转移。社会生产力发展水平的高低决定着农民水平向度分化的程度，在自然分工的基础上，随着生产力的发展逐步形成社会分工，社会分工导致农业劳动力在不同职业岗位间配置，原岗位劳动力在新岗位配置的过程形成劳动力的职业转移，促进农民内部的分化。在经济的快速增长过程中，非农经济的发展增加了对劳动力的需求，使得农村富余劳动力的转移成为可能（汪少良等，2014）。

2.2.3 家庭农业与家庭农场

家庭农场这个词语并不是我国在农业实践中得来的，而是在改革开放以后逐渐由欧美地区传入我国的，主要来源词汇是“family farm”。以我国目前学术界的认识，家庭农场被定义为“以家庭为单位、在较大规模水平上进行农业活动的生产与经营主体，并且该家庭的收入主要通过所生产的农产品销售获得”（张彤，2016）。根据学术界对家庭农场的定义，在家庭农场具有不可替代的生产优势思想的指引下，为了鼓励规模化家庭农业生产的发展，近年来，我国各地逐步推开了基于“规模标准”的家庭农场认定工作，对符合规模的家庭农地利用单位进行审查评价，将符合家庭农场定义（特别是规模上的达标）的农业生产单位认定为家庭农场，并给予一定的资金支持和金融优惠。从认定结果看，数字是喜人的，但在基层调查过程中发现，这一认定过程在某些地区产生了一定的混乱，比较突出的是“抢帽子”现象，让令人期待的“农业生产效率大幅提高”的目标大打折扣。

为了更好地理解农业的未来发展和认识家庭农场的农业经营主体地位，制止“抢帽子”造成的混乱，笔者对家庭农场概念进行了细致的溯源梳理和研究。以关键词“family farm”为切入点搜索相关英文文献，认真分析和解读。在对大量含有“family farm”关键词的外文文献查阅和解读后，并没有发现关于“family farm”的确切定义，但可以从相关描述中可以得出一些有价值的信息。例如，2014 年，联合国粮食及农业组织（FAO）发布了以“家庭经营改革”为主题的《世界农业发展报告》，较为详细地阐述了全球农业经营主体的发展情况。该报告数据显示，全球大约有 5.7 亿个“farm”，其中 90%以上是“family farm”。这里的“family farm”泛指一切以家庭经营为主的农业经营主体，其经营规模可大可小，既包括以美国为代表的大规模“family farm”，又包括以法国为代表的中等规模“family farm”和以日本为代表的小规模“family farm”。从这里可以解读出，“farm”没有明确的规模标准，与目前国内对家庭农场的理解并不完全一致。国内外学者的认识为什么会差别这么大？到底谁对谁错？这种差异是否来自各自适应本国国情的创新？

通过进一步查阅中英文词典关于“farm”的解释，可以发现，“farm”具有两个含义，一个是农业，另一个是农场，如果指代农场的话，则是指农业场地，凡是利用场地进行农业生产的地方都可称为“farm”。事实上，目前所有的农业生产行为均是在场地上完成的，大片土地是场地，小片土地也是场地，并没有一个规模大小的标准在里面，如果这样解读和理解的话，那么农业和农场则有许多相通和联系之处。再来看看“family”，“family”是家庭的意思，是社会经济单元，对于农业生产有重要意义，是农业生产的最小单元，对于这个词汇的争议是不大的。正因为西方词汇“family farm”中的“family”和“farm”均有明确的内涵所指，在日常联合使用过程中也没有产生另外特殊的含义，所以也就没有必要展开对“family farm”的特殊定义解释了。但是在相关描述中，更多的发现是：相关外文文献关于“family farm”词汇的应用更加关注“family”而不是“farm”，而我国在学术研究和实践应用过程中则更加关注家庭农场中的农场。

目前我国学术界关于包含规模标准在内的家庭农场的定义显然是无法与“family farm”词汇相通对接的，西方文献关于“family farm”的理解更接近于家庭农业，而我国关于“family farm”的理解则更接近于“规模种植单位”。出现偏差的原因可能在于：一是翻译的错误或偏差，二是长期以来国人对农场概念的理解习惯使然。在概念上无法融通的情况下，学术思想交流不畅通，我国学术界自然会引出能与家庭农业相近的概念，如家庭经营等，但这一概念也不能较好地解释“family farm”。

以规模为标准的家庭农场并没有适应我国国情，也没有发挥出更好的实践功能，这个源于规模标准的认定结果造成了一定程度的混乱，并没有因为家庭农场的认定而有效提高农业生产效率，其主要原因在于“帽子”认定工作的困难。举一个普遍存在的幼儿园老师断案的例子来说明这个问题：好动的小朋友在听课或玩耍的过程中，经常会抢别人的帽子或者别的什么东西归为已有，这样就会造成物主委屈地要求老师断案，甚至是争抢双方共同要求老师断案。家庭农场认定工作类似于帽子归属问题，容易出现争抢，为了戴上“帽子”获得农业优惠补贴而采取各种手段，以至于因农业相关补贴错补而引发争相效仿，结果总是违背初衷。给生产行为戴“帽子”是不符合市场规律的，也是没有必要的，这个认定过程更容易造成不必要的损失。

目前学术界的共识是家庭农场的概念来源于“family farm”，如果这个词汇是强调生产单位的话，对于小规模的家庭生产单位，有农户、农业家庭等更好的词汇；对于大规模的家庭生产单位，也有农业大户等词汇。笔者认为，家庭农场并不是一个特殊的新鲜事物，没必要在实践中赋予规模含义加以认定并给予政策优惠支持，而对农业生产行为（即家庭农业）进行支持对保障社会整体粮食安全却有十分重要的意义。当然，支持方向由家庭农场改为家庭农业也需要一个调整过程，目前已通过家庭农场认定受益的群体会给进一步的调整带来阻力也是正常的。

鉴于以上认识，笔者认为“family farm”的本义概念应为家庭农业，将其定义为家庭农业在实践上有几点好处：一是以生产行为为标准考核生产单位，更符合粮食安全的基本要求；二是在应用口径上与国际相关文献的描述相一致，便于思想上、认识上乃至实践上的交流。本书后续的描述则偏重于家庭农业的概念，对农业生产和经营主体的关注则在于是否以家庭劳动力为基础作为标准。

2.2.4　人力资源与人力资本

舒尔茨虽然提出了人力资本理论，但是并没有给出人力资本的确切定义，后来的研究人员开展了相关人力资本与人力资源概念的激烈讨论，也发表了大量的学术论文，然而至今没有一个统一的说法，两个概念混用的现象仍然比较普遍。可以明确的是，人力资源和人力资本是有区别的。人力资源是一种经济资源，具有资源属性；而人力资本是一种经济资本，具有资本属性。要区分人力资源与人力资本，必须先要明确资源和资本的内涵差异。

对于资源的认识，《辞海》解释为“资财的来源”。经济学中把能够投入到生产中去创造财富的条件通称为资源。资源是创造财富的先决条件，先决条件并非一定处于经济活动过程中，例如埋在地下的煤炭，如果不挖掘出来，并应用于生产，它永远只能被称为资源，不能被称为资本。对于资本的定义认识较多，美国经济学家曼昆（2006）认为：“资本的本质在于它本身是可以生产出来的生产要素”；马克思认为：“资本作为自行增殖的价值，……它是一种运动，是一个经过各个不同阶段的循环过程”；我国经济学家高鸿业（2000）认为：“资本是由经济制度本身生产出来并被用作投入要素以便进一步生产更多的商品和劳务的物品”。可以发现，相关学者关于资本有一个共同的认识，即是否确定为资本的标志有两点：①要素是否处于经济生产活动中；②要素是否以能够带来利润为目的。结合以上对资源和资本的描述，笔者认为“是否处于经济活动过程中”就是区别资源与资本的主要标志（陈江生，2011）。

准确把握人力资源和人力资本的概念，必须结合以上对资源与资本的认识。可以从以下几个方面来理解人力资本：①资本可以分为物质资本和人力资本，人力资本是以劳动者为载体的资本，其本质属性是资本；②人力只有进入生产过程才能被称为资本，在非生产领域则不能被称为资本，例如，一名失业者，虽然他具有生产能力和技能，但他对于社会来说并不是人力资本；③人力资本有区别于物质资本的内容表现，人力资本的具体内容是附着在人体上的体力和技能。综合起来，可以认为，人力资本是在经济活动过程中，体现在所有劳动者身上的知识、智力、技能和体力的总和。也可以结合资源概念来认识人力资源：①人力资源是一种经济资源；②人口本身并不是人力资源，但人口数量是人力资源规模的数量基础；③人力资源的具体内容是指附着在人体上的劳动能力的总和，包括体力和智力；④人力资源具有生命周期，如不加以合理利用会降低甚至丧失。通过比较人力资源与人力资本的内涵，笔者认为：①人力资本与人力资源的具体表现内容均是指人所具有的体力和能力，是数量和质量的统一；②凡是具备劳动能力的人都是人力资源，但不一定是人力资本；③人力资源只有在它不断应用的过程中不断创造出更大的、更新的价值，它才具有资本的属性，而人力资本是人力资源中被开发出来并投入到经济活动中的那一部分；④人力资源与人力资本是分别处于生产过程不同阶段所投入的人的体力和智力的总称谓，在生产过程前可以被投入的劳动力体力和智力可以称为人力资源，在生产过程中投入的劳动力体力和智力可以称为人力资本（陈江生，2011）。

基于以上对人力资源与人力资本概念的探讨，可以进一步得出几点有价值的认识：第一，人力资源是经济发展的前提，没有丰富的人力资源，经济建设将成为无源之水，因此，经济建设的首要任务之一是培育和提升人力资源，其基本途径是扩大教育规模，提高教育质量。第二，人力资源或投入到经济活动中的人力资本的多少，不能简单地用劳动力数量来表示。综合了体力和智力的人力资本概念是不能简单地用人口数量来进行比较的。第三，丰富的人力资源并不等于丰富的人力资本，良好的就业转化机制不容忽视。人力资源无法转化为人力资本，将造成经济资源的浪费。无法转化为资本的人力资源将永远是资源，是消费品。第四，人力资源作为一种特殊的生产资源，如果不能得到及时转化，其资源量会减少或消失，甚至由于承载人口的特殊性，在不转化的情况下，可能产生负的社会效用（陈江生，2011）。

2.2.5 区域分工与区域安全

区域分工亦被称为劳动地域分工、地理分工，它是社会分工的空间形式，是指相互关联的社会生产体系受一定利益机制的支配而在地理空间上发生的分异。从个体（单个）区域的角度来看，它表现为区域生产专门化，即“各地区专门生产某种产品，有时是某一类产品甚至是产品的某一部分”。在资源和要素不能完全、自由流动的情况下，各个区域之间存在着经济发展条件和基础方面的差异，各个区域在经济交往中就必然要按照比较利益的原则，选择和发展具有优势资源支撑的产业。某地有优势的劳动行为集聚的过程，也是其他地区这一劳动劣势行为逐步消失的过程，该地区的优势劳动行为到一定规模时就出现了区域专业化部门。这种生产力的“趋优分布”是不以人的意志为转移的必然选择和演进过程，这种演进的结果是各地区根据自己的优势进行专业化生产，全社会形成一个部门间和区域间有差异的专业化体系。

区域分工的意义在于：①能够使各区域充分发挥资源、要素、区位等方面的优势，进行专业化生产；②合理利用资源，推动生产技术的提高和创新，提高产品质量和管理水平；③有利于提高各区域的经济效益和国民经济发展的总体效益。

如果最终的区域分工结果是相互割裂的区域内部的专业化生产，那么单个区域内的人类社会所能获得的福利也会是不全面的、有限的，最终的福利水平也是低下的。实际上，有分工就必然有合作和交流，不论何种区域分工理论，都强调区际交换和贸易的重要性，没有区际交换和贸易，就不可能有区域分工。交换和贸易是区际比较优势或比较利益实现的基本条件或路径，因为在没有交换和贸易的条件下，即使一个地区依据其优势条件生产出了更多数量的区域优势产品，具有了获取区域比较利益的基础，但是由于无法通过贸易进行交换，所以这些优势数量的产品是难以转化为真实收益的，其他地区也难以获取该地区的比较利益，社会整体（或区域间）的利益最大化也就难以实现。区域分工必须通过区际交换来实现其专业化部门生产的产品价值和满足自身对本区域不能生产或生产不利的产品的需求，从而扩大区域的生产能力，增进区域利益。

区域分工或专业化生产的发展必须同时具备三个条件：第一，专业化的某一类或某一种产品的生产规模必须超过当地的需求量，只有超过当地需求量的生产规模，才有产品输往区外，参加区际交换；第二，区域分工所节约的劳动量应大于因产品进行区际交换而提高的劳动量，换言之，专业化产品的生产成本与运往消费地区的运费之和必须小于在消费地区生产同类产品的成本；第三，生产地与消费地之间的商品价格必须有一定的梯度存在，在运费相对稳定的条件下，单位产品的差价愈大，对区域分工的实现和发展愈有利，专业化生产在某一区域上愈可能成立。

自分工理论诞生以来，其影响范围越来越广，其向区域空间领域的延伸形成了区域分工理论。随着社会经济的快速发展，区域分工理论得到了快速发展，在实践上也获得了巨大的收益。交通、管理、贸易合作创新等领域的快速发展大大降低了交易的成本，使分工的专业化水平不断深入发展，区域分工的范围和距离也越来越大。人们在为区域分工生产、区域间的交换合作带来的社会整体生产力水平不断提升而欢呼的同时，越来越频繁的自然灾害和群体性的突发事件使得在区域分工机制主导下的生产产品供给在短时间内断供的现象时有发生。在此情况下，除了交易成本的问题，交易的时间要素正进入人们的视野，让人们对区域系统安全又有了更强的关注。在一个高楼林立的居民区，如果断水断电三天以上的话，那对全小区的居民来说就是一场灾难；一个区域突发的粮食断供，即使有足够的粮食在路上运输，如果不能及时送到居民手中，居民的生命就会受到威胁；一个流域的水质受到污染，居民最需要的就是能够及时获得的纯净水。

无危为安，无损为全，政府关心的区域的无危和无损实际上是区域社会安全，条件基础是生产和生活供应充足，不会发生影响人类社会存续的事件。我国2019年暴发的非洲猪瘟严重影响了随后几年市场上的肉食品供应和猪肉在区域间的调运；席卷世界的新冠疫情在让世界人民遭受生命和财产损失的情况下，也引发了人们对粮食区内自给的怀念；另外，世界形势依然不稳定，区域内粮食供给、生态环境、政治和军事等领域的安全形势依然面临严峻挑战。这些挑战引起的区域各领域的不安全实际上是在区域分工体系下对交换和贸易环节的破坏。

安全是人类的本能需求。中国人一向以安心、安身为重，并以居安思危的态度促其实现。在贸易体系不健全、交换机制没有完全保障、突发事件的解决往往在时间上有较强紧迫性的情况下，区域分工与区域社会安全就是一对矛盾体。世界总体的粮食安全并不代表某一区域的粮食安全；无论是在任何交通效率水平下，近距离的交通总是比远距离的交通耗时更少。区域分工理论有其科学性，但是随着人类生活方式愈趋复杂，可能危害生命安全的情况随之增加，区域分工理论正在一定范围内受到区域安全理念的冲击，基于一定小区域内的综合均衡分工理念正悄然形成和发展，比如在我国人民心目中正在逐步扎根的“把饭碗端在自己手中，碗里装着自己的粮”“手中有粮，心中不慌”等理念就是对区域社会安全的追求。在区域分工的过程中兼顾区内安全正成为各级政府管理实践中的理想追求。

2.3 小结

本章中相关理论的介绍，目的是为后续的研究内容做好理论准备，对于笔者来说，可以回顾和梳理相关领域共识，让后续研究能够更紧密地建立在学术界已有的成果之上；对于读者来说，相关的理论准备也是必要的。虽然这些基本理论划定了明晰的研究空间和问题指向，但是学术界对相关理论内容覆盖下的一些概念存在不同的理解和争论，在不同概念理解指导下的实践也会产生不同的效果。从目前遇到的现实问题出发，发现目前对一些概念的理解需要进一步修订，如区域分工理论指导下的分工实践与特殊时期（如重大突发疫情和局部战争等）存在一定的冲突，区域安全问题也较为突出。另外，在实践中对家庭农场的理解与国际统计标准和应用方面也存在一定的偏差。因此笔者在对基础理论回顾和梳理之后，对一些与后续研究有紧密联系的概念进行了较深入的探析，既是对后续内容理解的认识准备，也是后续研究内容的相关界定，既有学术界共识的理解，也有个人深入探析后的认识。

第3章 粮食安全、现代农业发展与农民职业化的逻辑关系

3.1 粮食安全

粮食安全是一个世界性问题，关乎国计民生和社会稳定，在任何时代都会受到社会各界的广泛关注。随着时代的发展，人们对粮食安全概念的认识也从重点强调粮食供给的充足性发展到对粮食安全提出多层面要求。FAO于1974年将粮食安全定义为：保证任何人在任何时候都能得到为了生存和健康所需要的足够的食物。FAO于1983年又将粮食安全的定义扩展为：粮食安全的最终目标应该是确保所有人在任何时候既能买得起又能买得到他们所需的基本食物。随后，FAO又于1996年将粮食安全的定义丰富为：只有当所有人在任何时候都能在物质上和经济上获得足够、安全、富有营养的食物来满足其积极健康的膳食需要及食物喜好时，才实现了粮食安全。其内涵有这么几个方面：一是覆盖度广，任何人都能够获得粮食，这个获得性包含价格足够低的内涵，能够保证所有人都能买得起粮食；二是粮食数量安全，粮食生产的数量能够充分满足社会膳食需要；三是粮食供给是健康的，即质量安全，具体指粮食营养要能够满足人们实现积极和健康生活的需要；四是粮食供给是可持续的，即未来安全，指的是粮食生产是能够持续地足额供给的。

作为一个农业大国，我国的粮食生产对国内和国际粮食市场均有重要影响。如果我国发生粮食危机，会直接影响世界粮食市场供需及价格形成，同时也会对本国的稳定和发展产生影响，因此，我国政府一向重视粮食安全问题，在促进粮食生产方面做出了巨大努力。2004年的中央1号文件明确强调集中力量支持粮食主产区发展粮食产业。党的十八大指出严

守耕地保护红线，严格土地用途管制。2014 年的中央 1 号文件进一步提出完善国家粮食安全保障体系、抓紧构建新形势下的国家粮食安全战略。保障国家粮食安全的关键在于调整农民种植决策行为，调动其种粮的积极性，让农民愿意多种粮。如何提高农民种粮意愿已经成为学术界关注的一个重要问题（杨泽娟，2007）。

我国城市化进程在缓解农村人多地少矛盾、增加农民收入方面获得了广泛赞誉，但是以青壮年为主体的农业劳动力纷纷转向非农产业，土地撂荒、农业劳动力老龄化趋势明显，我国粮食安全正受到来自农业劳动力素质结构失衡的威胁，我国粮食安全形势不容忽视。

（1）我国粮食安全均衡覆盖压力大

粮食均衡覆盖的含义是区域社会不分群体，不分区位，所有居民均能享受到粮食安全的保障。我国地域面积大，区域类型多样，粮食主产区分布不均衡。在区域分工理论的引导下，社会各界的基本认识是：粮食分区分工生产本区有优势的农产品，然后进行区域间的交换，就能够保证各区域粮食消费的足额供应。需要强调的是，区域分工生产保障粮食安全这一模式存在的前提有两点：一是交通发达，不同区域生产的粮食能够通过发达的交通网流通到全国各地，实现区域粮食供给均衡；二是各区域经济发展水平高，收入分配合理。国际学术界普遍认为，相对于生产，粮食安全从广义上看更是一个收入问题，因为粮食足额、保质、持续地供应来源于农业劳动力的生产，基本动力来源于农业劳动力对收入的追求，涉及怎样种地、种多少地等一系列的问题；同时，收入的合理分配也是粮食安全覆盖宽度的有效保证，因为收入的合理分配能有效调配粮食在区域间的流通和运输，使粮食及时到达所有区域的居民手中。从全球化的角度来看，在过去 50 余年中，粮食产量的增长速度超过了人口增长的速度。FAO 的统计表明，1960 年到 2009 年人均粮食拥有量不断上升，增加了约 40%。因此，现在全球粮食危机和饥饿问题主要不是由生产造成的，而是由区域间的分配不均衡造成的（于晓华等，2012）。

粮食均衡覆盖也包括粮食结构的均衡。随着我国经济的进一步发展，人们的食物消费结构也在不断地调整和变化：从改革开放之初的“吃饱”，转变为“吃好”，并在向“吃精”的方向转变。最大的特点是食物结构中粗粮比重不断下降，肉类和乳制品等食物比重不断上升，这就需要大量的饲料去支撑养殖业的发展。从这个意义上说，今后我国的粮食安全正发生着结构性的变化，我国的粮食安全正向着“饲料安全”集中。为了更好地制定粮食安全政策，我国政府必须更好地关注我国不同区域间的粮食数量均衡问题和粮食结构的均衡问题。

虽然我国在全国交通和经济发展两个方面均取得了较大的发展，有条件也有能力在区域分工模式下解决粮食安全均衡覆盖的问题，但是非洲猪瘟和新冠疫情的暴发，让人们对区域分工理论又有了新的认识。我们应对非洲猪瘟传播的办法就是限制生猪跨区域调运，新冠疫情也严重影响着粮食在区域间的运输，在此情况下，本区已有粮食生产量、贮存量在稳定市场和维持社会秩序方面起到了重要的作用。将来类似的突发事件仍然有可能会出现，那么本区粮食具有一定程度的保障能力就显得尤为重要。

我国国土面积大，区域间粮食均衡供应存在一定的压力，主要是由于农业生产资源在地理区位上分布不均衡，如：①农业水资源分布不均衡；②耕地资源分布不均衡；③由于各区经济发达程度不同，所以农业劳动力转移和流动引起的农业劳动力分布也存在着区域间的差异。

应对区域间粮食安全覆盖不均衡的问题，特别是应对突发事件影响下的小区域内粮食供给问题，有效的应对办法有：①各区开展高标准农田建设，解决靠天吃饭的问题，保证农地水资源利用；②各区努力开展农田整治，增加农田数量；③采取有效措施防止本区农地“非粮化”，保证本区一定的粮食自给能力。

(2) 我国粮食数量安全面临挑战

粮食数量安全的基本内涵是，在不降低居民生活水平的情况下有足够数量的粮食可供消费。我国既是发展中人口大国，也是粮食生产大国，更是粮食消费大国。数量安全在我国粮食安全体系中地位突出，意义也十分重大，是粮食安全的基础内容之一。我国是人均耕地面积远低于世界平均水平的国家，用不足世界7%的耕地，养育着世界约20%的人口，人多地少是我国的基本国情。随着我国城市化进程的加快以及新型城镇化的发展，对土地的需求日益增加。目前我国粮食数量安全面临的主要影响因素有：①耕地面积减少的压力。我国建设用地需求和人口增加带来的住宅用地需求导致对耕地需求不断增加，建设用地需求与农业生产用地需求的矛盾日益突出。②农地质量下降引起的生产能力下降的压力。我国环境污染、土地沙漠化的扩大，导致我国耕地面积的减少和土地质量的下降。③农业可利用水资源的限制。我国农业水资源分布不均衡，严重影响了缺水地区的农地开发、利用和农业生产能力的进一步提高。④农业劳动力老龄化引起的生产能力偏低。老人农业的明显特点是自给自足，不以商品生产为目的。但是老年农民一方面不愿意使用新技术，有效提高农业生产能力；另一方面因体力不足而带来的撂荒现象严重，在一定程度上影响着粮食生产总量。⑤农民追逐非粮食作物较高的利润率，将承包地“非粮化”的行为给粮食供给带来较大的压力（黄艳平等，2018）。

粮食自给率是国际上衡量一个国家粮食安全水平的常用指标，即当年粮食产量占当年粮食消费量的比重。通常认为粮食自给率在100%以上属于完全自给；在95%～100%属于基本自给；在90%～95%，粮食安全水平尚可接受；一旦小于90%，粮食供求风险随之增大。粮食自给率的高低既取决于本国水资源和耕地资源等自然条件的约束，也有技术发展、劳动力和政策等相关因素的影响。2017年我国的谷物产量为56455万吨，较2016年减少83万吨；但是2017年我国粮食累计进口13062万吨，较上年增加了13.90%，我国粮食进口总量再创新高，约占粮食自产量的23%，如此低的粮食自给水平，应对突发事件的能力令人担忧。

我国人口数量占世界总人口的比例接近19%，且每年约增加六七百万人，加上大量农村人口进城就业和转移，农村人口变成了商品消费者，在生活习惯、饮食结构方面均会发生较大的改变，这些因素进一步推动着我国粮食需求的快速增长，农产品总体上还是供不应求，生产压力巨大，粮、棉、油、肉等几类农产品都需要从国际市场上进口。目前我国播种面积缺口达到20%，我国粮食供给正承担着越来越大的安全风险（陈锡文，2013）。

面对耕地和水等农业资源日益稀缺、生态环境问题日趋严峻以及粮食需求刚性增长等严峻现实，必须创新中国的粮食自给政策（唐华俊，2014）。我国政府明确提出了“以我为主、立足国内、确保产能、适度进口、科技支撑”的粮食安全新战略，并将其作为首要工作任务，这为强化我国粮食自给能力提出了新的要求。

提升粮食自给水平以强化应对突发事件的能力是当务之急，在我国目前的资源限制条件下，坚守耕地红线、改善耕地质量是我国粮食数量安全的基本支撑。目前关于可行措施的共识有：一是通过农地规模化提升粮食生产水平，一方面可以获得规模效益，降低生产成本；另一方面有利于增加科技投入，提高粮食单产，如农业生产机械化等现代农业科技手段的有效应用。二是加强土地利用管理，严控建设用地占用耕地，开展土地整理，完善征地制度，落实耕地占补平衡政策，保障耕地面积不下降。三是用地、养地，有效提高耕地生产能力。在提高粮食本土生产能力的同时，还需要强化引导，引导居民发扬优良传统，拒绝粮食浪费行为。

（3）我国粮食质量安全不容乐观

随着我国人口数量的不断增长和社会经济的持续发展，粮食安全保障与农业污染之间的矛盾越来越突出。一方面，在经济持续快速发展影响下的农业综合生产能力不断提升，但是耕地质量却有不断恶化的趋势，这种农业综合生产能力的提升往往会造成农业资源过度消耗（表现为耕地质量下降等），最终影响农产品质量；另一方面，随着我国居民消费水平的不断提高和营养健康观念的增强，人们开始重视农产品质量、安全和营养，耕地等农业基本生产资料的质量状况也越来越受到社会各界的广泛关注。

我国粮食质量压力主要来源于：①耕地质量退化严重。我国农业生产使用化肥存在“一高一低”的弊端。一是化肥施用量高，我国是世界上最大的化肥生产和消费国，我国耕地面积不到世界总量的 1/10，每年施用的化肥总量却是世界总量的 1/3；二是化肥的有效利用率低，我国水稻、小麦和玉米的氮肥利用率分别为 28.3%、28.2%和 26.1%，远低于国际平均水平。由于过量施用化肥、缺施有机肥，造成土壤板结、有机质土层厚度下降，如东北黑土地的有机质土层，已由 20 世纪 50 年代的平均 60～70 厘米，下降到目前的 20～30 厘米，而且还在以每年 0.3～1 厘米的速度下降。②土壤重金属和有机物污染加剧。我国耕地污染退化面积约占总耕地面积的1/10，其中工业“三废”污染耕地近 1.5 亿亩*[1]，污水灌溉面积已达 4 950 多万亩。在华南、华东、东南等矿区和工业发达地区，土壤

* 亩为非法定计量单位，1 亩＝1/15 公顷。——编者注

受重金属和难降解有机物的污染日趋严重。据第二次全国土地调查结果显示，我国中、重度污染土地面积达 5 000 万亩。土壤污染直接危及农产品质量安全，同时过量施用化肥也是农业面源污染的主要来源，严重影响着生态安全和人体健康，制约了农业的可持续发展。

土壤环境是农业生产的基础，加强土壤污染防治工作对农产品质量安全水平提升具有重要的支撑意义。目前形成的共识方案有：①开展土壤污染状况调查，制定修复计划。我国应尽快组织相关部委，以第二次全国土地调查结果为依据，根据污染区域和污染物类别以及污染的程度，制定修复计划。②突出重点，研究修复技术体系。以粮食主产区的土壤污染修复为重点，围绕现代农业发展需求，研究建立有较强推广价值的土壤污染治理修复技术体系。③制定土壤污染治理修复政策和法规。参照德、英等国的污染控制和管理成功经验，结合我国实际，制定法律法规和标准体系，防止土壤污染情况进一步恶化，把管理、治理土壤污染作为政府的行政职责。

(4) 我国粮食未来安全面临刚性需求增长

粮食安全并不是一个静态的概念，其内涵是动态的。从长远看，经济发展也面临着粮食需求的同步增长，今天的安全并不代表明天的粮食供给也是安全的。到 2050 年，预计世界人口将达到 90 亿左右，快速的人口增长将使粮食安全成为全球的巨大挑战（Godfray et al.，2010）。保障粮食产量意味着以农地、劳动、肥料等要素投入来生产，面对将来巨大人口体量对粮食的需求，也就意味着必须有持续不断的生产要素投入，即未来要有足够数量和质量的农地用于生产粮食，足够的劳动力从事农业生产。

《国家粮食安全中长期规划纲要（2008—2020 年）》指出，中国粮食自给率必须始终维持在 95%以上。也就是说，目前公认的粮食供给方式应该是自给，自给的粮食供给方式才是靠得住的，才能应对较大的风险。但是不得不面对的现实情况是：①我国耕地面积和粮食播种面积不断下降。由于城市化推进，大量农用地转变为建设用地，我国耕地面积和粮食播种面积不断下降。在未来随着我国城市化的进一步推进，耕地面积将会面临更大的缩减压力。②农用水资源越来越紧张。我国的人均水资源占有量只有世界平均水平的四分之一。由于农业用水的边际产出小于非农产业，随着经济的进一步发展，更多的水资源将会从农业转移到非农业领域。此外，我国大概有75%的江河湖泊被污染，使部分水资源甚至不能用来灌溉，农业用水压力进一步加大。③耕地质量（环境）不断恶化。土地沙漠化、盐碱化以及水土流失导致我国粮食每年减产约570万吨。土壤污染形势也相当严峻，受污染的耕地约有1.5亿亩，占全国耕地的1/10以上，每年造成的直接经济损失超过200亿元。

新时期中国粮食安全形势不容乐观，将会长期面临刚性需求增长、生产硬性约束等一系列问题。在可以预期的未来人口增长和粮食质量需求提升的情况下，以目前的生产模式和生产效能是难以满足的。除了农用自然资源恶化这一现实，我们还不得不面对青年农业劳动力流失的现实情况，“未来谁来种地”正在进一步影响我国粮食未来安全，基本原理可用图3-1来描述。我国的农村家庭承包经营制虽然在一定的历史阶段内大大促进了农业的生产，但是基于公平原则开展的农地划分承包的结果就是每家每户承包的耕地破碎且总面积小，其短板在于限制了农户收入的进一步增长。对于年轻家庭或劳动力来说，一方面，细碎化的耕地难以开展现代化的农业生产，较小的总耕地面积难以获得足够供养其家庭的农业收入，相比于较高收益率的城市非农产业，农业生产对青年劳动力的吸引力不足；另一方面，随着我国居民营养水平的提高，农业机械使用率的提高，农村劳动力明显延长了务农的年限，加上第二轮土地承包到期后再延长30年的政策背景，新成长起来的青年劳动力通过获取土地进行农业耕种的难度明显加大，年轻人离农就业成为不二选择。年轻人离农和老年人延长务农年限的结果是老人耕种土地。老人耕种土地的目标是自给自足，商品化生产动力不足，其结果是使用滞后的农业生产技术从事低效率的农业生产，或者由于体力不足，发生弃耕的现象。老人低效的耕种模式和青年劳动力离农的结果共同塑造了我国目前粮食供给不安全的状态，既有目前粮食生产数量不足引起的粮食不安全风险，也有未来无人种地的风险。要改变目前粮食供给严峻的形势，吸引青年劳动力入职农业生产，形成合理的代际更替水平是我们不得不面对的任务。

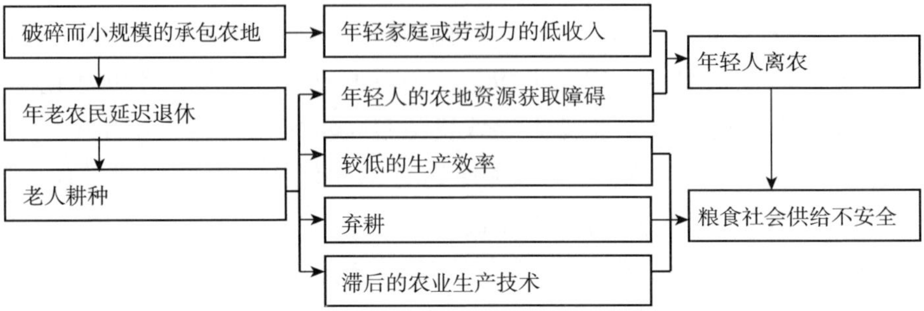

图 3-1　我国粮食供给低效机理

3.2　现代农业发展

基于不同的研究目的和划分标准，理论界对世界农业的发展阶段有着不同的划分，比如从农业生产力水平的角度把农业发展分为古代农业、近代农业和现代农业三个阶段，或分为原始农业、古代农业、近代农业和现代农业四个阶段。理论界对农业发展阶段的这些划分，从不同角度反映了世界农业发展的阶段性特征。目前常见的划分是原始农业、传统农业和现代农业三个阶段。

原始农业是从新石器时代到铁器工具出现以前的农业，经历了七八千年时间，总体上是自然状态下的农业。原始农业阶段正是农业的萌芽时期，但人类已经开始由顺应自然到积极地干预自然，由获得自然界现存食物到有目的地生产人类所需要的食物，尤其是开始了对野生动植物的驯化，实现了由采集向种植业、由狩猎向畜牧业的转变。原始农业以刀耕火种为基本的生产方式，木、石等简单工具和火、水等生产手段在一定程度上得以应用。耕作方式主要通过撂荒的方式自然地恢复地力，农田在大部分时间仍被自然植被所控制，劳动者的技能来自有限的经验积累，生产基本上只有种和收两个环节，土地利用率和农业劳动生产率低下。生产力各要素处于自然状态，人类对农业生态系统的干预能力很小。

传统农业是从铁器工具的使用到工业化以前的农业，经历了两千多年时间，基本上是自给自足的农业。这一时期，人类在冶铁术和畜力使用的基础上发展了犁耕，大量采用畜力并开始采用半机械化的农业生产工具，创立了间作、套种等轮作加复种制度，劳动者越来越多地从自然科学及其研究成果中获得相应的技能，利用和改造自然的能力有了进一步提高。但这一阶段的农业“完全以农民世代使用的各种生产要素为基础”，生产要素在封闭的体系内流动配置，主要靠农业内部的能量和物质循环来维护平衡，生产方式基本上是维持简单再生产、长期缓慢发展甚至停滞的小农经济。

现代农业是从工业革命以来形成的农业，是逐步走向商品化、市场化的农业。这一阶段是农业发展史上的新阶段，是面向未来仍然在不断发展的农业生产新阶段，目前已获得了相关政府部门和学者的广泛关注。依据现代农业的发展，结合人们对未来农业的期待与预测，目前人们对现代农业的认识是：现代农业生产就是通过少量稳定的高素质劳动力（职业农民）群体在规模农地上利用高新技术开展高效农业生产，以保障整体社会目前和未来粮食安全的生产模式。显然，人们对现代农业的期待包含着农业可持续发展的思想，是可持续发展理念在农业领域的具体应用。1990年10月美国发布的《食品农业、保护和贸易法案》把农业可持续发展定义为：在一个相当长的时期内，既能满足人类对农业产品的需求、保持农业经济的活力、充分利用农业生产力，又能保护农业资源、维持良好的农业环境的一种发展方式。从这一定义可以看出，农业可持续发展的基本内涵包含两个密不可分的部分：一个是实现农业的发展，繁荣农业经济；另一个是保障农业发展的可持续性，保护农业环境和农业资源（陶武先，2004）。

基于对现代农业的基本认识，可以将现代农业的特征分解为以下几个方面的内容。

(1) 适度规模化的农地利用模式

农业适度规模经营是劳动分工条件下提高农民家庭来源于农业生产的总收入水平的基础条件，也是市场经济条件下维护国家粮食安全的重要举措，原因在于以下几个方面：①农业适度规模经营要求生产要素集聚，以便于采用先进技术和优良品种，有利于提高农业劳动生产率，提高种粮农民的总收入。只要农民种粮收入不低于或略高于种粮机会成本，即不低于或略高于外出务工收入，就会调动农民种粮积极性，市场机制就能够保障农民职业化，使农民专注于粮食生产，进而在农民家庭生产经营层面上提高农业生产效率，在宏观整体层面上保障国家粮食安全。②农业适度规模经营有利于降低农业生产成本，包括直接生产成本和间接生产成本，减少农民在单位面积耕地上的生产支出，提高农民在单位面积耕地上的盈利水平。那些将自己的承包地流转出去的农民，既可获得土地租金收入，又可外出务工获得工资性收入，实现留乡种田农民和外出务工农民的双赢，有利于粮食生产的稳定和可持续发展。③农业适度规模经营有利于推动城镇化发展。农业适度规模化将使大量农村富余劳动力永久性地进入城镇从事二三产业，为城镇化发展提供劳动力支撑，而通过城镇化吸纳农村劳动力，有助于留守农业劳动力实现规模经营水平的适度提升，推动农业走向现代化。④农业适度规模经营有助于提高农业劳动力的素质。农业适度规模经营是生产要素集中后的综合管理，要求从业者有更高的农业生产技艺、更高的管理水平和更强的市场意识。

目前我国农业部门的农地利用细碎化现象十分普遍，农业劳动力个人收益率较低，因此造成了青年劳动力不断流出农业部门。随着农业劳动力流向其他较高收入的非农行业岗位，非农行业岗位的个人收益会逐渐下降，而留下来的农业劳动力则能够利用更多的农地资源，最终形成农地利用规模化。同时，随着非农行业岗位的个人收益率的逐渐下降，农业劳动力的个人收入水平能够稳定地提高并达到社会平均水平，最终实现劳动力停止流出，形成稳定的职业农民队伍。

（2）家庭农业为主体

农业以家庭经营为主体是由农业自身的产业特征决定的。农业的劳动对象是有生命的动植物，农业是在农业经营者控制下的动植物生命活动过程。只有让农民种自己的地、打自己的粮，农民才会尽心尽力，这是我国农村改革基本经验的精髓。农业以家庭经营为主体不仅是我国的历史现象，而且是世界性的普遍现象，也已经被实现了农业现代化的发达国家实践经验所证实。当然，农民家庭经营为主体也意味着需要有农民相互间的合作与联合以及完善的农业社会化服务体系来解决一家一户办不了、办不好、办起来不经济的事情，这就是农业为什么要实行统分结合的原因。

公司制农业需要雇工，因此它必须具备类似工厂化条件下对劳动便于监督和对产品实行即时检验的条件，公司制农业在设施农业、规模化养殖等方面具有明显的优势。虽然规模化农业企业的运行模式受到社会的广泛赞誉，但是存在劳动力队伍不稳定的缺点，企业组织收益一旦出现波动，那么其劳动力队伍就会不稳定，公司制农业企业在大田生产中就难以具有优势。家庭农业因其劳动力队伍稳定、农业技术传承顺畅和生产资料传承成本低的优点，被认为是未来农业的重要支撑主体之一，因此应当支持和鼓励农业相关的企业到农村去为家庭农业经营的农民在农业的产前、产中和产后各环节提供社会化服务，开展农产品营销和加工，开发单个家庭农业经营户和农村集体组织无力开发的闲置资源。

小规模的农业生产家庭是我国农业的主体生产单位，一直以来我国社会的主流认识将其视为落后生产力的代表或者代名词，普遍认同的小农户生产发展前途只有两种：或者被农业大生产吞没，或者通过合作社走向集体生产道路。虽然合作化道路可以大大改善农业基础条件和农村面貌，但是客观上也抬高了农业生产中的监督成本，从而降低了农业生产效率，这是改革之初推行家庭承包制的重要原因。其实，上述主流认识存在明显的错位，小农户与规模化生产根本不是一个概念，不存在可比性，因为小农户的关注范畴是家庭人数和农业劳动力数，特别强调的是农业劳动力少，而规模化生产的概念是与劳动力数量无关的，仅是农业土地的连片且总的耕作面积大。小农户与大生产之间不仅没有矛盾，还会因为农业生产技术的发展而使两者之间产生稳定的联系：小农户进行大生产（即适度规模的农业生产）。随着现代农业技术的发展，“一村一户一地”的农业生产景观是能够实现的，即一个村庄仅有一户家庭利用村里的所有耕地资源从事农业生产，这一模式能够成功发展的基础是现代农业技术的支撑，如智能化的灌溉技术、智能化的无人耕作等。从近年来我国各地的非家庭基础的规模农业实践来看，大部分规模农业的规模效益体现的并不明显，反而出现了诸多困境，最终不得不退出生产领域，又使农业经营主体回归到家庭经营，从而催生了一批家庭农场。家庭农业具有劳动力队伍稳定、劳动力成本低和职业传承顺畅等优势，在一定历史时期内并不会被其他经营模式完全替代。家庭农业是历史的选择，刻意改变将会付出高昂代价。

（3）农业生产技术先进

农业生产技术现代化可以有效促进农业生产力的增长，先进农业技术应用的主要目的在于使生产者能够摆脱较高的投入束缚。气候条件既是农业生产的支撑条件之一，也是农业生产的束缚条件之一，自古以来农业生产随气候区的不同而表现出明显的差异，如南方主产水稻而北方主产小麦的农业分区现象。农业生产发展的过程就是人类适应气候并不断突破气候束缚的过程，不同季节种植不同的作物是对气候的适应，设施农业的发展是对气候条件束缚的突破。

劳动力束缚是促进农业技术发展和应用的另一个源动力，一是因为随着社会经济的发展，劳动力成本不断提升，低于劳动力成本的技术应用就意味着收益的增加；二是因为每一位劳动力的体力是有限的，突破了体力束缚的农业生产的无限增长是可能的，不断突破体力束缚既是现代农业生产技术发展的出发点，也是农业生产的延伸目标。机械的动能输出是无限的，因此机械化是现代农业发展的特征之一。

农业生产受到的影响因素较多，需要我们不断应对和发展。除了气候和劳动力束缚之外，目前提出的智慧农业发展就是着眼于对其他相应要素束缚的突破。目前关于现代农业技术发展的共识预期和相应成果主要有：一是先进高效的设施农业技术的广泛应用，在一定程度上摆脱了农业靠天吃饭的依赖性；二是农业机械化技术的提升和广泛应用在一定程度上有效降低了农业生产对人力的依赖，并不断提高耕作效率，这一特征使一个劳动力耕种更多的农田成为可能；三是农业信息化技术的发展和广泛使用，让农业生产更加精准。

(4) 农业服务体系完备

在世界各国的农业产销体系中，农业生产者众多，有完全竞争市场的特征，单个农业生产主体影响市场的能力有限。另外，在分工越来越细的现代经济发展体系下，单个农业生产主体也难以做到独立生产与消费，农业生产者联合起来开展技术研发和市场服务也是不可能的。从政府角度出发，构建或塑造有利于全国整体农业发展的服务体系是现代农业发展的基本要求，在更广的范围内整合各种资源，从育种、推广、先进的温室技术到科学的水肥管理等方面，均需要提供高效的农艺技术服务以保证农作物高效和优质生产。在流通方面，发展订单农业、农产品保鲜技术等在一定程度上减弱了农业资源的浪费，保障了农民群体的收益，避免了价格波动和市场供求变化所带来的风险。运用先进的物联网技术推动顺畅流通，能够拓展消费市场的空间范围。从政府层面促进农业产业发展和服务体系建设，有利于不同类型的农业劳动力专注于各自领域的优势进行专业化生产。

（5）高素质的职业农民队伍合理更替

受非农产业较高收益率的吸引，老人农业正成为发达国家面临的普遍问题，青年农业劳动力短缺引起的粮食安全问题正受到发达国家政府和相关学者的广泛关注。农业在市场经济框架下，广泛运用现代工业成果和科技、资本等现代生产要素，农业从业人员不断减少。青年农业劳动者更容易跟上社会发展步伐，学习和积累较多的现代科技和经营管理知识，少量的高素质青年职业农民就可以让农业生产经营活动逐步专业化、集约化、规模化，使农业劳动生产效率得到大幅度提高。高素质青年劳动力入职农业，高效规模化地利用现有农业资源被认为是有效保障未来粮食安全的应对策略之一。高素质青年劳动力职业农民化是现代农业发展的关键要素之一，也是实现农业可持续发展的依靠。党和政府高度重视人才在农业可持续发展中的作用，出台了一系列农业人才政策，力图通过政策引导和扶持，培育一支精干的农业农村工作队伍。为推动农业可持续发展，我国也出台了大量农业可持续发展相关的财政金融政策，采用奖励、补贴、税收优惠等政策工具，加大对“三农”金融服务的政策支持。近年来，我国实施土地流转政策改革，实施“三权”分置改革试点，这些政策的提出均是旨在引导高素质劳动力向农业靠拢，促进高素质农业劳动力职业农民化，激励职业农民合理更替，利用职业农民拥有的科学技术应用能力激活土地这一生产要素，保障现代农业的可持续发展。

习近平总书记 2016 年在安徽凤阳县小岗村主持召开农村改革座谈会时强调：不管怎么改，都不能把农村土地集体所有制改垮了，不能把耕地改少了，不能把粮食生产能力改弱了，不能把农民利益损害了。这“四个不能”的总要求是稳中求进的路线，其目标是保障粮食安全，把饭碗端在自己手中，其基本路径是通过家庭农业为主体的经营模式，利用市场机制调节农民行为，让职业农民自觉自愿地走上现代粮食生产的道路。农业、农村、农民是紧密联系在一起的，一损俱损，这种关系决定了农业可持续发展政策不能仅制定某一个方面的发展目标。事实上，没有农村的现代化，没有农民的富裕化，就不可能实现农业的可持续发展（王昌森等，2019）。只有农村积累了深厚的人才、物质、技术基础之后，我国农业才会具备可持续发展的条件，农业可持续发展的基础才会稳固。目前学术界关于我国现代农业发展路径的共识是：①一定比例简单农业劳动力的城市化为留守高素质劳动力规模化农业生产提供可能；②通过“散户”向“大户”的土地流转可以实现规模化生产经营；③劳均农业种植规模的增大能够显著提高农户种粮积极性；④引入大量的农业科技技术将会刺激农户收入的提高，进而吸引高素质青年劳动力专注于从事农业生产（即职业农民化），从而保障粮食安全。

3.3 农业劳动力分化与农民职业化

3.3.1 劳动力分化的标准

自20世纪80年代以来，随着社会经济发展和市场化改革的深入，社会阶层不断分化，我国的传统农民正逐步向各类不同的劳动力群体演化，关于农民分化和城镇化问题日益引起学术界的关注，但是关于农民分化的概念在有关的文献里并没有专门而清晰的定义，至今尚未形成统一意见。基于不同的研究视角和立场，不同的学者提出的考察劳动力分化的标准不同，其关注的分化结果也不同，各自的应对见解也有差异。目前学术界关于劳动力分化的标准及相关认识主要有以下几点。

（1）基于居住地标准的分化

以居住状态为标准，通常是以家庭为单位进行考察的。在不改变居住地的情况下，部分家庭成员的非农化流转并不改变其农民特征，但从劳动者个人角度看，非农化是一个职业异质化过程，是一个从农民状态分离的过程，是一个特殊的分化过程。如果家庭居住地改变了，往往也会伴随着职业的变更，则农民的特征会逐渐弱化甚至消失。

（2）基于职业标准的分化

职业分化的界定标准是基于关注过程中是否具有相同职业、相同的使用生产资料的方式和对所使用的生产资料具有同类权利的个体的集合。职业异质化包括职业主体内部的异质化，比如农作物直接生产和农业经营活动的分离，意味着农民可以进入农业生产环节，也可以进入农业的产前、产后等产业链延伸环节。从结果的异质化视角看，部分或主要从事农业生产和经营活动的群体差异并不排除非农人口进入农村地区从事农业领域的工作，从而形成农业劳动力类型的多样化。

很多学者在分析农民分化时，认为农民分化的动因是农业之外其他各种非农职业的推拉力，使农民相互之间的地位变得具有明显差别。有学者在对职业分化分析的时候，关注职业种类差别及其不可比的特殊性，将改革开放以来的农民分为农业生产劳动者、农村管理者（如村干部、生产组干部）、农村智力劳动者（如老师、医生、乡村技术员、会计）、雇工（打零工）、农业个体户、非农个体工商户、农民工（长期外地打工者）、乡镇企业管理者与私营企业主等九个职业。也有的学者基于其研究目的有其他的分类方法。

(3) 基于人力资本标准的分化

农村劳动力经分化离农有两种类型：一是部分农村劳动力长期在外打工，甚至在城里买房定居，彻底脱离了农地而市民化，享受城镇市民福利；二是尽管长期在外从事非农产业，但是有的在家庭所在地附近就业，亦工亦农，有的在城市漂泊，根基未稳，随时会选择回流。这些农民当中，当人力资本存量较高时，农民个体有更多的就业机会与更高的工作环境适应能力。通常情况下，乡村区域生产力发展水平较低，区域内就业机会较少，农民人力资本存量对劳动力迁移分化有正向的影响，即人力资本存量越高的农民越倾向于迁移和非农化。

(4) 基于收入标准的分化

20世纪80年代以前，我国经济的一个重要特征是分配的平均主义。改革开放之后，经济转型带动了收入分配的多样化，在效率优先的政策导向下，经济发展较快的农村区域，农民收入分化也较快，经济落后的地区，农民收入分化也较慢。随着劳动力的转移，农民获得了更多增加收入的机会。乡村内部农户之间的收入也不均衡，农户之间因技能、年龄、性别的差异，有的农户可能获得更多的高收入岗位机会，进一步导致收入的差异，村庄内部的分化在一定程度上反映了土地流转、劳动力重新分流后农户间贫富的分化。在收入差异加速村庄内部分化的同时，村庄间也产生了收入分化现象。农地流转能够促使土地边际产出较小的农户将土地出租给边际产出较高的农户，在提高资源配置效率的同时提高收入。反之，较高的收入水平反映了农户较高的资源配置效率，决定农户是流转土地还是对土地进行投资。农户间收入的差距也带来了他们在政治地位和社会地位方面的差异。

个体因素差异是农民分化的基本原因，社会制度基础是影响农民分化的根本驱动力。由于个体因素的差别，农民参与、应对这种制度变革的态度和能力是不一致的，加上市场化体制改革在制度层面扩大了农民要素配置的选择空间，不同农村居民在自发决策的基础上形成了差异化的要素配置方式，这必然引起农民在职业、收入、消费等方面的差异。我国农民分化是农民个体因素和整个社会制度变革等因素交互作用的结果。新中国成立之后的较长时期，农产品统购统销制度、户籍制度和人民公社制导致农民具有明显的同质化特征：①农民主要从事植物栽培或动物饲养等单一的农业生产；②农民在集体统一组织和管理下开展生产活动；③农民收入来自农业经营且具有平均主义特征；④农民不能脱离所在的集体进行商品交易和要素再配置，农民的劳动力和人口流动因户籍制度而受到限制，农民的农产品交易因市场管制而难以发生。

1978 年市场化改革之后，我国乡村区域进入了急速的农业劳动力异质化过程，部分农业劳动力脱离农业生产，一方面减少了实际从事农业的人口数量，另一方面也改变了务农劳动人口结构。改革初期，转移规模有限，转移方式以近距离转移为主，转移出去的农村劳动力对农业生产模式带来的影响较小，劳动力离农转移主要解决的是农村“隐型失业”问题，实际上并不属于农业劳动力分化的范畴。当转移规模越来越大，并且转移方式主要以远距离转移为主时，随着单位土地面积上实际劳动人口减少，要使农业生产量保持不变，便会引起农业生产方式发生变化，如土地经营权转让形成大规模土地承包租种户、大农场生产经营者、类似于农业工人的农村小工、大型农业机械的供给者等。这些新型农业生产经营主体的出现，是农民角色横向分化的具体体现。

3.3.2 农业劳动力城市化转移与分化

城市化迁移是农户的家庭行为，而非某个家庭成员的个体行为。城市化是农民以家庭为单位致力于在城市实现安居乐业的高质量城市居住、就业和生活的过程，而不只是抽象的劳动力就业部门转变的过程，当然，家庭主要劳动力城市化转移在带动其家庭城市化的过程中扮演着重要的角色。我国正处于经济快速发展的过程中，乡村人口城市化也处于快速发展的过程中，对于一个农村家庭来说，这个城市化过程通常是逐步完成的，需要一个长期的过程，既包括谨慎的探索和决定离开农业和农村的过程，也包括如何处理与上一代关系的问题。目前阶段，我国绝大多数农民家庭都处于“半城市化”状态，这里的“半城市化”是指，农民家庭一方面致力于在城市居住和就业，另一方面却又与农村保持着经济和制度关联的状态，因而是一种不稳定、不彻底的城市化状态。其中，经济关联的根本在于其所承包的耕地产出仍然是该类农民家庭收入的组成部分，制度关联的根本在于农民家庭成员维系着自身作为农民的户籍身份，以享有其背后附着的以其承包耕地为核心的基本权利（陈文琼等，2018）。

目前学术界关于农民家庭城市化转移有几个方面的共识：首先，除了在城市就业之外，在城市购买房子也是农民家庭追求的目标，城市更类似于农民家庭获取较高收入的驿站，因为没有购买房子的话，即便有劳动力在城市务工，农民家庭也难以在城市定居；其次，虽然可以通过几代人的共同努力购买中小城市的房子，但是农民家庭往往不会立即选择全家进城安居，“半城市化”特征明显，因为城市生活需要相当的家庭经济资源支撑，他们不会轻易放弃农村可能的收入，除非在城市的各种收入足以支撑其城市生活所需；最后，即使城市务工收入能够支撑城市生活的农民家庭也不会轻易放弃农村户籍，更不会轻易放弃以农地为核心的各项农村资源。

绝大多数农民家庭的“半城市化”状态是我国农业和农村劳动力转移过程的典型特征，以外地打工户居多，通常将其定义为农民工。农民工是在农村劳动力转移中存在的独特现象，主要是由农民的职业转变和身份转化不同步造成的，即从事着非农工作，但仍然没有完成身份的非农化。农民工是农户分化结果的一种类型，是农业和农村劳动力城市化过程的一个中间态，其形成过程既有劳动力对更高收入追求的影响，也有谨慎原则下保障心理的影响。由此，农民工往往是以家庭成员个体外出打工，乡村仍有家庭成员留守的一种家庭成员分离为主的生活状态。农民工发展的一种结果可能是在有较高收入后，或在城市区域打工的过程中发现了合适的城市就业岗位和生活模式，最终进入城市，成为城市居民；另一种结果可能是在外打工获得较高收入积累后返乡就业；还有一种可能是在外出打工失败后（既没有挣到钱，也没有在城市发现合适的就业岗位），重新回到乡村从事一般农业生产。农民工经过长时间的在外打工生活，其农业生产技能会受到较大的影响。农民工离农有利于农地流转，促进留守农业大户的形成和发展，实现规模生产，但如果其返乡继续从事传统模式的农业生产，则不利于现代农业的发展。农民工群体业态活跃，就业方向多样，促进农民工非农化发展应是政策调控的方向：一是城市化发展，二是本地非农化发展。

乡村劳动力转移过程是现代农业发展在劳动力维度的必然要求，既有城镇化过程，也有本地非农化过程。当然，任何的劳动力转移分化都必须是在市场经济调控下的自愿行为，农民的自愿行为也应是相关目标（如城市化、职业农民化等）实现的基础，农民自愿行为的基本动机和推动力就是收入、生产和生活状况的改善。无论农业人口的留守还是非农化，均是追求利用其家庭资源改善自身收入、生产和生活的结果，相关农业政策的设计必须利用好市场机制，很好地解决农民的收入、生产和生活问题。

3.3.3 农业劳动力职业农民化

除了农业劳动力的城市化转移而形成的向农业外部分化，农业劳动力也存在着在农业生产体系内部的分化，即农业劳动力在粮、棉、油、肉等农产品类别生产上进行专业化的分工，有效提高专业生产效率。农村内部不同群体的分化是一个与农村劳动力转移相关，但取决于个体因素和制度因素交互作用的复杂过程。当一部分农民离开乡村进入城镇后，另一部分农民留守农村继续从事农业生产经营，保留着农户家庭经营模式，通过社会化服务组织实现农业生产活动；或者通过集中城市化转移农户留下的农地资源而由传统农民转变为专业大户、家庭农场主或专业合作社成员；也有的农民成为兼业化农民，农闲时进城打工，农忙时回村务农；还有一部分农民转变为农资供应商、乡镇企业主、农业经纪人或农机作业服务者等（万宝瑞，2014）。以职业和主要收入来源为标准，目前乡村区域农户分化出的主要居民类型有：①种粮农户，指在村里主要种植谷类（水稻）、薯类（马铃薯）、豆类（大豆）等粮食作物，且以这类收入为主的家庭；②经济农户，指在村里主要从事非粮食作物的农林牧副渔产业，且以这类收入为主的家庭；③本地做工户，指在当地做石匠、木匠、电工、修理工、司机、理发匠、厨师，且以这类收入为主的家庭；④外地打工户，指长期（半年以上）在外地打工，且以这类收入为主的家庭；⑤农村管理者，指家庭成员中有人担任村干部的家庭；⑥个体工商户，指从事并且家庭主要经济来源于乡村开店等独立经营业务的家庭。

农业生产户，无论是种粮农户，还是经济农户，一类是积极发展成长形成的规模农户，其基本特征是规模生产、农业总收入高、生产技术高效；另一类是受经济资源和个人能力限制所形成的被迫农业留守户，主要农户特征是收入低、生产低效、小规模细碎化生产。对比两类农户特征，在农地资源有限的情况下，要实现粮食总量不断提高，必须进行规模高效生产，发展种粮大户，其基本实现路径就是促进农户的分化和农业劳动力的升级，即加快转移以简单劳动力为主体的小规模种植户，包括城市化转移和本地非农化转移，进一步培育高素质劳动力为主体的职业农民从事农业规模化生产。当然职业农民是否会种植粮食作物，其生产决策会受到市场和政策的双重调节。

农业生产类别分工必然要求其各类别劳动力素质的不断提高，因此劳动力素质升级也是现代农业发展的一个伴随过程。未来农业的发展是逐步摆脱人力束缚的科学技术高端型农业，高素质劳动力是高端科学技术的载体，农业接班人素质的不断提高有其必然性：

第一，农业劳动力素质提升是市场化条件下社会分工的必然要求。改革开放以后，我国市场经济体制确立，工业化发展为农民走出乡村、融入现代工业经济提供了机遇，大量农民流向二三产业。应对农业后继乏人的挑战，必须在稳步提高农业比较效益的基础上，大力培养种养大户、家庭农场、农民专业合作社等各类新型农业经营主体，使较少的高素质劳动力充分利用原来更多劳动力使用的有限农地资源，而长期稳定地从事农业规模经营，这类长期稳定地应用科学技术手段从事规模化农业生产的劳动力即为职业农民。这是市场经济条件下社会分工深化的必然要求，也是农业规模经营的必然要求。

第二，农业规模经营需要职业农民。农业适度规模经营是农业现代化的起点，农业适度规模经营不同于细碎化经营，需要大量懂技术、懂市场、会管理、善于经营的规模化经营人才，人力资本质量高低很大程度上决定了农业发展水平。传统农业技术水平低，生产手段落后，农耕文明的传承主要靠经验习俗在代际的传播；而现代农业适度规模经营则越来越注重用科技手段推动农业由粗放型向集约型转变。只有受过一定专业训练、专门从事农业生产的经营者才能担当。职业农民是以农业生产经营为其长期职业，具有较高科技文化素质、专业生产技能和职业道德素质，具有较强自我发展能力和市场竞争意识，具有稳定工作岗位和收入来源的农民；是在一定数量青年农民转移后，充分和高效利用现有农地资源，进一步提升粮食安全水平的重要保证。

第三，现代农业的内在优势有利于促进职业农民队伍的形成。主要原因在于：一是规模经营的高效性和产量的绝对性决定的农业收入足够供养农民整个家庭，值得农民家庭的劳动力投入全部精力从事农业生产；二是规模经营的科技性需要不断学习新技术，所需精力投入较多，难以有剩余精力从事其他行业；三是规模经营的高效性相对于其他行业并不低，在比较利益引导下，农民会专注于现代农业生产。稳定的职业农民队伍是解决我国未来“谁来种地、如何种地”问题的基础，既是未来农业发展转向依靠科技进步、提高劳动者素质的客观要求，也是农业适度规模经营的重要推动力量，更是国家粮食安全保障的中坚力量。

不难看出，农业劳动力职业农民化是一个农业劳动力个体素质提升和整体结构优化的过程。在农业劳动力个体素质提升方面，一个国家或地区的具体衡量指标涉及很多方面，如文盲半文盲比重、道德观念高低、身体是否健康等。相关文献大多将农村劳动力素质概括为三个方面：智力素质、非智力心理素质和身体素质。这三个方面并不是各自孤立存在的，而是紧密联系、互相影响的。智力素质是指人认识、理解客观事物，并运用知识、经验等解决问题的能力，包括文化素质、科技素质和经营管理素质等。其中文化素质是对农村劳动力素质的基本反映，是对其身体素质和思想道德素质以及精神文明建设都有巨大影响的重要因素。教育是提高人口文化素质的重要方式，因此对劳动力素质的衡量通常根据劳动力受教育水平的变化对劳动投入的影响程度来分析。除此之外，农业劳动力职业农民化的另一个指标是长期稳定性，即职业农民长期从事农业生产，长期化是职业的标志，农业劳动力将农民作为职业的基础条件就是愿意长期从事农业生产、愿意为农业生产长期投入精力和财力。专职化也是职业农民形成和农业劳动力素质提升的标志和基本条件，因为专注地从事一种职业才会在该职业领域创新性地开展生产，当然，这里的专职化并不是指单一地种植和养殖生产行为，在以种植或养殖为主体的产业链上从事与种植或养殖生产相互联系的上下游相关环节的生产行为都应属于职业农民的行为范畴。

在农业劳动力整体结构优化方面，职业农民队伍比重的不断提升就是农业劳动力结构优化的过程。相关研究发现，高素质的职业农民对我国农业效率的提高有着显著影响，智力素质尤其是文化素质的提高对于农业技术效率增长有着积极的影响，可能的原因在于农村劳动力文化素质的提高所附带的一揽子因素（如农业技术创新和技术推广、外来新技术的本地转化率以及农民对新技术的接受能力等）对于农业技术效率增长的重要性（张宁等，2006）。相比于我国东部地区的技术效率增长，中西部地区的技术效率发展较为缓慢，主要原因在于：①农业技术创新和农业推广能力比较弱。较低的农业科研和推广队伍水平使得农业技术效率低下，以至于使用者不能准确地应用技术。在对引进的外来新技术予以本地转化时，也会受到科技队伍的能力限制，使中西部地区对农业生产技术的采用率及使用的有效性低于东部地区。②农民对新技术的接受能力低。一方面是中西部地区农民的科技文化素质低于东部，而且这种差异还在不断扩大；另一方面则是中西部地区农民收入水平低，使得中西部地区农民抵御风险的能力低。③中西部地区无论是土壤肥力、生态气候条件，还是水力、电力、交通、通信等农业技术设施的配备方面都处于明显的不利地位。因此只有加速构建稳定的高素质农业科技推广队伍，充分发挥科技推广部门的作用，推进农业和农村劳动力职业农民化进程，才能有效提升农业生产中的科技力量，促进农业增长方式的转变，最终实现农业和农村经济的持续发展。

农户分化和稳定的高素质职业农民队伍的形成主要受到农村家庭主要劳动力职业分化的带动和职业的代际等的影响，影响农民家庭分化决策和结果状态的原因各不相同。伴随着现代农业发展带来的劳动力素质和结构的变化，既是原有劳动力的分化过程，也包括外来高素质劳动力加入而引起的劳动力结构升级过程。农户分化和职业农民发展进程主要受到农民群体各自的地权诉求影响（陈文琼等，2018），能否处理好农民地权诉求直接关系着高素质职业农民化进程能否有序推进。面对分化的农民群体及其相互冲突的地权诉求，应当立足于有序推进高质量的非农化，梳理和反思当前的农地制度设置及其在实践中存在的问题，并探讨下一步农地制度改革的方向。

3.4 粮食安全、现代农业发展与农民职业化

3.4.1 职业农民分化视角的现代农业发展模型

当前农业和农村面临的全局性、长远性问题有三个：一是粮食安全；二是现代农业发展；三是劳动力分化。这三个方面的问题相互影响、联系紧密。在农地资源有限的情况下，粮食安全保障主要来源于农地的高效利用，既有为社会提供足够数量的粮食需求，也有为社会提供足够安全等级和品质的粮食需求，更有为将来提供可持续供给的粮食数量和质量需求，但是如何高效健康地利用农地资源涉及工业化、城镇化、农民市民化推进过程中的土地制度问题，其中的关键在于农业现代化发展过程中的基于农民分化和转移的职业农民化问题。保证粮食安全是建设现代农业的目标指向，只有通过人、地升级，进而实现农业现代化，才能真正保障国家粮食安全，基本机制可以表述为：农地流转→劳动力分化（现代农业经营主体形成）→构建新型农业经营体系（职业农民生产体系、现代农业服务体系）→建设现代农业→保障国家粮食安全。相关细节可以通过图 3-2 来说明。

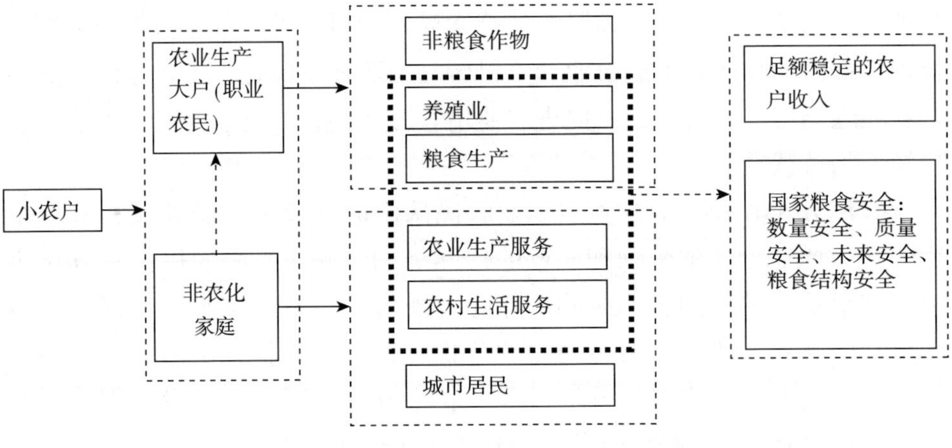

图 3-2　农户分化与粮食安全保障机理

从图 3-2 所示的反向运行视角来理解粮食安全保障机制会更容易一些：①国家粮食安全涉及数量安全、质量安全和未来安全等几个方面的内容，来源于养殖业和粮食生产的足额、高质和可持续供给。②要从总体上

实现足额、高质和可持续的畜禽和粮食供给，必须有稳定的农民队伍充分利用有限的耕地资源进行高效的农业生产，而农民进行高效的农业生产的基础是其能够获得足额稳定的农业收入，即在足额稳定收入拉动下的大量农民专业、高效地生产畜禽产品和粮食，才能有效保证国家粮食安全。显然，调动农民的积极性，基本驱动力是农业生产收入的提高，特别是要保证粮食生产的收入提高，至少要提高到足够供养其家庭的水平，或者说，保证农户收入水平不低于其他行业收入水平是国家粮食安全保障的基础，只有农户收入水平不低于其他行业收入水平的时候，农户才会停止离农，以农民为其职业，安心于农业生产。③目前农户收入水平低的原因在于农地细碎化经营、规模小、效率低，小农户只有通过农地流转才能实现规模化经营，开展现代农业生产，从规模经济和单位效率两个方面获取效益，实现农户收入水平的有效提高。通过农地流转破除农业经营规模狭小、土地细碎化严重的藩篱，被认为是有效促进农业规模经济、农业结构调整和农业发展方式转变，推进现代农业发展的途径（曾福生，2015）。因为通过农地流转发展现代农业，可以调动农民和政府的积极性，通过农地依法有序、高效流转，实现集约化、规模化经营，立足国内实现粮食自给。我国是有14多亿人口的发展中大国，解决吃饭问题必须主要依靠自己，必须主要依靠市场，关键是要使农民种粮有利可图。促进农民增收是“三农”问题的核心，是维护国家粮食安全问题的关键。④当然，农畜产品的供给也存在产品结构的问题，由于总收入或者可支配收入水平的提高对农户家庭生产水平的提高更有意义，所以在农户农地资源有限的情况下，如何分配资源、用于种植粮食作物还是经济作物，需要政策引导。⑤在农地资源有限的情况下，必须通过农地流转才能实现农地从细碎化走向规模化，这也意味着大部分的农业劳动力必须非农化，一部分在城市就业和定居，一部分在本地从事非农产业的工作，为农业生产和乡村生活服务，其所放弃的承包经营的农地则经过流转集中于大农户手中，实现少数职业农民专业化地生产各类农畜产品的格局。

从图3-2所示的机制正向运行视角来看：①小农户分化是农地流转的基础，也是现代农业经营主体（适度规模农户或职业农民）形成的基础，因为一部分小农户离开农业和农村，其承包的农地资源才可能通过流转集中于其他留守的农户手中，形成集中连片的规模化农地；②细碎化的农地经过流转集中形成的规模农地，一方面可以实现规模经济，另一方面便于应用高效的农业新技术；③规模高效的农地利用方式是现代农业经营主体收入的保证，稳定地高于或持平于其他行业的收入有利于现代农业经营主体队伍的稳定，最终形成稳定的高素质职业农民群体；④长期安心于从事农业生产的职业农民队伍通过应用现代农业技术，专心于农地质量保护和农业生产，实现农业高效可持续生产；⑤无论是进行粮食作物生产还是进行非粮食作物生产，只有在农户均能获得较高收入的情况下，社会总体的粮畜油果产品的供给才会均衡，最终保障全社会的粮食安全。

基于粮食安全、现代农业发展与乡村劳动力分化的相互影响机理，我国政府在相关方面已经开展了大量的工作。目前我国土地不可能增加，水资源不可能增加，也不能增加化肥农药的使用量，但人们的需求却在增加。我国提出的"在工业化、城镇化深入发展中同步推进农业现代化"，其中的基本思想之一就是保障粮食安全，基本内在机理是：工业化创造更多的城镇就业岗位，为大部分的农村人口顺利实现非农化和城镇化创造条件，相应地，农村人口和劳动力减少为留守农村的少量劳动力通过农地的流转和集中以实现规模化地利用农地资源、开展农业现代化生产提供了基础条件。

3.4.2 劳动力视角的现代农业发展障碍

现代农业发展的关键是农业土地的高效利用，农地高效利用可以从两个方面着手：一是通过农地利用规模化，实现适度规模经营，向规模经济要效益；二是不断提高农地质量，向单位农地生产能力提高要效益。我国农业发展史漫长，人口繁衍众多，人们依村庄集居，人口流动缓慢，村民之间有明显的血缘、地缘关系，农业的基本特点是人多地少，农户的土地经营规模小，在推进农地规模化方面，我国政府通过各方努力，鼓励通过农地流转集中实现农地规模化（岳翔等，2020）。随着工业化、城镇化的推进和农村人口的转移，农村的土地承包经营权已经在逐步流转和集中，到 2011 年底，流转了承包经营权的耕地面积已达 2.28 亿亩，占农户土地承包经营权合同面积的 17.8%。随着农村人口的进一步转移，预计农村流转承包经营权的耕地面积将会继续扩大。关于农地质量提升方面，农村土地承包经营制是农地质量不下降的制度保证，另外，国家鼓励土地整理，有效提高农地质量。《中华人民共和国土地管理法》第四十二条规定："国家鼓励土地整理。县、乡（镇）人民政府应当组织农村集体组织，按照土地利用总体规划，对田、水、路、林、村综合整治，提高耕地质量，增加有效耕地面积，改善农业生产条件和生态环境。地方各级人民政府应当采取措施，改造中、低产田，整治闲散地和废弃地。"显然，农村土地整理或整治的目的是"提高耕地质量，增加有效耕地面积，改善农业生产条件和生态环境"，土地管理的核心是按规划实行用途管制，这是宏观调控的需要，因为在我国现阶段土地是重要的宏观调控的闸门。土地的用途管制，就是任何土地都必须按规划实行用途管制。

农地流转集中被认为是实现农地规模化利用的有效途径，但是农地规模化利用的实现不能只考虑农地规模化这个单一问题。把土地交给少数人去种，是会提高农业效率，但如果大量农民的转移就业问题没能解决好，那引出的社会矛盾可能会更多、更复杂、更难以处理。要想实现土地的流转和集中，就应当把更多的精力放到人的转移上，不仅需要研究土地适度经营规模的度，更需要考虑实现这个度将要转移多少农民，转移出农业的农民如何实现新的就业。从这个角度看，农村土地承包经营权的流转和集中，与其说是地的问题，不如说是人（或劳动力）的问题。只有真正实现了农村人口（或农业劳动力）的转移，耕地的流转和集中才能水到渠成。

理论机制是抽象掉了时间概念和现实困难的机理描述，而要保证粮食安全机制的顺利运行，我们不得不面对现实中存在的许多问题。

第一，农业劳动力非农化和城镇化进程仍然面临着诸多问题，主要需要解决四个方面的问题：一是非农领域的就业问题；二是转移的劳动力城市（镇）住房问题；三是非农化劳动力的社会保障问题；四是随迁子女的教育问题。每个问题的解决难度都很大，同时每个问题之间又有着紧密的联系。

第二，当前制约农村土地承包经营权流转的因素依然存在，主要表现有：一是实践中对农民的农村土地承包经营权中的农户收益权这一财产权益保护不够，农民对流转后可能失去土地权益的担心仍然较重；二是农村土地承包经营权流转市场的发育明显滞后，土地流转的供求信息不通畅、不对称，已有的土地流转的各项服务满足不了需求，客观上影响了土地的流转；三是转移进城的农民多数尚未能真正转变为市民，各种后顾之忧阻碍了土地流转。

第三，农地粮食化问题。农地流转实现了土地的规模化、集约化利用，是实现现代农业、保障粮食安全的前提，但是规模化的农地经营主体的非农化、“非粮化”生产行为已对我国粮食安全构成了新的威胁，急需从社会化服务、财政补贴、科技支撑等方面构建“农地农用”“农地粮用”的生产激励机制。

第四，农民职业仍然不能受到全社会的尊重，影响了职业农民队伍的稳定和传承。主要原因在于：一是较低的收入降低了农民职业的吸引力；二是目前以简单劳动力为主体的农民队伍现状造成农业就是落后生产力的主流认识；三是长期形成的城市导向的乡村教育体系已经在乡村居民心中扎下了根，已经形成了城市就业光荣和非农就业受人尊重的文化氛围，这种乡村文化氛围需要调整和重新塑造。

3.4.3 农民职业化进程阻滞的制度原因

国民经济良性运行的基础保障是粮食安全，粮食安全保障的基本路径是发展现代农业，发展现代农业的关键是乡村振兴，其核心是农业劳动力素质结构升级和职业农民群体的稳定发展，配套的辅助要素是相关资源的优化组合，如农地的规模化利用、现代农业技术的研发与应用、农业产业化机制的构建等。农业劳动力升级要求尽快分化和转移农村劳动力，让更多的农村简单劳动力到城市安居乐业，为现代职业农民的成长创造更好的资源基础，但是目前我国传统农民数量仍然过多，而且分化阻滞，负效应明显。

(1) 制约了农业竞争力的提高

市场框架下的区域分工是现代农业生存和发展的前提，农业的市场竞争力是农业兴衰的决定因素，科技进步是农业持续发展的重要支持力量。我国是人多地少的国家，农业长期处于小规模分散经营状态，传统农民分化阻滞，不仅影响了农业结构调整、农业科技进步，而且影响到农业经营体制变革和农业劳动生产率的提高，使得我国的农业劳动生产率难以摆脱小农生产和半自然经济的状态，农业生产的机械化和现代化水平低下。庞大的传统农民群体和众多农户小规模分散经营的农业，使得我国农业规模化、集约化、产业化、科技化举步维艰。

(2) 制约了农民收入的增长

农村市场消费需求不足是我国乡村发展面临的突出问题，农村居民的收入水平、消费水平、消费结构、耐用消费品拥有情况等方面表现出来的农民消费能力低下，表面上看是因为农民收入增长缓慢，但其根本原因是传统农民分化受阻。改革开放以来，农村劳动力转移到二三产业的就业人数不及一半，从事农业的传统农民仍占全国劳动力总数的近一半，加上种田成本越来越高，农产品价格持续低迷，农业增加值增长缓慢，农民来自农业的收入难以增长。已转移到二三产业就业的农村劳动力总体素质低，劳动力的无限供给状态使得其工资水平较低，虽然收入增长高于从事农业的传统农民，但其并没有成为稳定就业的产业工人和稳定居住的城市市民，在身份上仍然是传统农民，没有社会保障，即使是略有收入积余，也不敢过多地用于消费。

(3) 制约了农户中中等收入群体的扩大

低收入群体可能影响社会稳定，如果一个社会的中产阶层占多数，那么这个社会大概率是稳定的。当前我国低收入群体庞大、中等收入群体过小，结构失衡，传统农民中的多数如果不能及时转化为中等收入者，将不利于社会稳定和发展（张宁等，2006）。

我国传统农民数量过多、农村劳动力分化进程滞后，造成了农民家庭收入水平低、生活质量差、社会地位弱的局面。好的制度能让“坏人”办好事，制度的设置或安排无疑是其中重要的因素之一。应对农村劳动力分化不顺畅，开展相关制度的梳理具有十分重要的意义。

①城乡分治的管理体制限制了农业劳动力的有效转移。一是城乡分治的户籍管理制度。在新中国成立之初，为了既保持农业生产力、为城市工业化持续提供原始资本积累，又不给城市带来新的就业压力，我国的户籍管理制度人为地将公民分为“城市”和“农村”两个部分，把户籍和政治、经济、文化教育等权利挂钩，形成了两个在政治、经济和社会权利上有着重大差别的社会群体。近年来户籍管理体制有了很大的松动，但因为附加在户籍制度之上的相关社会经济政策以及由此形成的社会利益分配格局错综复杂，其对农业劳动力城市化转移的迟滞效应依然存在。二是市民优先的劳动就业制度。在劳动力转移和就业过程中，我国的市场机制和政

府政策机制均存在一定的缺陷，劳动就业制度显现出一定程度上的不平等。市民优先的劳动就业制度使得城乡劳动力就业分类中表现出的这种“限制-歧视”性政策仍然不同程度地存在着，严重制约了农业劳动力向二三产业转移，从而使得传统农民向现代职业农民和城市市民转化的进程被大大阻滞了。

②城乡有别的资源配置制度损害了农业劳动力转移的能力基础。一是城市导向的教育培训制度。教育是劳动力实现社会阶层自由流动和长期收入分配均等化最为可靠的途径。长期以来，社会把有限的教育培训资源主要投向了城市，这不仅导致农村教育事业发展的明显滞后和农民培训事业的薄弱，而且大大加重了农民负担，严重影响了传统农民的资本积累，使得传统农民向现代职业农民和城市市民转化的进程被阻滞。二是市民导向的社会保障制度。长期以来，我国社会保障的对象以城市市民为主，农民一直处于家庭自我保障为主状态，即使是进城就业的农民工，也可能因为出身农民而享受不到与城市居民一样的社会保障。我国目前积极推行的农村合作医疗制度虽然解决了部分群众“病有所医”的问题，但是农村的医疗保障只是社区化，而不是社会化，农民只好以留住土地的方法作为防范自身风险的最后屏障，这大大阻滞了传统农民城市化转移的进程。

③城乡分割的市场体系降低了农业劳动力转移的意愿。一是稳定的土地经营制度。实行以家庭承包经营为基础、统分结合的农业双层经营体制，在工业化和城市化发展水平较低的时期对促进传统农民发展生产、解决温饱起到了正向的推动作用，但是随着工业化、城市化的快速推进，如果不加改良的坚持这种经营体制，不仅导致农地在市场经济条件下难以实现合理配置，造成土地经营低效率，而且导致农民始终割不断与土地的联系而长期滞留在土地上。二是低补偿的土地征用制度。我国正处在城市化快速推进的阶段，一部分农民集体土地转化为城市开发用地就成为必然。农民处于土地交易中的弱势地位，征地补偿较低，阻滞了传统农民向现代职业农民和城市市民的转化进程。

农地在现代农业发展和农业劳动力分化过程中扮演着重要的角色，它或者成为相对优势的非耕者顺利从“半城市化”过渡到高质量城市化状态的羁绊（因要“维权”而不得不持续保持“半城市化”状态），或者是相对弱势的农业劳动力参与高质量城市化的资源保障（因需要农地作为其充分配置家庭成员劳动能力的重要生产资料）。坚持和完善以家庭承包经营为基础、统分结合的双层经营制度，促使小农经营和统一经营在新形势下实现"两个转变"，一是细碎化的小规模经营向集约经营转变，二是统一经营向综合发挥集体经济组织、农民专业合作组织、农业社会化服务体系和农业产业化经营体系作用的方向转变，以此推进我国农业经营体系的创新和完善。现代农业是相对于传统农业而言的，目前对现代农业的共同认识是：农地规模化、劳动力高素质化、生产科技标准化、产出高效化、环境友好化、农户收入水平与其他行业持平。现代农业视域下的农民是职业农民，他们长期地全职务农，具有高素质、高收入，能受到社会的尊重。我国地域广阔，区域间的农业基础条件差异大，有些地区人少地多，农地规模经营的特点明显（如新疆农垦生产建设兵团的大农场生产模式），但是劳动力素质需要大幅提高；有些地区人多地少，农业劳动力素质较高，但是规模化经营困难重重。

市场化改革带来了社会竞争的公平性和激烈性，也带来了农民的快速分化。农民的分化推动和影响着社会的发展和政策的制定，而社会的发展和政策的制定又影响和左右着农民分化的向度和程度（刘洪仁，2006）。我国城乡分割的户籍制度还没有完全改变，一些建立在农民身份上的相关社会制度还发挥着强大作用，家庭承包经营制的基本土地制度也没有变化，区域差异依然存在，工业化、城镇化、市场化还在继续推进。粮食安全目标指向的现代农业发展和农民分化需要跟进研究、分析现实、揭示规律、指导工作。

3.5　小结

手中有粮，心中不慌。粮食安全是社会稳定的基础要素，粮食自给是粮食安全保障的可靠途径，在农地资源稀缺情况下实现粮食自给的措施就是在乡村地区发展科学高效的现代农业。乡村地区的主要生产行为是粮食生产，因此乡村在城乡关系中始终因为粮食生产而处于关键的基础地位，或者说乡村地区于社会的存在价值来自其具有独特而不可替代的核心功能——粮食供给，这一核心功能决定着在人类社会的未来发展过程中，乡村不会消失，也不能消失，政府部门更不会允许其消失。

乡村核心功能的实现路径是现代农业发展，其中稳定高素质的职业农民队伍起着重要的支撑作用。职业农民队伍的稳定发展是长期的，并行于农业劳动力的分化过程，是历史发展的必然规律。有吸引力的乡村生活环境、完善低成本的农业生产服务体系和高效的农业生产基础条件有利于逆转高素质劳动力离开农业的步伐，促进现代农业发展。积极的农业发展政策有利于职业农民分化进程，促进现代农业发展和粮食安全保障，深入开展职业农民队伍形成和发展规律研究有利于农业发展政策设计走在正确的道路上。

第4章　乡村振兴战略与农业劳动力职业农民化

4.1　乡村与城市

乡村和城市在本质上都是人类生存的聚落空间，乡村概念是通过与城市的对比而形成的。西方国家的乡村地区经历了从传统乡土社会到农业生产的生产主义模式，再到提倡多功能农业政策的不同发展阶段。从客观的历史经验来看，中国的乡村发展与西方国家在逻辑上具有一定的相似性，所以乡村概念认知的深化过程与西方也存在一定的呼应。1949 年中华人民共和国成立之初，农业是我国主要的经济部门，许多对乡村能够产生深刻影响的非农要素被忽视，进一步被边缘化甚至消失了，以至于乡村的研究重点在农业地理学，乡村区域的研究被简化为农业问题的研究。在非农要素缺失的乡村背景下，相关学者和部门将乡村和农村看成等同的概念也并不奇怪。在此过程中，乡村概念所具有的独特性被不断削弱，乡村研究逐渐被简化为农业研究，农村和乡村两个概念在不同的环境和语境下混用，在乡村地区非农要素不能有效补充的情况下，将农村等同于乡村在一定时期内仍将被人们所接受。基于目前我国乡村地区非农要素仍然缺乏的现实，本书后续的论述过程中也会出现一定程度的混用，当使用农村概念时，更侧重于当前农业要素的内涵和现实；当使用乡村概念时，除了农业要素的内涵，还有更多的非农要素指向，如乡村劳动力不仅包括农业劳动力，还包括在乡（农）村地区从事商贸和生活服务等的非农劳动力。20 世纪 70 年代末，由于农业经济体制的改革，农村的非农化进程大大加快，乡村职能由单一提供农产品向多样化功能发展，传统的农业地理学已经不能反映中国乡村的实际情况，农村需要被内涵更为丰富的乡村所代替。有学者认为，乡村是一种“机械团结”，人与人之间基于同质性非正式地联系在一起，而城市社会组织建立的基础是个体差异，劳动分工明确，是一种“有机团结”（胡晓亮等，2020）。事实上，乡村与城市都是内涵丰富的复杂系统，很难用单一概念概括。乡村是个地域空间概念，而不是行业概念，乡村应该包括聚落及其所管辖的广阔区域，那么发生在这个广阔区域内的问题或有联系的外部问题都应该归属于乡村问题范畴，乡村问题应该包含乡村中被忽视的非农业社会群体涉及的相关问题。

关于城市的概念，有的学者提出了“星球城市化”的理论，他们认为城市是一种过程而不是有界的空间，用以解释城市在全球的扩张现象，认为城市功能的扩散导致城乡界限模糊，全球最终会整合为一个系统，乡村不再是有别于城市的另一个空间，而是作为城市的发展腹地（附庸），因而，在城市中心主义的理论中，乡村是未开发的、边际的城市地区，甚至是落后的概念。在区域分工理论的支持下，他们将城市化走向了极端，甚至有消灭农村的情绪。笔者认为，城市和乡村并不是封闭的系统，存在着各种要素的双向交流，应该重视城市与乡村之间的相互作用与联系。

产业分化与社会分工是导致城市从乡村析出的基本原因。由于农业与工业、商业分工的出现，以及各个产业生产属性上的差异，最先导致一部分人围绕工商业发展和集聚的地方开始聚居，这就促使和推动了城市的形成和发展，伴随城市发展而兴盛起来的工商业也随着城市的繁荣、人口的集聚而获得了长足发展的空间和机遇。在经济不发达的时代，受交通工具和可达能力的限制，一定区域内以乡村人口为主体，人口散布于广大中小城市和乡村，城乡相互独立性较强的场景具有明显的稳定和延续优势。

随着经济的发展和交通条件的改善，人们生产和生活的活动半径有了明显的扩大，无论是城市还是乡村，作为一个相互独立的分析范畴已经不能适应社会现实背景，城乡有机体的概念逐渐被人们认同和接受，因为城市发展中出现的各类“城市病”难题无法在城市发展中获得解决，同样乡村建设中出现的相对落后局面也需要借助城市或者通过借鉴某种“城市化”的路径来化解。归根结底就是要通过城乡间问题的相互转嫁来创新城乡融合发展的政策策略，实现社会整体和谐发展。

中华人民共和国成立后，中国城乡关系大致经历了三个发展阶段。

第一个阶段是改革开放前的城乡关系阶段。典型特点是城乡分离，尤其是以户籍制度为特点的城乡二元体制。这样一种城乡分离的特征并非城乡割裂，主要包括三个方面的联系：一是农村支援城市工业化；二是农村组织起来发展生产、改造社会、培育社会主义新人；三是通过工业化和建立完整的国民经济体系推动中国跨越式发展，实现现代化目标（张玉林，2019）。

第二个阶段是改革开放以后到21世纪以前的城乡关系阶段。主要表现为：一是放松了对乡村区域非农产业的限制，以乡镇企业蓬勃发展为代表的乡村工业化创造了中国经济增长的奇迹；二是放松了户籍管制，农民工进城务工经商逐步成为潮流。这一阶段是城乡关系松动阶段，放松了乡村地区非农产业的限制后，以城市规模化工业企业为样板，通过引进城市企业管理技术，乡村工业得到了初步发展，城乡分离关系得到一定程度的改善，但是城市导向的教育理念和基础设施水平的巨大差距依然没有改变，城市依然是乡村居民的向往地。放松了户籍管制后，乡村人口持续进城，我国城市化率持续提高，城市经济占比已居绝对优势。与人口进城和经济重心在城市相一致，就业与获利机会、发展与创新机会也越来越集中在城市。绝大多数农民家庭青壮年劳动力也通过各种途径到城市经济体系中寻找就业和获利机会（陈锡文，2013；张玉林，2019）。

虽然大城市和特大城市有大量获利机会，却有很高的安居成本，进城农民工仅仅依靠务工收入难以在这些大城市和特大城市体面生活。通常情况下，农民进城的过程是逐步的，不是一步跨入了大城市和特大城市，而是首先进到了自己家乡的县城，其进县城的一项重要目的是让子女接受城市较高质量的教育。县城当然也能为农民家庭提供更多更全面的公共服务和让农民家庭享受更好的基础设施条件。

第三个阶段是进入21世纪后的城乡关系阶段，即城乡关系重组阶段。随着中国加入世界贸易组织（WTO），大城市、特大城市以及沿海经济带创造出了大量的就业机会，大量农民家庭青壮年劳动力远离家乡进入沿海或大城市地区务工经商，以至于我国乡村地区普遍形成了“以代际分工为基础的半工半耕”的农民家庭类型。由于大量的农民家庭青壮年劳动力进城务工经商，极大地增加了这类农民家庭的收入，同时因为有了来自城市务工经商的收入，所以这些农民工在家乡建新房，也增加了家庭的人情消费，乡村地区变得更加繁荣。进入21世纪的第二个十年，部分进城农民开始谋求在城市买房安居，不再只是在城市务工经商而计划回乡村生活，进城不再是他们获取收入的手段，进城本身成了目的，农民开始在城市买房安居，甚至一些地区青年结婚的前提条件就是在城市买房。农民进城成为大势所趋，农民家庭由两代合力建设美好乡村生活变成了两代合力进城，中国城市化进入新阶段，城乡关系进入重组的高级阶段（陈锡文，2013；张玉林，2019）。

2012年党的十八大报告重申："城乡发展一体化是解决'三农'问题的根本途径"。2013年《中共中央关于全面深化改革若干重大问题的决定》形成了更完整的表述：健全城乡发展一体化体制机制，推进城乡要素平等交换和公共资源均衡配置，形成以工促农、以城带乡、工农互惠、城乡一体的新型工农城乡关系。党的十九大报告提出："决胜全面建成小康社会，开启全面建设社会主义现代化国家新征程"。全面建成小康社会是不分地域的，是城乡区域共同发展的小康，而全面建设社会主义现代化国家的最终目标是建成富强民主文明和谐美丽的社会主义现代化强国，从地域来讲，这个社会主义现代化强国同样也是不分城市和乡村的，它是包括城市现代化和农业农村现代化在内的整体性的现代化强国。新时代城乡融合发展的结果实质上体现了乡村居民和城市居民享有平等的发展权利、公平的社会保障和均等的社会福利等新特点，体现了乡村和城市虽有形态差异，但实为均衡发展、一体化发展的新格局（陈锡文，2013；张玉林，2019）。

我国城市化快速发展已经持续了二十余年，城市化率在2019年已突破60%，可以预计未来一定时期内仍将处于城市化快速发展进程中。在当前时期重新思考城乡关系，有助于更好地认识我国乡村振兴战略，反思当前城乡发展政策，从而更好地服务于我国社会主义现代化建设。目前看来，区域社会发展不是以全部实现城市化为终点的，和谐的城乡关系才是社会发展和稳定的基础，因为乡村与城市要互为市场、互为资源。在市场规律和政府指导的作用下，乡村与城市要打破空间、制度、政策等的各种障碍，实现一二三产业融合发展，形成基本公平的交换关系，从而促进整体经济的发展和社会稳定。

科学地理解和把握新时代城乡关系及其发展的内涵是推进中国特色新

型城镇化、实施乡村振兴战略、实现城乡良治的前提，其基本实现路径是通过长期地、动态地、渐进地推动城乡之间在要素、产业、空间、市场、生态等多方领域的融合，实现城乡共同发展、城乡人民共享发展成果的过程。显然，城乡融合发展既是一种理念，也是一种方法，还是一个过程。近年来，针对城乡转型发展的多元化路径与多功能性发展的研究逐渐增多，城乡概念的内涵不断被社会发展的现实所突破与颠覆。随着乡村振兴战略的提出，新时代的中国乡村发展更是体现出前所未有的重要性，对城乡关系的基本认识亟待拓展。科学认知国内外城乡关系理论发展和演变规律，对实施乡村振兴战略、缩小城乡差距、调整城乡结构和优化城乡格局具有重要意义。

4.2　乡村功能与社会的稳定发展

乡村功能是指乡村为了满足其区域内的居民及整个社会需求所提供的各类服务的总称。从乡村内部角度看，乡村功能涉及居民生产、生活与交往的许多方面；从开放的城乡整体视角看，需要关注的是以农业生产为核心展开的生产、生活与交往三个层面交织在一起的村庄活动。乡村存在的基础在于其不同于城市的特殊功能，这些特殊功能是城市地区不具备的，对于整个社会的健康运行和发展来说也是不可缺少的。具体来说，乡村区别于城市的最主要的特殊功能体现在三个方面。

第一个方面的功能就是确保粮食和重要农产品的供给，这是乡村特有的功能，这个功能也是一个国家和社会不可或缺的稳定器。城市越发展，城市集聚的人口越多，乡村所承担的保障粮食和重要农产品供给的职能就会越来越重要。目前有的学者提出了“后生产主义乡村”的概念，认为生产仅是乡村的功能之一，但生产并不一定是乡村基础性和中心性的功能。他们提出了关于乡村功能转型的思考，认为目前应该顺应时代发展，认真思考中国乡村功能在时代发展中的转型及其变化趋势，乡村农业生产系统的重点应该逐渐转变为对生态系统服务与文化景观保护等社会需要的满足。这是一种非常危险的声音，局部的不愁吃穿并不代表全部的粮食安全，暂时的营养丰富并不代表未来的粮食安全，“无粮不稳”是从全社会视角得出的结论，一个没有食物的个体是生活不下去的，一个没有丰富而均衡的粮食供应的社会是运行不下去的，乡村对整个社会的粮食保障功能不容忽视。

从粮食和重要农产品的供给角度看，特别是改革开放以来，我国农业的发展成就举世瞩目。目前我国人口超过了14亿，我们在吃饭穿衣以及其他重要农产品的需求上，绝大多数还是能够得到满足的，或者说在很高的程度上是能够满足需要的。在非洲猪瘟和新冠疫情冲击下，在我国的农业生产和流通均受到了严重影响的情况下，我国的粮食生产还是创造了历史新高，但是我国同期的大豆、小麦、玉米、高粱这几类粮食品种的进口量也达到了历史新高，说明我国的粮食存在总量不足、结构矛盾突出的问题。目前看，我国的饲料粮，例如大豆、玉米、高粱都要进口，2019年我国植物油的进口量超过了900万吨，糖的进口量300多万吨，2020年的猪肉进口量占到了国内消费量的10%，牛肉的进口量占到了国内消费量的20%。从这些角度看，我国现有的农业生产力水平以及现有的农业资源不能完全满足我们自己的消费。另外，我国人口还有一定程度的增长，同时人民生活水平还在不断地提高。除了主食粮食，我国其他重要副食品的消费量正在急剧增加，这对我国粮食安全体系构成了巨大的压力（陈锡文，2019）。

我国目前在境外用了差不多10亿亩农作物播种面积才能满足我们现在的消费需求，加上我国国内一年的农作物播种面积是24亿～25亿亩，也就是说，达到我国目前的生活水平需要将近35亿亩的农作物播种面积才能满足，我国农业资源的自有率大约只占70%。“我们必须要把饭碗端在自己手里，碗里要装着自己的粮食。”作为一个人口大国，从粮食安全角度看，我国乡村承担的保障粮食和重要农产品供给这个功能不能有任何的忽视和放松。

第二个方面的特有功能就是为城乡区域整体提供生态屏障和生态产品的功能。我国目前城镇建成区面积大概是12万平方千米，城镇区域面积占我国总体面积的2%～3%，我国国土面积的97%以上是乡村，保护生态环境、维护生态安全这个重任显然不在城市，这个职能主体应是乡村（陈锡文，2019）。

绿水青山就是金山银山，良好的生存环境是人类存续的基础。人类社会存续的环境条件一旦遭到破坏，金山银山也会失去意义，有着绿水青山的良好环境是我们创造金山银山的基础。自“两山理论”提出以来，对于全民提高环境保护、维护生态安全的意识起到了较大的促进作用，但是想要恢复已经破坏的资源环境不可能是一朝一夕的事情。科技在发展，社会在进步，虽然我们已经做到了化肥农药等实现了零增长甚至正在减少使用量，但是在广袤的国土面积上缓解农业面源污染方面还没有真正探索到新的路子，局部的耕地资源状况仍然在恶化，南方的土壤在酸化，北方的土壤在盐碱化，东北的黑土地在退化。农地资源质量的恶化既影响了我国农业发展水平的提高，也影响到了整个生态系统的健康发展（陈锡文，2019）。

第三个重要的功能就是文化传承。城市是人口和要素集聚的地方，也是各种文化碰撞和融合的地方，因此城市的文化是融合型的、多元化的、多样的，而乡村的文化则更多地体现在这个民族、这个地域的历史传统，是一种比较纯粹的文化。所以国家、民族的优秀传统文化能不能够传承下去，主体责任在于乡村文化的存续和发展。乡村的文化传承功能在很大程度上体现在守护和传承这个国家乃至这个民族生存和发展的文化根脉上（陈锡文，2019）。

乡村的文化传承功能可以从三个方面的内容去理解。第一个方面的内容是理念传承，就是做人的道理，就是一个人待人接物处事的准则。这是人们经过长期的生产生活实践概括发展出来的一种民族的品格，比如勤俭持家、敬老爱幼、邻里和睦等，这些理念构成了中华民族在农耕文明中处理人和事的一些准则。我们应当发掘乡村文化中很重要的理念层面的文化，去其糟粕，取其精华，不断地弘扬。第二个方面的内容是知识传承。冬至、小寒这些二十四节气是我们的祖先在长期的生产生活中积累出来、传承下来的，是到现在还有用的知识。农业生产知识和技能通过代际言传身教、老百姓口口相传、文字记载进行传承，民间流传的大量的古农谚都是关于生产技术的传承。正是因为有这样一些知识的传承，才能使得我国古代的农耕文明达到一种辉煌的程度。第三个方面的内容是制度的传承。制度有成文的，也有不成文的，还有很多乡规民约，这些制度对我们的生活以及基本的社会交往、经济交往有很多规则性的引导，以保持社会的稳定和发展（陈锡文，2019）。

乡村除了对社会整体有其特殊功能外，对内部居民还有特殊的保障功能。目前村庄仍然是支持农民家庭城市化的基础，是农民城市化失败的退路，是农民的基本心理保障。当乡村是基本保障时，这个基本保障显然既不是高标准的，也不是比城市更加美好的浪漫“乡愁”，更不是依赖于市场来解决的。

城市和乡村是社会整体中相对独立又有紧密联系的区域空间，两个区域通过互补形成的融合是社会整体和谐稳定发展的基本要求。城乡融合发展的要求是基于城市和乡村都有各自不同的不可替代的功能，而这种不同区域特殊功能上的互补对于一个国家和区域社会的整体发展来说是必不可少的。因功能上的互补，城乡之间构成了一种相互依存的共同体关系。无论是城市还是乡村，只要它们的独特功能不能得到很好的发挥，那么这个国家或区域社会的发展进程在一定程度上就会呈现出病态甚至残缺的现象。乡村存在的价值就在于要把乡村的功能发挥得更好，我国政府提出的乡村振兴战略不是为了简单地加快乡村经济发展，而是乡村功能的振兴与发展，振兴的这些乡村功能应当是乡村所特有的、城市所不具备的、国家现代化发展不可或缺的功能（陈锡文，2019）。

乡村与城市既有共有功能也有其特殊功能，共有功能体现在支撑人口、就业和社会稳定等，但是共有功能不是其存在的基础，如果仅强调共有功能，那么城市对乡村有替代性，乡村存在的必要性也就大打折扣了。城乡功能的互补性可以通过图 4－1 来展示。城市和乡村共同组成了社会整体，但是城市的功能更多体现为在要素集聚和融合的基础上去推进各种各样的创新。城市是人口集聚、资金集聚的地方，在这种要素集聚的基础上不断地进行融合、创新，推出新的技术、新的产品、新的理念、新的生产方式、新的生活方式，以此来引领一个国家、一个地区社会的发展，成为一个国家、一个地区的增长极，这是城市的功能。城市功能的实现对乡村体系是有显著影响的，城市功能发挥过程中产生的新产品、新技术和新理念都会向乡村地区传输，改善乡村地区居民的生活、提升生产力水平和更新相关理念，乡村地区则为城市功能的发挥提供市场。城市功能的发挥影响着社会整体的快速发展。

乡村有许多功能和城市功能不一样，不一样的功能也是其存在的基础，在强调乡村功能时，其实强调的是其与城市不一样的特殊功能。乡村的特殊功能之一是粮食生产，这是城市地区替代不了的，乡村地区的粮食

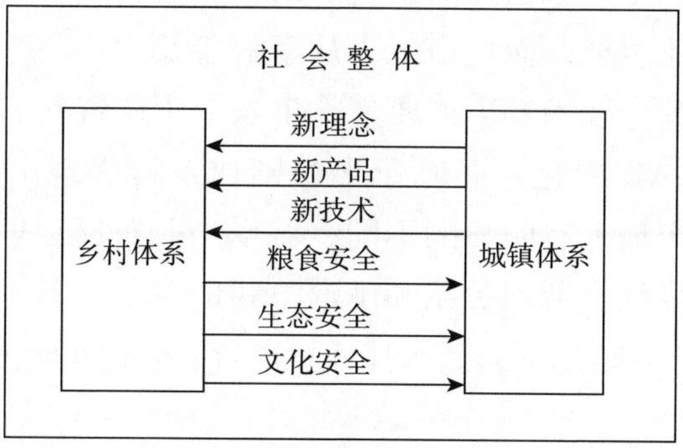

图4-1　城乡体系功能互补机理

供给包括乡村和城市在内的所有居民的供给。如果乡村地区不能生产出足够的粮食的话，那么城乡体系的稳定将会受到影响，因为乡村向社会整体提供粮食安全保障。另外，乡村地区的生态安全保障和文化安全保障功能也是服务于包括城市和乡村在内的社会整体的。如果乡村各项功能出现问题或功能发挥不充分，那么社会整体就会出现问题。乡村功能在整个社会的稳定运行中发挥着基础性的作用，没有良好的乡村功能，整个社会的存在就会受到影响。

显然，城市和乡村从形态上来看是存在差别的，其功能也是有其特殊性的，从这一点出发，城乡关系有其相互依存性，乡村稳，城镇兴，乡村振兴才能使城镇持久繁荣。城乡融合发展不是也不能搞城乡一样化，不是也不能搞乡村城市化或城市乡村化，而是要通过振兴乡村体系，达到“城乡居民基本权益平等化、城乡公共服务均等化、城乡居民收入均衡化”的结果，进而促进城乡要素均衡配置，充分发挥城市和乡村的各自功能，使城乡之间形成功能互补、互利互惠、共生共赢的社会体系。在推进乡村振兴的过程中，需要认真地去考察和评价乡村的主要功能到底发挥得如何，因为这不仅决定着乡村的发展，而且决定着整个社会的发展进程。

4.3　城市发展背景下乡村没落的理论逻辑与中国现实

城市是工业化的衍生物，而城市的发展又深化了工农业产业分工，固化了工农业产业的空间布局，导致两种空间格局状态下人们从事不同的社会生产活动。农业生产所依赖的最主要的生产资料是土地，农民必须以农田为根基进行农业生产，而城市工人从事的工业生产与土地分离，其所依赖的是资本、资源、技术等生产要素。工农业生产资料的差异决定了工业生产在城市区域的集中化，而农业生产则在乡村表现出较高的区域覆盖度，两者在地理布局上有明显的不同。城乡产业布局和生产模式的分化又进一步导致了城乡社会劳动关系和生产方式的变革与新生，实质上从“生产力—生产关系”视角造成了空间格局分离后城乡间经济布局形态的不断分化与差异。

随着产业分工的不断深化、城市工业生产要素的集中以及人口向城市的集聚，城市逐渐发展起来，并且呈现出集中聚集的发展状态和扩张趋势。与此同时，乡村慢慢被发展起来的城市边缘化，甚至被分割为一种分散式的空间布局状态。城市与乡村之间、村落与村落之间是一种游离与涣散的碎片化状态，城乡间的空间布局模式的发展与分离是城乡关系的外在表现，城乡空间壁垒在中国现代化进程中随着户籍制度等公共政策的引导而不断固化。

在生产力不够发达、农业效能较低、交通和社会安全影响下的商品交易半径有限的社会背景下，分散的农业生产，特别是以自给自足的、小规模的农户单元为主体的农业生产成为满足家庭或者个人生活需求的最基本的一种必然生产模式。分散而封闭性的农业生产模式市场化、商品化程度较低，能够创造的社会财富也有限，不可能为其所依附的乡村布局模式提供更多优质的社会公共产品和公共服务，这就导致了乡村社会发展缓慢。

与低生产力水平相适应的小规模农业生产模式没有更多的社会资源和社会财富的创造和积聚，农业生产区也就不会有更多的资金用于公共产品供给。城市区域相对乡村区域面积较小，人口集中，公共物品服务的对象也集中，相对乡村整体来说城市公共物品供给的相对成本更低，有限的公共物品和资源对城市优先使用效率更高，因此城市公共物品的发展有其必然性。由于政府公共政策导向，公共资源对城市倾斜式分配，城乡公共产品提供上严重不均衡，从而造成城乡间居民所享受的公共资源和基础设施不平等，这样乡村公共产品的供给自然会落后于城市，并在供给机制上演进为更深程度的分化与差异。

城乡空间布局以及产业布局的分化与差异，进一步演进和表现为社会成员的分化，在社会上形成了从事工业生产和农业生产的两类人员，他们分别依附于自己从属的产业形态进行经济活动和社会活动，从而导致了城乡间人居空间的分离与分化，以及城乡居民生活模式、生产模式和发展模式的不断分化与差异化。两大群体分属不同的空间区域，从事不同的产业劳动，践行不同的生活方式，享用不同的社会公共服务，诸多分化造成了其在发展模式上的差异，而城乡间人员的分化与差异的实质是人的发展模式的异质化。发展模式差异不仅体现在物质层面上，而且演进为由于物质上的差别而出现的精神层面的差异。以空间布局模式、生产模式、供给模式和发展模式等为外在表征和基本内容的城乡差异归根到底是从利益汲取模式到利益分配模式的异质性，并在一定的历史阶段造成了城乡二元壁垒的特定结果，甚至会长期存在。工业产业优势及其扩张需求，拉动和造成了城市化加速和人口不断向城市集聚，乡村社会和农业产业被边缘化，乡村的没落在以城市化为主题的时代背景下进一步加深（常明杰，2020）。

借鉴发达国家的发展历程和史实，乡村居民城镇化一度被相关政府部门和学术界认为是解决我国“三农”问题的有效途径。我国政府于 1998 年就提出了加快城镇化以解决“三农”问题的指导思想，2000 年《中共中央关于制定国民经济和社会发展第十个五年计划的建议》中提出，走出一条符合我国国情、大中小城市和小城镇协调发展的城镇化道路。随后出台的计划首次把“积极稳妥地推进城镇化”作为国家的重点发展战略之一，随即既能带来高速经济增长、又能解决“三农”问题的城镇化战略成了地方政府的“总抓手”。中国城镇人口从 1995 年的 35 174 万快速增长到 2000 年的45 906万，城镇化率从 29%增加到 36.2%，年均增速达 1.4 个百分点。截止到 2018 年，我国城镇人口净增加 37 231 万，城镇化率提高到了 59.6%，乡村居民（常住人口）于 2011 年开始成为相对少数。城市化战略执行的成绩斐然，但是结果也有意外，首先的意外是进城农民工以青壮年为主体，以至于留守农村和农业的均为老人、妇女和儿童，老人农业盛行，空心村成为普遍现象。农业劳动力流失结构的失衡打破了乡村农地资源规模化利用以解决“三农”问题的初衷。老人农业的显著特点是弃耕或者是以自给自足为目的的传统生产模式，生产水平低下，非商品化的农业生产给非农生产领域的人口粮食消费带来了巨大压力。

改革开放以来，乡村年轻人的城市梦是长期社会意识形态所引导、由强制性的城市化和房地产政策所驱动的结果，是制度性的社会文化现象。乡村家庭曾经在家庭层面思考的代际关系已经远远超出了家庭，乡村家庭中新的代际关系已经在很大程度上被城乡关系所塑造，并且反过来加剧城乡关系的失衡。农民家庭曾经建房和购房的主要动机是供子女结婚，目前已普遍让位于“让子女到城镇接受更好的教育”。这种集体性动机受到年轻人的城市梦的影响，造成了两种转向：一是新生代农民工进城的主要目的就是要成为城市居民，这促使他们把收入的绝大部分用于所在城市的消费，而不是像其父辈那样主要是为了支撑起老家的生计；二是年轻的乡村女性（通常也已经进城）已经将男方在城镇购房当作结婚的前提条件。进一步的问题在于，年轻的男性农民（工）靠其自身的收入无法满足自己或未来配偶的“刚性需求”，需要借助其父母的力量（至少“首付”是这样）。但常识告诉我们，他们的父母通常缺少相应的财力，很有可能要去借贷，要去为这一“刚性支出”而打工。

“让子女到城镇接受更好的教育”，这种年轻的农民家庭的集体性动机带来了城市化过程中的另一个意外，即乡村学校的剧烈减少，目前我国乡村地区学校撤并的幅度远远大于乡村学龄期人口减少的幅度，进而加剧了乡村青年劳动力离开乡村的步伐。到2017年，我国乡村小学减少了78%，乡村的初中减少了64%，而“乡村高中”则在绝大多数县和县级市成为历史，高中几乎都被集中到了县城。我国乡村学校撤并潮最早开始于20世纪90年代中期，积累成为问题则是在2000年以后。作为乡村税费改革的重要内容，乡村办学主体由乡镇为主改为以县为主，目的是削减财政支出压力、提高办学效率、推进城镇化、确保城乡教育均衡、促进教育公平、让农村的孩子接受城市的优质教育。通过乡村学校的撤并和乡村学校进城，带动乡村学生和家长进城，提高城镇化率，并为房地产市场注入活力。这样的双重动力使得中央政府于2012年发出的叫停令收效有限。到2017年，叫停之前还存在的16.9万所乡村小学又消失了7.3万所，减幅达43%。

当前发展阶段，越来越多的农业家庭进入县城定居，这一过程的影响因素有来自乡村的推力，也有来自县城的拉力。在推力方面，一是乡村较弱的生活条件难以满足乡村居民当前的基本生活需求，如基础设施、生活水平、管理体系等；二是乡村较弱的发展条件难以满足乡村家庭发展的需要，如教育资源的流失；三是细碎化且小规模的农地承包面积决定的农业收入难以支撑其家庭成员的基本消费需求；四是文化环境氛围和意识导向，长期以来，乡村居民逐步形成了以脱离农业、离开乡村为荣的意识。县城拉力方面，一是相较于大城市，县城具有房价低、生活成本也比较低的优势。农民家庭通过青壮年子女在大城市务工获得的收入再加上中老年父母在乡村获得的农业收入，大致可以负担得起在县城买房，让子女在县城过上一般的生活。二是相较于大城市有区位优势。在县域范围，农户家庭中子女进城而父母留乡，相距不远，在附近的县城居住可以兼顾村庄中的农业生产和照顾仍然留守农村的中老年父母，或者更方便和父母在生活上的相互支持、相互照应。三是相较于乡村，县城有较好的基础设施、更多更高利润的就业获利机会和较好的子代教育资源。城乡间存在推拉力，但是县城的就业机会并不十分充裕，拉力有限，这样的现实形成了我国目前农民家庭的特有景象，即大多数农民家庭在县城买房，但往往不住在县城，而是年轻子女在大城市务工和年老父母在农村务农，他们在县城买房是为自己家庭做好将来进城的准备（贺雪峰，2020）。

从理论上看，在非农产业劳动生产率远高于农业劳动生产率、非农产业劳动生产率与农业劳动生产率比值不断扩大的现实情境下，当前乃至未来相当长的时期内，农村人口一直会存在持续流出的情况，乡村社会也会因此处在空前的分化重组过程中。乡村社会的剧烈变动不仅包括人口大幅度减少，而且意味着大量村庄消逝，偏远山区的农民通过精准扶贫易地安置进一步加剧了这一趋向。乡村青年劳动力进城就业，老年人留守种地，老年人种地主要是为了维持温饱而不是为市场生产农产品。大量农民家庭进城，同时村庄中也出现了租种亲朋邻里土地的“中坚农民”，“中坚农民＋老人农业”构成了目前农区农业生产的主要样态。我国的“三农”问题正由“农民真苦、农村真穷、农业真危险”转向城乡收入差距扩大和乡村凋敝、乡村社会生活难以为继（张玉林，2019），进而粮食自给安全面临严峻挑战。在这一背景下，城市似乎是人们居住、生产和生活的理想停留地，乡村和农业的凋敝也促成都市农业的兴起和渐入人心，大有全面取代乡村农业的趋势。也许正是因为都市农业概念的兴起才让部分学者认为城市可以取代乡村，相信乡村城市化道路的可行性。从现实情况看，都市农业并没有完全取代乡村农业的迹象，都市农业的功能仅仅延伸于城市区域的生态环境功能、观赏功能、休闲功能和农业知识在城市居民群体中的传承功能，粮食安全功能没有成为都市农业的第一功能，主要原因在于城市人口的集中性和城市人口需求粮食生产基于的广覆盖性之间的矛盾，换句话说，乡村的粮食安全保障功能在全社会的稳定发展过程中具有不可替代性。乡村对全社会粮食安全保障功能的发挥依赖于发达而顺畅的交通和管理系统，因此，都市农业存在的必要性在于：当某一区域出现突发情况，以至于粮食运输路径出现问题，城市区域粮食供给出现暂时问题的情况下，都市农业可以承担起城市区域内庞大人口的粮食短期支撑的应急功能。

乡村功能的不可替代性是必须融合发展乡村的理论基础，因此改变乡村凋敝现状是必须努力的方向。我国政府和相关部门已经形成共识：中国已经进入工业反哺农业、城市支持农村的历史新阶段。进入 21 世纪以来，中国农业政策方向从城乡分离（分割、分治）走向城乡统筹、城乡一体化、城乡融合，其间伴随着一系列的惠农政策，“多予、少取”成为农业政策设计的中心主张，一系列标志性的政策陆续出台：对农民实施粮食种植的直接补贴；对农村义务教育实施“两免一补”；取消农业税；推行新农村建设；在农村实施最低生活保障和新型农村社会养老保险试点等。从 2010 年开始，在国家财政加大了投入之后，各级财政支出中投向“三农”领域的比重大概是 15%左右，但是伴随着相关惠农政策的实施，一个意外的结果是城乡居民收入差距在持续扩大。一方面说明我国目前的惠农政策体系存在管理上和使用上的效率低下问题；另一方面说明惠农政策投入额仍然较低，与我国农业所处的基础地位和乡村人口占全国人口的比例严重不对称（张玉林，2019）。

我国的城市化进程不只是或主要不是乡村居民自动进城的结果，不是自然而然的历史进程，一定程度上是由行政力量推动的政治过程。这一过程把乡村的人口、劳动力、土地和学校都单向地“统筹”到了城市。考虑到这些人和“物”都是维系乡村稳定、推动乡村发展的内在要素，精准施策，阻止这些要素过度城市化流失应是政策调整的方向。

从人类历史发展的演进脉络来看，乡村的没落与边缘化是在一定时期内存在的经验事实，但却不可能是一种永恒的社会现象，乡村既不会消失，也不会完全边缘化。导致城乡关系对立的最根本的因素是城乡社会间生产力的发展差距与社会生产力整体发展不足。所谓的社会生产力整体发展不足，是指现有的社会生产体系下社会生产力发展水平不足以消弭城乡之间各个层面的差异，城乡生产力不能均衡布局，反而因为城市社会生产力的天然发展优势而形成了更深程度、更广范畴的乡村相对落后的状态和面貌。换句话说，因为社会生产力不足，经济资源有限，经济资源的投向更倾向于边际效益更高的地区和领域，所以出现了城乡生产力布局不均衡的现象。但是城乡间的分立与差异势必会在不同产业的发展差距下继续加剧，直至随着农业生产现代化程度加深，农业劳动生产率大幅提高，非农产业劳动生产率与农业产业劳动生产率比值出现收缩的趋势，当城市地区经济资源的边际产出下降到一定程度，社会资源流向乡村也有其必然性，只是农业生产效率提升还需要一个过程。

4.4　职业农民化视角的乡村振兴逻辑

1949 年以来，在发展经济学的“二元经济结构”理论的影响下，城市偏向的城乡治理理论主导着我国由传统农业经济过渡到现代工业经济的历史进程，但长期以来的工农业“剪刀差”“重城轻乡”的发展导向造成城乡差距不断拉大、农业生产要素高速非农化、农业生产主体结构老弱化、农业水土环境污损化和村庄严重空废化，形成了城乡发展不平衡的现状。主要表现在：①乡村人口向城市单向转移、农业劳动力向非农职业岗位单向转移的特征显著；②乡村大量中青年人口、高素质农业劳动力向城市非农职业岗位转移，直接导致乡村劳动力结构失衡，并导致了乡村空间空心化、乡村人才空心化的趋势；③乡村劳动力大量流失造成了农业耕地资源浪费与乡村生活成本增加，尤其是产生了“留守儿童”与“留守老人”等乡村问题；④乡村大量青年人口流失，对区域粮食生产以及种植业结构调整带来负面影响。

城乡对立而发展不平衡有其发生发展的现实机理，乡村衰落也有其历史必然性，但是乡村的衰落是相对于城镇的快速发展而言的，并不等同于或意味着乡村消失的必然性，因为城乡关系也有共生共存的一面，乡村空间的相关生产、生活消费和生态保障等功能与城市的发展密不可分，过大的城乡差距最终会成为社会整体发展的羁绊，发展乡村有其必要性和现实紧迫性。城乡功能互补的共荣共生关系是中国乡村振兴战略视阈下构建城乡融合发展内在机制的逻辑缘起。以乡村衰落和边缘化为特征的城乡失衡带来的重要影响是乡村功能难以发挥，给社会稳定和进一步的发展带来严重障碍，一个关键因素就是高素质青年劳动力过量流失。那么，解决的办法就是增加乡村对高素质劳动力的吸引力，这个吸引力不仅应包括直接对高素质农业劳动力的吸引，还应包括对高素质生活服务业劳动力的吸引和对高素质生产服务业劳动力的吸引。因为农业劳动力在乡村从事农业生产，不仅需要农业生产条件保障下的收入提高，还要追求农业生产服务条件的改善和乡村地区生活条件的改善。也就是说，高素质劳动力愿意职业农民化的很重要的原因在于生产和生活条件的构建和完善，这个职业农民吸引力的提升是来自全方位的，基本运行路径如图 4-2 所示。在乡村地区迁出一定量的简单农业劳动力，为农地流转和高素质青年劳动力职业农民化创造资源条件的同时，精准吸引优秀的高素质青年劳动力从事乡村农业生产服务业和乡村生活服务业，旨在补齐我国目前乡村发展的短板，构建对职业农民有吸引力的生产和生活环境。目前我国中央政府提出的实现城乡融合发展的一系列乡村振兴等方略（新农村建设、美丽乡村建设等）相继实施（张英男等，2019），目的就是从生产和生活环境等方面提升乡村吸引力。

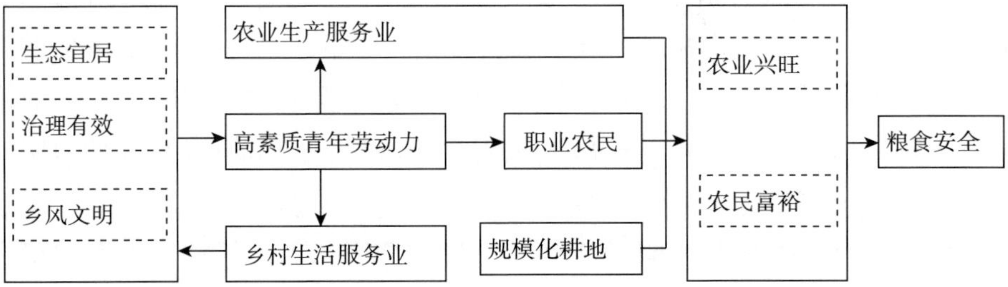

图 4-2　乡村振兴战略提升乡村粮食保障功能的工作机制

从本章第 2 节的论述中可以发现，在乡村基本特有功能中，生态环境保障和文化传承功能是伴随着乡村的存在而发挥作用的，但其核心的粮食供给功能的实现则是乡村存在的基础，保证该功能合理高效运行的关键点是吸引高素质青年劳动力填充职业农民岗位，从事粮食生产。可以通过分步骤逆推乡村振兴战略运行机理的方式来充分理解：①粮食安全是乡村振兴战略的重要目标，实现粮食安全目标的基础依赖于有限农地面积上的农业持续高效生产（即农业产业兴旺）；②要实现农业可持续高效生产，必须要有高素质农业劳动力愿意长期稳定地从事农业生产（即专注于承担职业农民岗位的任务），他们愿意的基础是安心居住在乡村的农业劳动力可以从农业生产中获得足够供养其家庭生活的收入，且该收入水平至少与其他城乡行业的劳动力收入水平相当（即农民富裕才能保证农业生产对劳动力职业农民化具有较强的职业吸引力）；③农业生产收入高（即农民富裕），才能吸引青年劳动力以农业为职业开展农业生产活动，但青年职业农民获得足够农业收入的基础，一方面来源于其掌握的相关专业知识、适度规模的农地和完善的农业生产服务体系的结合，另一方面来源于生活基础设施完善带来的生活成本的节约；④完善的农业生产服务体系也需要高素质青年劳动力去乡村构建；⑤只有完善的生活服务体系才能从生活成本节约上吸引高素质青年劳动力去乡村从事生产，反过来，完善的生活服务体系和宜居的生活环境也需要高素质青年劳动力去构建。乡村生活服务体系包括硬环境（生态宜居）和软环境（治理有效和乡风文明）。

通过乡村振兴战略运行机理解读，可以发现，加快乡村发展的目的是发挥好乡村特有的功能，那么更好地发挥乡村的功能就是乡村振兴最该振兴的地方，也就是振兴乡村特有的功能。换句话说，乡村振兴以为社会整体提供充足的粮食为重要目标，其着眼点应在于提升乡村地域系统的可持续发展能力和竞争力，通过“五大建设”（产业兴旺、生态宜居、乡风文明、治理有效、生活富裕）来破解乡村发展的关键问题（即吸引高素质青年劳动力乡村就业，促进更多的高素质青年劳动力职业农民化，进而发展乡村农业生产力）。乡村振兴实际上是通过乡村偏向的战略导向对以往城市导向的发展思维的纠正。

从构成生产力的三要素（劳动者、劳动对象和生产工具）中的劳动者来看，我国目前作为农业生产力中活的因素的“劳动者队伍”是不健康的或者说是结构不合理的，农村空壳化现象严重，青年劳动力缺乏，特别是懂技术、懂生产、懂市场的高素质青年职业农民极为匮乏。农业生产工具较为落后，受自然条件的限制，现代化的农业设施无法使用，即使有了好的农产品也无法及时送达市场，导致农业产量低，效率低，收入低。在乡村振兴战略实施过程中，始终坚持城乡融合发展，坚决破除体制机制弊端，使市场在资源配置中起决定性作用，同时也要更好地发挥政府作用，推动城乡要素自由流动、平等交换，一方面加快实现农业生产劳动力职业农民化升级和代际合理更替，另一方面不断推进农业生产工具现代化。

我国乡村振兴战略提出以来，在不同领域引发了广泛的讨论，其中也出现了一些认识上的误区：①将乡村等同于农村，对乡村振兴的认识等同于农业或农村振兴，仅仅关注农业振兴的结果就是仍然将农业生产作为乡村区域生产和生活行为的全部，仅谈农业，不能解决目前面临的农业问题，反而增加了负效应。②类比城市，过于强调乡村居民收入的增长，有再造城市的倾向，认为以城乡融合发展为基础的乡村振兴就是实现乡村城市化，其基本思想就是要“去乡村化”，实现消灭乡村的最终图景。③对政策理解表面化，不深入，且断章取义，存在对政策引导理解的偏差。党的十九大提出实施乡村振兴战略，关键在于建立健全城乡融合发展体制机制和政策体系，加快推进农业农村现代化。在政策引导中“加快推进农业农村现代化”是目标，但在认识上将其错误地理解为具体措施和着眼点。④过于依赖政策对生产要素乡村导向的支持和补偿，忽略以市场调节机制为主体的生产要素流动和收入分配机制的重新构建。⑤有学者认为，改革开放以来，中国乡村的结构发生了很大的变化，随之而来的就是乡村功能的变化，乡村振兴战略的提出就是对这种功能变化的推进。

针对以上认识误区，我们有必要加以澄清。

第一，乡村发展相比于农村发展，这一概念上的变化带来的是乡村地区功能的增加，而不是变化，其区域基本功能未变，核心功能也未变，相关功能增加的内容都是服务于实现核心基本功能的必要衍生功能。在中国乡村的各项功能中，“农业生产”处于核心地位，即无论是村庄的空间构成、空间结构，还是村民的生存环境的优化等，都必须服务于农业生产与农业耕作。

第二，乡村振兴战略中的乡村概念内涵更广泛、更深入，虽然与传统意义上的农村所指的地理区域相同，但其包涵内容广度差异大。顾名思义，农村概念主要强调该区域的生产行为以农业为主。乡村地区生产服务和生活服务系统不完善，乡村地区的生产服务和生活服务支撑基本上是由就近县城或城市提供的，因此我们可以将仅以农业生产为主体行为的区域称为农村地区，或者说农村地区在相应的发展阶段上是正确的称谓。但是需要强调的是，正是因为农村地区生产服务系统和生活服务系统的缺失，随着社会经济的发展，农村居民生活收入和生活水平的提高，农村居民离开不能提供更好生活条件的农村地区也就有其必然性，那么农村的衰败也是必然的。乡村的概念则不同，乡村强调的是一个区域内的生产行为已突破了农业，乡村的发展与振兴关注农业全面升级、农村全面提升、农民全面发展的问题，关注乡村区域各业的协调发展，既包括农业的发展，也包括教育、医疗等其他行业的健康发展。换句话说，乡村地区农业的健康发展应该由农业生产服务业和乡村生活服务业的健康发展提供支撑，甚至农业生产服务业和乡村生活服务业占据主体地位才能保障乡村农业的健康发展。正因为农村和乡村的概念内涵是不同的，所以在不同的语境下使用的农村和乡村概念其关注点显然也是不同的。

第三，乡村振兴不是以城市为最终目标，也不是以城市为样板，乡村振兴的重要目标是更好地发挥乡村粮食安全保障、生态安全保障和文化传承的功能。在城乡融合发展实践的过程中，要摒弃城乡融合就是要消灭乡村、实现乡村城市化的固化思维，与此同时也要为“去乡村化”解咒。我们对城乡融合发展的理解包括：城市大发展而乡村消失的情况是不可能出现的，城乡区域对社会整体来说是有着紧密联系的有机体，在这个有机体中城市和乡村同等重要；融合发展既是过程，也是结果，发展的结果是城乡区域劳动力收入水平相同、生活方便程度相同、居民间有相同的生活满意度，在这样的情况下，劳动力在区域间和职业岗位间的选择是没有倾向性的。

第四，农业现代化发展推进的动力往往在农业系统外部，因此城乡融合发展的关注点应放在农业之外。农业生产之外的教育体系构建、生活基础设施优化等服务人才和农业振兴的非农生产行为都需要关注，因为劳动力资源是有多种用途的，当农业生产体系对他们没有吸引力的时候，这些劳动力就会选择其他职业岗位。如果服务于农业劳动力生活和生产的相关行业没有发展起来，那么再好的农业生产收入对劳动力也是没有吸引力的。构建完善的农业生产服务系统和乡村生活服务系统是提升农业现代化水平的关键，因此实施乡村振兴战略要统筹谋划，科学推进，着力推进乡村产业振兴、人才振兴、文化振兴、生态振兴、组织振兴。

第五，乡村全面振兴并不是指目前存在的所有村庄个体，乡村振兴战略是就乡村整体而言的，是从社会整体视角看，乡村功能不下降或者进一步提升情况下的乡村发展。随着社会整体农业生产力的提高，在乡村功能的发挥与社会整体发展相匹配的情况下，其中一部分村庄的消亡或被融合属于合理的发展范畴，并不影响社会整体发展、稳定和社会福利的提高。

将中国发达地区个别乡村发展引起的人口结构与产业结构整体非农化理解为乡村功能的转变是不对的，这种变化是随着现代交通发展所产生的“生活圈”和农业生产半径扩大所产生的村落空间而调整的。城市或居民区的扩张引起的部分乡村地区转变为城市地区也并不意味着乡村的消解，例如，原本 7 个农民可以养活 3 个城市人口，现在 1 个农民就能养活 9 个城市人口，虽然农民数量减少了，但是农民的粮食供给能力增强了，并没有影响整体的粮食供给数量，甚至粮食供给的数量比以前更多了，整体社会的粮食安全水平并没有降低，在这样的情况下，不能因为农民数量减少了就说农民整体的粮食供给能力下降了。而且居民的活动空间扩大了，这属于正常的空间调整，是符合历史发展规律的。但是没有农业生产的社会一定是不可能存在的，这一点是必须要明确的。从整个社会空间结构的角度看，乡村制造业空间、聚落空间、农业空间以及城乡空间，从过去相互独立分布逐步演变为各种要素在全地域“你中有我、我中有你”穿插分布的格局，原乡村个别区域功能的多样化、甚至个别区域农业生产职能的消失等都不是对乡村整体基本核心功能的否定。

我国提出的乡村振兴战略清晰地勾画了三个阶段的目标：到 2020 年取得重要进展，制度框架和政策体系基本形成；到 2035 年取得决定性进展，农业农村现代化基本实现；到 2050 年乡村全面振兴，农业强、农村美、农民富全面实现。在各阶段的实施过程中，必须发挥市场在资源配置中起的决定性作用。一方面，大量农业人口进城或非农化，让渡出各种来自农业资源的获利机会，一些无法（或不愿）进城或无法（或不愿）非农化的农民就有充分的机会利用这些让渡出来的农业资源，从而捕获更多的获利机会。不再依托农业收入的农户越多，让渡出来的农业获利机会也就越多，也就越可能自然而然地产生大量职业，他们主要从扩张的农业生产过程中获取更多维持体面生活的收入，还可以成为规模经营农户（贺雪峰，2020）。另一方面，优美的乡村环境建设和发展也能吸引相关劳动力加入到乡村的进一步建设和繁荣进程中。

4.5 乡村建设、乡村振兴与职业农民化

从图 4－2 所示的乡村振兴战略提升乡村粮食安全保障功能的工作机

制中可以解读出，乡村振兴战略就是要描绘“让农业成为有奔头的产业、让农民成为有吸引力的职业、让乡村成为安居乐业的美丽家园”的美好蓝图，吸引高素质青年劳动力到乡村农业就业，促使其专注于当好职业农民，进而实现保障粮食安全的目标。蓝图总要求是“产业兴旺、生态宜居、乡风文明、治理有效、农民富裕”，如果这些总要求能够顺利达标，那么乡村振兴战略的目标自然会实现。要提高乡村振兴战略的执行效率，则首先要深入了解或理解乡村振兴战略总要求。

(1) 产业振兴

产业兴旺是乡村振兴的基础，也是劳动力专注于自己的职业的基础。就乡村农业而言，产业兴旺是促进农民增收的关键，只有农业产业兴旺了才能让农业成为有奔头、有希望、有潜能的产业，农民岗位才能成为劳动力眼中理想的职业，职业农民在市场配置下的合理更替才会发生，现代农业发展的可持续性水平才会提高。乡村产业兴旺的要求并不是传统理解的人畜兴旺、五谷丰登，所谓的产业兴旺，一方面是以农业生产充分发展为基础的一二三产业的融合，农业生产的充分发展是收入提升的基本保证，其和二三产业的融合是通过加工业发展种养业，提高农产品的附加值，确保农产品市场销量和农户收入的进一步提高；另一方面是其他非农产业的兴旺，因为乡村居民生活不仅涉及农业生产，还涉及生活的方方面面，如住房、医疗服务、教育、商贸服务等。这些非农产业的兴旺，是服务于职业农民生活和农业产业发展的基础。如果乡村非农产业不兴旺，处于衰败或消失的状态，那么从事农业生产的劳动力也就无法在乡村安心从事生产。因此，不能把产业兴旺仅仅理解为农业产业的兴旺，这里的产业兴旺是指乡村区域所有产业的兴旺。只有所有产业兴旺了，乡村劳动力及其家庭才能待得住，乡村整体才能发展。把农业生产、教育、文化、养生、养老等产业融合起来，让养老和子女教育等日常生活没有后顾之忧，让农业生产者能够种得好，卖得出，卖得好；加工者能够就近获得所需要的劳动力和生产原料，消费者能够获得高品质的消费品。

(2) 生态宜居

生态宜居的概念必须要从两个关键点来认识：一个是自然生态的健康性；另一个是人地关系方面是适宜人类居住的，对留住乡村高素质青年劳动力是有吸引力的。一方面，自然生态的概念理解要放到整个社会环境中，因为乡村区域占整个社会区域的面积大、比例高，乡村生态环境的好坏直接影响到整个社会的环境质量；另一方面，乡村区域的生态环境质量也是乡村区域本身的自然环境构建所需要的。从人地关系的生态宜居性视角来说，乡村的环境宜居不仅在于自然环境的健康，还在于人类群体生活需要的满足，包括乡村居民生活居住的舒适、生产行为的便捷、发展能力的健康等。

乡村居住环境是乡村居民生产和生活密切相关的物质要素和地域空间的总和，包括基础设施、生态环境、居住条件等方面。①基础设施既包括交通、水利、通信等经济性设施，也包括教育、医疗、体育等社会性设施。基础设施建设可以显著提升农业生产效率，帮助农业释放出更多富余劳动力，对农民非农就业、收入增加和福祉提升具有正向作用和溢出效应。②生态环境包括水土环境、空气质量、垃圾处理等。全面推进乡村环境整治、提升村容村貌有助于生态资源培育和乡村价值拓展，推动乡村生态产业化发展，践行绿水青山就是金山银山的“两山”理念。③居住条件是指乡村居民居住面积、住房安全、厕所改造情况等。一方面，乡村发展水平提升为乡村居民居住条件改善提供资金支持；另一方面，合理规划乡村建设用地有助于村内土地集约高效利用，改厕、通水等有利于减少生活废水、垃圾乱排，进而改善村庄面貌、提升乡村的生活吸引力（李裕瑞等，2020）。

(3) 乡风文明

乡风即乡村风貌，是一种社会意识，社会意识对社会存在是有反作用的，只有正确的、积极上进的社会意识才可推动社会存在的发展。乡风文明不应该只是文化产业的兴旺，还应该是精神价值、生活方式、思想观念、集体人格等无形文化的正向发展。乡村振兴要求的乡风文明蕴含着无形文化的振兴，一方面不断地在乡村居民间开展有效的精神扶贫，去除糟粕，改变居民落后的思想观念，例如安于现状、不求奋进的生活态度，等、要、靠的思维理念，饮食、卫生方面落后的生活习惯等；另一方面不断地挖掘农耕文化蕴含的优秀思想观念、人文精神、道德规范，积极发挥与时俱进的先进文化的引领作用，实现文化的全面振兴，为乡村振兴注入强大的精神动力。乡村文化氛围主要包括乡土文化传承、文体活动建设和公共价值培育等。良好文化氛围的营造推动乡村居民转变传统思想观念，促进乡村居民之间的互惠和互助，激发乡村发展活力和农户内生动力。

（4）治理有效

治理有效即乡村区域有效的治理秩序，是指通过乡村组织的民主决策明确未来发展方向，通过集体统筹保障决策执行落实，为乡村转型发展提供内生制度保障，包括乡村基层组织建设、民主自治、规划决策、社会协调等。乡村人才流失和松散化加剧了当前村民自治滞后性问题，亟须提高乡村组织管理的现代化水平。乡村区域良好的组织管理，可以将乡村居民切身利益与集体权益有机结合，激发乡村居民的发展意识和参与的主体性、积极性。乡村振兴的“火车头”就是乡村组织，“火车跑得快，全靠车头带”，在乡村振兴这个系统工程中，火车头的关键不是跑得快，而是目标准确，理念正确，方法得当。有效治理还包含乡村组织社会协调功能，社会协调主要包括乡村治安状况、邻里关系以及社会矛盾等方面。乡村基层组织承担的社会协调功能有助于权衡内部利益关系、化解社会矛盾冲突，增强乡村居民的向心力和凝聚力，保障乡村公共利益和整体福利，为乡村居民的生产和生活有序开展夯实基础。乡村对高素质青年劳动力的吸引力不仅在于产业收入的提高、居住环境的适宜，还应包括邻里关系的和谐和良好的治安状况等。如果仅强调乡村硬件基本建设，没有配套的治理水平的提高，那么大量的资源投入也终将会成为无效投入，乡村本土高素质青年劳动力离农的步伐不会停止，乡村地区特有的粮食安全保障功能也就无从谈起了。

（5）农民富裕

由于城乡资源发展的不平衡，农村青壮年劳动力都流向了发达地区，走向城镇务工或带孩子进城上学。我国曾经的农业劳动力剩余问题已经变成了严重的青年农业劳动力短缺问题，农村已经出现了严重的老龄化和空壳化现象，“谁来种地”问题迫在眉睫。如果现有农民家庭的农业收益不增加，依然改变不了青年劳动力离农的趋势。农业生产需要爱农业、懂技术、善经营的职业农民，“要让农民成为有吸引力的职业”涉及几个方面的问题。一是农民富裕。农民富裕来源于农业生产规模的扩大和农业生产效率的提高。二是吸引乡村本土或外部高素质青年劳动力从事农业生产。农业生产对高素质青年劳动力的吸引力的提升需要通过现有富裕农民展现出的榜样和示范效应来带动。三是乡村劳动力覆盖全面、分布均衡。这里的均衡是指高素质劳动力在乡村各业均有分布，或者说乡村各业劳动力素质结构均衡升级，在此基础上带动乡村各业收入水平的均衡提升。乡村相关产业收入的均衡是提升农业生产服务水平的基础，与农业生产和农业收入均有紧密的联系。目前农业生产在各行业中的收益率较低，农业生产收入水平的进一步增加有利于乡村其他产业劳动力收入的增加。

乡村振兴战略五个总要求的着眼点是吸引高素质青年劳动力乡村就业。部分高素质青年劳动力充实农业生产服务行业和乡村生活服务行业，为有效吸引高素质青年劳动力职业农民化塑造良好环境；还有部分高素质青年劳动力加入职业农民队伍，安心于农业生产，最终提升社会整体的粮食安全保障水平。让乡村地区的一类高素质青年劳动力群体服务好另一类高素质青年劳动力（职业农民）群体的生产和生活，才能有效提高农业生产效率，最终保障粮食数量安全、质量安全和未来安全。最终要实现粮食安全的目标，既要让农民摸得着口袋里的钱，还要远看有绿山，仰看有蓝天，俯瞰有清水，闭眼有花香，让农村拥有城市少有的清净、绿色和环保，让乡村真正成为人人向往的美丽家园。乡村振兴战略的起点选择是个关键点，安居才能乐业，良好的居住环境才能有效吸引高素质青年劳动力，反过来，安居建设的过程也需要高素质青年劳动力。因此，乡村振兴的成效、社会主义现代化强国目标的实现都应以乡村生态宜居环境建设为起点，以收入增加为保障。

乡村居住环境是乡村地域空间内生产经营和居住生活所需的自然生态、地域空间、人文环境等要素组成的有机结合体，根据其形态可划分为人居硬环境和人居软环境。乡村人居硬环境与软环境存在一定的交互作用，乡村人居硬环境是软环境形成的空间载体，乡村人居软环境是居民生产生活过程中形成的非物质要素的统称，涉及文化氛围、组织管理、社会稳定等方面。乡村人居软环境为硬环境建设提供机制保障，二者相互耦合，共同促进乡村人居环境优化，为乡村发展转型提供重要支撑。乡村人居硬环境建设有助于“三生”（生产、生活、生态）优化，推动乡村空间重构；乡村人居软环境的改善则有利于吸引企业与资本下乡、青壮年劳动力返乡、农家子弟学生返乡，加快新型经营、管理主体培育，促进乡村组织重建。二者融合将会促进社会经济要素在城乡间的流动和优化重组，激活乡村要素活力和内生动力，助推乡村一二三产业融合和重塑，推动乡村形态从传统农业社会向现代化社区转化，推动乡村功能由单一生产型向“三生”融合型转变，构建起乡村“人—地—业”耦合格局与创新体系。

一直以来，较高的收入被认为是吸引劳动力的重要因素之一，但是，我们进一步思考就会发现，劳动力获得较高收入的目的是什么？是改善家庭生产和生活条件，包括营养水平、居住条件和发展能力等。理解了这一点就能更好地理解劳动力向基础条件好、教育条件好、医疗条件好的城市集中的趋势。为了方便起见，以图4－2为基础进一步说明以乡村环境建设为起点，吸引高素质青年劳动力从事农业生产，进而保障粮食安全的运行机理（图4－3）：针对乡村青年劳动力追求更好的生活条件和更高的收入而离开乡村的基本认识，首先需要以乡村建设为起点，优化乡村居民生活环境，包括以住房、交通、医疗为主要内容的硬环境建设和以基层组织和文化建设为主要内容的软环境建设。通过乡村建设改善居民生活条件，增加乡村对高素质青年劳动力的吸引力。被吸引到乡村就业的高素质青年劳动力一部分进入乡村生活服务业建设领域，进一步优化乡村生活环境；一部分进入农业生产服务行业就业，优化农业生产的支撑体系；其余部分劳动力在能够有效利用规模农地、保障足够收入的情况下安心以农民为职业，从事农业生产。当然，他们是否进行粮食生产的决策会受到市场粮食数量和价格的影响。

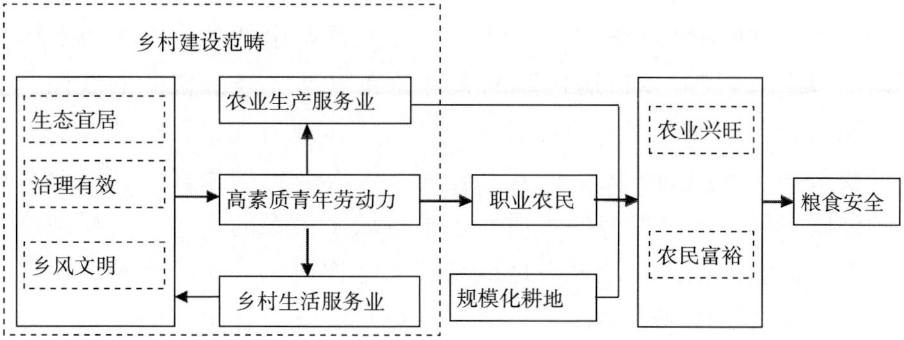

图4－3　乡村建设对乡村振兴战略实现的影响机制

4.6 乡村振兴战略下的职业农民吸引力提升路径

可持续发展是目前世界各国生产活动的总原则，可持续发展原则应用于农业生产领域衍生出了农业可持续发展战略，即农业可持续发展是可持续发展原则在农业领域的具体落实。乡村振兴战略是我国新时期“三农”工作的总抓手，是我国实现农业可持续发展战略的中国方略，相比于农业可持续发展战略，乡村振兴战略提出的基本内涵、关键要素、具体目标等方面更加具体。

2017 年 10 月，党的十九大报告首次提出实施乡村振兴战略。2018 年 1 月印发的《中共中央 国务院关于实施乡村振兴战略的意见》将实施乡村振兴战略作为新时代“三农”工作的总抓手，明确了新时代我国乡村振兴的总体思路。2018 年 9 月出台的《乡村振兴战略规划（2018—2022 年）》对近五年乡村振兴作出了阶段性谋划，确立了乡村振兴的具体实现路径。2019 年 1 月印发的《中共中央 国务院关于坚持农业农村优先发展做好“三农”工作的若干意见》要求，坚持农业农村优先发展总方针，以实施乡村振兴战略为总抓手。

建立健全城乡融合发展体制机制和政策体系是乡村振兴战略的重要内容之一，党的十九届四中全会强调，实施乡村振兴战略，完善农业农村优先发展和保障国家粮食安全的制度政策，健全城乡融合发展体制机制。实际上，乡村振兴仅是战略指引，是思想上的准备（王昌森等，2019）。一是强调城乡整体性。城乡经济关系是由“城市—乡村”两大部门、“城市居民—乡村居民”两大群体在对城乡经济资源的获取、支配和利益分配过程中产生的相对状态，具体体现为人口、土地及产业等生产要素在城乡间的流动、配置和使用。没有乡村的振兴，就不会有城市的健康发展，乡村发展的本质在于推进城乡关系的重塑。乡村地域系统要素结构的优化以实现城乡地域系统间结构协调、功能互补为主要目标，其发展演化体现为经济、社会、自然及生态子系统间的互动。二是强调农业发展的基础性地位。理解农业、农村和农地的本质功能，对理解发展问题具有非常重要的意义，只有乡村农业优先发展才能保障社会整体的稳定。农业和农村问题处理不好，往往会引起社会的不稳定和政权的更替，因此，在饥荒和农地过于集中的朝代，有组织提出均田地的思想往往会受到社会底层民众的响应，更加激化社会矛盾，造成社会不稳定。三是农业发展的基础是乡村发展。乡村振兴不等同于农业振兴，也不等同于农村振兴。如果乡村地区的农业生产服务业不能得到长足发展，那么在农地资源有限的情况下，农业生产则没有支撑体系，农业生产也不会高效。如果乡村地区的居民生活体系不健全，难以吸引高素质青年劳动力到乡村就业，那么乡村的农业生产体系、农业生产服务体系和生活服务体系就难以进步和完善，缺乏优质青年劳动力的农业生产是没有后劲的。四是乡村振兴的目标指向是粮食安全。粮食安全保障是乡村存在的重要意义所在。粮食生产保障的基础不仅需要有耕地，还需要有劳动力的合理更替和资金的足额投入。

乡村发展一直是理论界关注和研究的热点问题之一。党的十九大报告中提出的“坚持农业农村优先发展，实施乡村振兴战略”是在认真总结新中国农业农村 70 年发展成就与经验、深刻认识现代化城乡发展规律基础上作出的重要决策。关于实施乡村振兴战略，实现农业强、农村美、农民富这一乡村全面振兴的总体目标的基本路径可以概括为以下几方面。

(1) 积极推进乡村劳动力的合理配置

长期稳定的高素质青年劳动力队伍是实现乡村振兴的关键要素。由于城乡发展的不平衡，青壮年劳动力都流向了发达地区，走向城镇务工或带孩子进城上学，曾经的农业劳动力剩余问题已经转变成了严重的青年农业劳动力短缺问题，我国农村已出现了严重的老龄化和空壳化现象，“谁来种地”问题凸显。如果现有农民收益不增加，乡村环境不宜居，依然改变不了青年劳动力离乡的趋势。

目前相关专家谈到的“要让农民成为有吸引力的职业”涉及两方面问题，一是吸引谁，二是如何吸引。我们不可能吸引所有劳动力来从事职业农民工作，不可能，也没有必要，更不可取。较少的职业农民供养较多的其他类型人口是理想的职业结构，只有精准定位，让各行各业均衡配置好适合岗位要求的劳动力，才能实现人力资源的高效率，农业领域的劳动力配置也不例外，这就要求我们对农业劳动力分化配置有精准的把握。针对这样的认识和要求，相关学者从不同角度提出了有意义的药方，有专家提出，最关键的措施就是对现有农民因材施教，进行技能培训，健全激励机制，推动农民收益增长，让他们有利益的获得感、生活的幸福感、生存的安全感，让农民成为周围劳动力看得见的有奔头、有希望的职业。只有这样农民才会心动于农业，手动于生产，主动谋发展，农业才会留住人。只有先留住现有的人，才会带来更多的人，才会有优秀的人才主动走向乡村和农业（王芳，2020）。实际上，这些药方看起来能治病，但是并不解决问题，因为根本的机制没有解决。就像一服中药，光看药名也许会解决问题，但是由于环境污染，目前受到污染的中草药已经失去了原先的药力。要让药方发挥作用，必须弄清楚发挥药力的成分，而不是将关注点停留在草药植物层面。

关于吸引谁的问题，显然不是现有的老年农民，其实就农民人口数量来说，我国目前的农民数量依然较多，以至于农地资源细碎化状况依然严重，小规模细碎化的土地，即使农业产出效率更高，也难以提供农业生产类家庭足够的消费支撑。只有引导部分农村劳动力城市化，留下资源空间给少量的农民，农地资源进一步丰富的农民家庭才有进一步提高收入的可能性。较多的高素质青年职业农民是农业可持续发展的基本要求之一，他们掌握的先进农业生产技术、契合市场的经营理念以及年轻的年龄特征都是可持续高效农业生产的基本要求，是利用原来的土地资源进行高效生产，进而保持甚至提高农业生产效率的保证，这中间迁出的简单劳动力是吸引高素质青年劳动力职业农民化的基础。事实上，城市工业的发展需要从乡村汲取更多的劳动力，这种由工业发展而主动吸纳农业人口的方式就是我们一直倡导的城乡融合发展路径。但是在市场经济条件下，劳动力的流动是自觉自愿的流动，是岗位竞争下的流动，成功地获取城市非农岗位的劳动力是凭借自身优势竞争的结果。也就是说，成功流向城市的往往是优秀的劳动力，而留下的只会是竞争失败的劳动力。如果留下来的劳动力是相关岗位竞争的结果，那么结果就会反转，流向城市的劳动力将会是竞争失败而被挤压走的劳动力。

实际上吸引高素质青年劳动力职业农民化是逐步的、长期的，而不是一个表面问题（如收入增长）的解决就能实现的。推进乡村振兴需要以乡村建设为起点，精准吸引高素质青年劳动力代替老年简单劳动力，从事适度规模化的农业生产。只有塑造良好的生活环境，搭建良好的工作平台，才能实现高素质青年劳动力在乡村各业的合理更替。良好的生活环境是为高素质青年劳动力在乡村长期生活而塑造的，这个塑造过程是长期的和不断优化的，也需要专职的高素质青年劳动力参与，包括居住条件、治安管理、邻里相处等方面。良好工作平台的塑造包括农地利用规范、农情信息、农业生产资料市场和技术推广等队伍的服务，这方面也需要高素质青年劳动力来承担。乡村高素质青年劳动力的需求不仅在于农业生产领域，乡村振兴的每个方面都离不开高素质青年劳动力的支撑和发展，包括农业服务领域和生活服务领域，这是全面的需求。生态宜居需要环境治理人才和景观设计人才，乡风文明需要文化传播人才，治理有效需要乡村管理人才，农村商贸发展需要懂科技和善经营的青年人才等。乡村振兴，建设要先行，这就要求高素质青年劳动力在各行业间的配置合理和均衡。

（2）积极帮扶促进农地利用水平不断提升

乡村的核心功能是粮食生产，除了高素质青年劳动力的配置外，土地是另一项现代农业生产不可或缺的基本生产要素。在我国农地资源有限的情况下，继续提高粮食生产能力的方式有两点：一是改变目前细碎化的用地模式，在一定程度上实现适度规模生产，向规模要效益；二是不断提高单位面积土地的生产效率水平。

向土地规模要效益包括以下几个方面的内涵：一是基于部分农户城市化转移，通过农地流转，促进众多细碎化的小地块集中于少数农业大户手中，实现集中连片地规模化耕作。二是在保持农地总体面积不下降的情况下，通过乡村整理实现农地资源的不断增长。随着交通、通信、生产能力的不断提高，适应乡村社会快速变迁和重组的需要，撤并那些生活不便利的山区村庄，搬迁乡村家庭到有一定规模和较大辐射范围的附近集镇上，形成新的公共空间，部分规模太小的村庄随着人口流失而消逝则意味着一定程度的农地资源的增加。三是改进农业劳动工具，采用现代化的机器设备改进农业生产。机械的使用能够有效突破人的体力极限的束缚，开展更大规模的农地利用是农业适度规模生产的保证。

提高单位面积土地的生产效率可以通过以下几个方面来实现：一是完善乡村农业土地制度，强化农户用地保护的长效机制，使农户的农地保护行动成为自觉自愿的行为。二是全面开展高标准农田建设，在增强应对自然灾害能力的同时，有效提高农业生产效率。三是强化农业科学技术手段的研发、应用与推广。农业科学技术研究需要政府组织和实施，而通过市场机制将其送到农民的田间地头是实现农地高效利用的重要内容之一，如良种、栽培和收获新技术等。四是不断提高农业劳动力素质，促进农业劳动力代际的合理、均衡更替，保证农业生产技术的有效更新和可持续应用。另外，需要注意的是，目前农地高效利用的组织基础依然是农业家庭，帮扶或者挖掘爱农业、懂技术、善经营的农户应成为相关政策的关注点。

（3）系统地优化农业生产的支撑基础

实现乡村振兴战略背景下的城乡融合发展，不能将眼界仅限于在乡村地区探索如何振兴乡村，必须同时从城市发展入手，积极创造乡村发展的条件。在城乡系统中，乡村扮演着一个不断向城市供给人口的角色，或者说城市地区是在农业规模生产模式仅需要少量高素质劳动力情况下的一般剩余农业劳动力的消纳地。如果城市地区的经济体系能够健康发展的话，那么城市地区就能够有效支持乡村的发展。城乡体系互相影响和支撑，以教育为例，如果乡村教育不发达，那么经过乡村教育而向城市输出的可能都是无知识或知识水平欠缺的人口和劳动力，那这些人口和劳动力对于城市文明不但没有帮助，反而会妨碍城市地区的健康发展，这样的教育结果不仅是乡村问题，也会演变成城市问题，最终成为整个社会的问题。我们需要关注的是，在城市扩张和郊区城市化的过程中要主动为乡村人口和劳动力的城市化创造条件，同时制定包容性的城市发展战略，健全农业转移人口市民化机制，使农村人口在城市化过程中顺畅地实现职业的转型和身份的转换。

在乡村地区，乡村劳动力及其家庭生活条件的构建和提升对高素质青年劳动力的吸引具有重要的意义。高素质青年劳动力是现代农业发展的关键要素，针对吸引高素质青年劳动力的生活条件的构建则会对现代农业可持续发展起到间接的影响，且应该是乡村核心功能实现的前提和关键。乡村人居环境整治是提升乡村人居环境吸引力的必要途径，同时也是一个艰巨的任务，理论上构建有吸引力的乡村人居环境，其基本原则应是与城市的人居环境无差异的，这样一来高素质的劳动力对城乡间生活环境的选择也就不会有较大的倾向性，这样才能真正地实现城乡融合发展。

乡村人居环境的整治包括两方面的内容：生活硬环境的整治和生活软

环境的整治。乡村生活硬环境需要从教育、医疗、就业、住宅等各个层面创造城乡居民融合发展的条件，一方面可以通过加强村镇的医疗、教育、就业、保险和住宅等方面的建设，改善条件，方便群众生活；另一方面可以从制度上打破城乡分割的状态，使村民能够就近充分利用城区的教育、医疗、就业和住宅等资源，实现平等利用。乡村生活软环境的整治包括组织、文化、保障机制等方面。组织建设方面，需要有优秀的人才走进村级组织机构，需要积极拓展思路，多方位吸引人才，可以考虑的方面有：一方面着眼于跟踪培养本村有较高威信的高素质青年劳动力、本村在外的经商和企业管理人员等；另一方面积极创造条件吸引外来优秀人才充实基层组织队伍，大学毕业生群体是各行各业劳动力的理想候选人，值得关注。乡村组织包括党支部、村委会、科技推广组织和合作社等。文化塑造方面，一方面需要在乡村社会中大力保持传统的优秀文化，塑造良好的传统文化氛围；另一方面需要在乡村文化体系中有效削减城市导向的教育理念，探索和塑造有利于乡村发展的文化环境。制度方面的建设涉及面广，需要有针对性地完善各项农业支持保护制度、健全多元投入保障机制，如养老和医疗保险制度、金融支农、土地流转、就业等相关政策。

相关建设的实施，不可避免地会涉及资金问题，资金是乡村振兴必不可少的物质保障，可以考虑从政府、村集体和村民三方设计长效的运行机制，保证资金高效利用。

4.7　小结

现代农业发展是社会粮食安全需求的必然路径，其中的支撑要素——职业农民队伍的构建与发展也有其历史必然性，相关政策会对这一过程产生重要的影响，积极地促进政策实践是政府部门的基本诉求。我国乡村振兴战略是顺应现代农业发展规律，保障乡村核心功能，实现社会粮食安全，兼顾社会整体稳定发展而提出的具有中国特色的战略谋划和发展的实践指南。乡村振兴战略在内容上将现代农业发展规律细化为可操作的具体行动，实践性强，阶段明确，中国特色突出，符合中国国情。在具体行动上，通过硬件和软件方面的乡村建设行动塑造和提高乡村环境对高素质职业农民的生产和生活吸引力，进而实现对现代农业发展的推动。

现代农业的发展和社会各领域科技水平的提高将会促使未来乡村发生空间布局、劳动力和居民结构的变化。我国乡村振兴战略的稳步推进，其中的乡村建设行动和稳定的职业农民队伍构建是同步的，这一过程目标具体但不僵化，适应于社会科技发展和乡村核心功能的发挥。即便如此，相关细节的进一步研究也是必要的，是我们科研人员为乡村振兴战略保驾护航的基本任务。

第 5 章　基于农地流转视角的职业农民分化研究

5.1　我国农地细碎化格局的由来

土地制度在人类历史发展过程中扮演着重要的角色。土地制度是指包括一切土地问题的制度，是人们在一定社会经济条件下因土地的归属和利用问题而产生的所有土地关系的总称。农村土地制度是决定农民角色的关键因素，也是决定粮食供给系统健康性的重要引领因素。好的土地制度能够有效促进社会经济的健康发展，使人们安居乐业，有序高效地利用土地；而坏的土地制度可能会严重阻碍社会经济的发展，甚至可能会引起社会的崩溃。人类发展史从某种意义上说就是土地制度变迁的历史。

新中国成立以后，我国颁布了《中华人民共和国土地改革法》，在全国开展土地改革，主要是废除了封建土地制度，实行耕者有其田。1953 年初，全国基本上完成了土地改革，农民成为小块土地的所有者，实现了封建地主土地私有制向个体农民土地所有制的过渡，但是基于农民个体生产经营的现状和国家经济发展的需要，政府提倡将农民组织起来，发展农民互助合作，引导农民走上共同富裕的道路，改变农业的落后面貌。1953 年春季以后，各地开始普遍试办实行土地入股、统一经营，大量的初级农业生产合作社成立，初级农业生产合作社成为领导互助合作运动继续前进的重要环节。1956—1958 年，农民私有的土地、耕畜、大型农具等主要生产资料以及土地上附属的私有塘、井等水利设施被一起转为合作社集体所有，土地报酬也被取消，至此，农村土地从个体农民所有转变为社会主义劳动集体所有。1958 年，为扩大规模经营，中央实行小社并大社，进而又推行“政社合一”的人民公社制，在并社过程中，自留地、零星果树等都逐步自然地变为公有。土地所有权与经营权统一归于合作社，农村家庭的经营主体地位被农业基层经营组织及基层经营单位所取代。1962 年 2 月 13 日，中共中央发布了《关于改变农村人民公社基本核算单位问题的指示》，最终将土地、劳力、牲畜、农具“四固定”到生产队，分配核算也以生产队为单位，分别形成以生产大队和生产队为基本单位的社区性全员共同所有、共同经营的农村经济管理格局（刘云晴等，2020）。

新中国成立后的农村土地改革实行土地农民所有，耕者有其田，提高了农民经营土地的积极性。合作化和人民公社由于土地归集体所有、集体经营，农民对土地的权属感消失，结果造成了农民对土地的消极经营。为了解决农业生产效率低下的问题，1979 年末农村家庭联产承包责任制在安徽试行，基于当时人多地少的现实情况，出于公平原则，各村集体按照农户人口数量，实行肥沃贫瘠相搭配、远近相搭配的分田承包策略，形成了每户有多块土地，各个地块大小不一、互不相邻的农地细碎化状况，并延续至今，后经逐步推广，到 1982 年，家庭联产承包责任制在全国全面推广实行，农地所有权归集体所有，农地使用权归农户所有，激发了农民对土地投入和生产的积极性。农村土地家庭联产承包责任制释放了生产动能，提高了农业生产效率。家庭联产承包责任制将土地使用权赋予农民的实践经验说明：增加农民对土地的权属感和稳定感有利于推动农民对土地有计划地进行长期投入，这是土地制度创新的一项重要原则。

我国农村土地家庭联产承包责任制的早期激励效应非常显著，但是随着农业劳动力效能的提升，劳动力体力和总收入水平约束成为农业生产进一步发展的障碍，其激励效应不断衰减。原因是我国户均土地面积太小，依靠种粮只能解决吃饭问题，无法达到致富目标，在细碎化的农地上追求更高收入的结果就是农地的“非粮化”，而收入的提高幅度有限。随着生产力的发展，细碎化农地经营模式逐渐显现出生产成本高、机械化操作受限、新科技推广和应用效率低、总收益低等弊端（翁贞林等，2019）。另外，农业生产过程中的管理成本、时间成本和交易成本都难以在细碎化的地权格局下减少。随着兼业机会的增加以及农业机械化程度的提高，细碎化的地权格局增加了农业劳动力的机会成本，因为农业劳动力只能耗费更多的时间从事农业生产而无法用更多的时间务工。在实际操作过程中也会发生农户间通过协商自发地互换地块、通过村集体协调的方式组织农户互换地块以及以其他方式解决农地细碎化问题等实践，但是土地无序调整可能会导致农民对土地经营的短期行为，从而影响农业的可持续发展。在小规模细碎化农地经营模式下，大量农村青壮年富余劳动力进城务工，农业生产者呈现出严重的老龄化现象，部分乡村地区甚至出现了严重的弃耕和撂荒现象。

农地细碎化使农业生产诸多环节中的外部性问题或“搭便车”问题难以解决，导致农业生产中的公共物品供给近乎瘫痪，这种情况下通过有组织地调整或互换实现土地集中连片是相对弱势的农业生产者的基本诉求。

5.2 基于农地规模化目标的流转逻辑

从全球视角看，小型家庭农场（业）数量（耕地面积2公顷以下）占据了全球农场数量的84%，小型家庭农场（业）生产了全世界至少53%的粮食（Graeub et al.，2016；Lowder et al.，2016），对粮食供给做出了巨大贡献（Lipton，2006），但也带来了过度施肥和土地细碎化的问题，分别对环境和可持续的粮食供应产生了潜在的威胁（Wang et al.，2018）。大规模的家庭农场是目前发达国家和地区普遍采用的生产模式（Ren et al.，2019），这样不仅可以应用机械化突破人力束缚，还可以有效应用其他新技术确保粮食数量安全，同时也有利于实现清洁生产和减少对环境和粮食质量的负面影响。

农业现代化是我国农业发展的必然趋势，而农地适度规模化是现代农业发展的基础。农地适度规模经营是一个动态概念，适度规模是与各地资源禀赋条件、经济社会发展水平、农业社会化服务和机械化水平等密切相关的，而不是一个固定量化值。适度规模既要从经济学角度考虑资源优化配置，也要考虑分配的公平性：农民更多地是从总收入角度来看待农业规模经营的推行结果，即务农（特别是种粮）可以获得与务工相当的收入，农民就会保持种粮的积极性，其他人也不会感觉有失公平。农业适度规模的边界在于，农户种粮收入不低于或略高于其机会成本，又不因为农民种植规模过大而导致总收入存在较大差距并对粮食单产产生负面影响（夏益国等，2015）。

改革开放以来，家庭承包经营体制虽然取得了令人瞩目的制度绩效，但是这种基于村庄人口数量、以平均承包各类农田为特征的承包制度也不可避免地造成了农地经营的细碎化。一方面，可以看得见的农地收入上限影响了农业劳动力的生产积极性；另一方面，细碎化的农地不利于农业机械等新技术的应用，从而影响了农业生产效率的提高，阻碍了农业科技的广泛应用。虽然我国目前的应对策略是以进口粮食进行补充与缓解压力，但是近年来我国粮食进口量屡创新高，粮食自给率逐年降低。近年来突发的非洲猪瘟和新冠疫情严重影响了各类农产品在区域间的运输和调配，这进一步提醒我们：一定区域内的粮食自给具有非常重要的社会稳定功能。农户细碎化的传统农地种养模式已经无法满足当今社会对粮食生产的需求，也难以有效地保障和控制农产品的质量安全，粮食安全形势日趋严峻，深层次的原因在于：①细碎化的农地难以开展机械化操作，人力束缚下的农业生产规模效益难以发挥；②基于农地细碎化经营的家庭总收入不足以供养整个家庭，农户种地养地积极性不高；③在比较收益影响下，农户承包的农地“非粮化”趋势明显。由于经济作物利润率远超粮食作物，在细碎化土地利用模式下，农民追求家庭总收入最大化，越来越多的农民改种经济作物。据《中国农村统计年鉴（2019）》的数据显示，一些地方的土地“非粮化”比例已经高达50%。土地“非粮化”现象的不断恶化影响了我国的粮食安全。种植经济作物会获得更高的收入，农业的矛盾已经由总量不足转变为结构性矛盾。粮丰则农稳，农稳则国安，目前土地“非粮化”的趋势严重地削弱了国家层面的粮食安全水平，威胁着我国的粮食安全保障能力。

适于机械操作的规模化农地耕作模式被认为是提高粮食生产效率、改善粮食自给能力、保障粮食安全的有效途径，因为即使粮食生产的利润率较低，但是在较大规模生产情况下，农民种粮依然可以获得较高的总收入，规模化生产可以有效抑制农地的“非粮化”进程。如何改变目前小而散的家庭经营种植模式，适当提高单个主体（农户）的经营规模，进而达到提高劳动生产率、促进我国粮食生产稳定发展、提高农民种粮收入的目标成为政府部门和学术界关注的热点。促进农户间承包地的流转与集中被认为是第二轮土地承包到期后再延长30年政策条件下实现农业规模化经营，进而改变农地细碎化经营导致的农业粮食生产低效率问题的有效手段，基本原理可用图5-1描述。

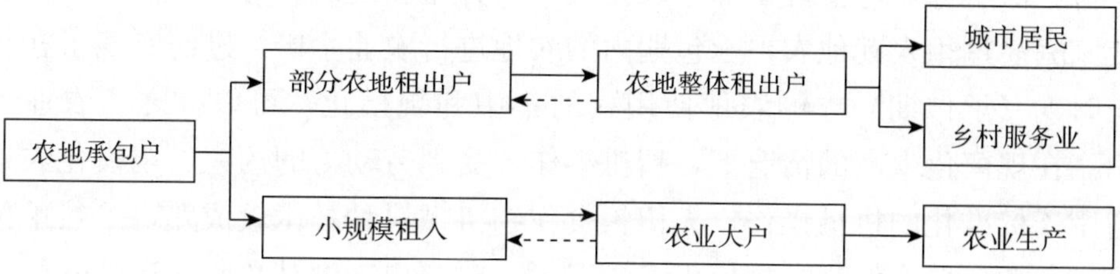

图5-1 家庭承包经营制下农地流转集中运行机制

在我国目前的第二轮土地承包到期后再延长30年政策条件下，农民可以享有30年的耕地使用权，在这30年里，农地的使用权属是稳定的和明确的，即属于承包农户。虽然农户不能随意改变农地的用途，但是在权属范围内农户可以将这30年间的农地使用权交给别的农户使用。也就是说，在承包权属稳定、没有未开发农地、现有农地数量约束情况下，只能通过承包农户间转让其承包期内的农地使用权来实现农地利用的规模化。

如果立足于农户的规模经济而扩大农户经营土地的规模，那么在农地资源有限的情况下，要让一部分农户获得规模农地，另一部分农户必须以家庭为单位离开土地去寻找非农就业机会，这样才会空出土地进行集中规模化。目前我国农业生产以小农户的细碎化经营为主体，随着改革开放后城市化进程的推进，效率低下的农业劳动生产力与快速的工业化发展拉大了城乡收入差距，城乡收入差拉动着大量的乡村农业劳动力向城市流动，这些进城的农户所承包的大量耕地被废弃或闲置（Xu et al.，2019）。这为乡村留守农户种植规模的扩大提供了资源基础，这些进城农户除了在城市就业获得一份收入外，转租其承包的农地也可以获得一份收益，农户转出自己承包期内农地的使用权也有其动力基础。

我国数以百万计的农户通过家庭承包经营制度，从原来的村集体承包农地耕种模式，转变为目前细碎化的农地耕种模式。依据目前的政策规定，一方面，小农户可以自愿地将自己的农地部分或全部租给少数家庭。小农户租出其承包期内农地的使用权，在获得租金收入的同时放弃了对农地的使用和管理权。对于部分租出农户来说，这也许是一种谨慎的做法，或许是由于细碎化农地不方便管理而放弃部分农地的使用权，而专注于未租出农地的经营和本地兼业。部分放弃全部农地使用权的农户在获得租金收入的同时，转向其他行业工作，如进城就业或者在本地从事农业生产或乡村生活服务业，实现了部分农业人口的分化和迁出。另一方面，少数农业家庭通过租入其他农户承包期内的农地进行农业生产，进而实现了在较长时期（承包期）内的农地使用权的集中和规模化，可以称之为农业大户。在规模化生产的情况下，精耕细作会受到劳动力的约束。规模化农地适用于标准化的机械操作，大田粮食作物机械耕种技术较成熟，虽然单位生产效益较低，但是在规模生产情况下，对农户来说其总收入达到各行业平均水平甚至高于平均水平都是有可能的，这样农户进行粮食生产也是有动力的，进而保障整体的国家粮食安全。

这里要强调的是，农户耕种的土地是农村家庭从其所在的村集体承包取得的耕地，在法律层面，土地所有权属于村集体而不是村民，村民只有土地的承包权和经营权。农村家庭可以出租或管理合同期间的农田。“规模化”的概念不是一个农田精确的大小，只是一个过程，是指从小型农田和破碎化的状态转移形成所需的更大的农田。

以家庭承包经营为基础、统分结合的双层经营体制是我国目前农业生产领域的基本国策，已经得到历史的验证，不容变更。我国政府已经提出了第二轮土地承包到期后再延长 30 年，在稳定农业生产队伍的目标下，也明确提出农民对承包经营农地使用权的独立性、利益性和转移性，允许农民在遵守有关法律政策的前提下通过多种方式进行流转，以适应农业结构的战略性调整、进一步发展现代高效农业。我国于 2003 年 3 月开始实施的《中华人民共和国农村土地承包法》中明确规定：“承包方可以自主决定依法采取出租（转包）、入股或者其他方式向他人流转土地经营权，并向发包方备案。”土地在承包期内的流转意味着土地产权的细分和产权结构的创新，即家庭联产承包责任制背景下的土地承包经营权被分解为承包权和经营权，农用地的集体所有权、农户承包权、土地经营权“三权分置”成为我国农村土地权属的特征事实。2014 年中央 1 号文件首次提出：“在落实农村土地集体所有权的基础上，稳定农户承包权、放活土地经营权，允许承包土地的经营权向金融机构抵押融资。”“三权分置”随即被视为我国新时期农村土地产权制度变革的重要方向，而这种变革方向进一步扩大了农村劳动力、土地和资本的组合形态。

随着城市化进程的推进，部分乡村农业人口进城就业和生活，留守农民人均可能占有更多的农地资源，为重新配置农地资源、实现规模化生产提供了可能条件。在部分农村，在不改变家庭承包经营基础地位的前提下，农户间出现了一些典型的农地流转方式：①一些农户本着等值等量、有利于生产的原则，相互之间调整零散地块，使每个农户的承包地块相对集中；②在人地矛盾较为突出的村庄，根据协商一致、有偿互利的原则实现农地使用权农户间的转移；③在普遍实行有偿承包的基础上，根据自愿、有偿的原则，制定相应的政策，引导有其他就业门路的农户放弃承包耕地；④在集体组织内部建立转包、转让的初级土地流转制度。农户间的承包地使用权流转集中在一定程度上削弱了土地小规模经营的负面影响，为发展土地使用权交易市场打下了基础。

目前我们不得不面对的实际情况是，农户间自发流转农地的比例较低，许多农民虽然外出务工，但也不愿意放弃家里的耕地，原因就在于农民把土地当作是他的保险金，农地流转困难重重。对于农户来说，寻找非农就业机会是一个自发的搜寻过程，一方面，很难保证家庭全体成员离开土地都能找到非农就业机会；另一方面，即使他们都能够找到非农就业机会，也很难保证不受就业市场的冲击，除非在放弃了农地使用权又失去了非农就业岗位的情况下，政府能够为他们提供不低于放弃土地之前所达到的生活保障。因此，农户在他们还没有找到稳定的非农就业机会时放弃土地将承担巨大的风险，也会带来严重的社会稳定问题。对农户来说，稳妥的办法是家庭成员逐步离农，甚至老年返农。在这种情况下，农民是不会轻易放弃农地的承包权的，相应地也给农地规模化进程带来了阻碍。另外，流转并不等于集中，农地经营权的流转只是实现农地规模化的基础，许多农户间为了方便耕种而自发的流转行为并没有实现地块的集中连片。当然，在农地规模效应和经营便利的影响下，实现农地集中是农户间经营权流转的重要考量因素。

5.3　我国农地政策变迁与农户分化

在改革开放前的 30 年里，我国农民经历了从依附农民到个体小农、从个体小农到合作社社员、从合作社社员到人民公社社员的数次大的身份转换。在这些大转换过程中，农民始终被束缚于农业，被固定在土地上，他们之间没有明显的社会等级差异，彼此间在身份上都是均质性的，这些过程中的农民身份转换是线性的、一元化的，内部没有发生层变，他们都还是“传统农民”。

党的十一届三中全会以后，农村地区率先改革，“调动积极性，权力下放”是这一时期农村改革的主要内容。因为给了农民更多的自主权，所以充分调动了农民的积极性。在自主性和多样性原则指导下的农村改革，为农民的分化提供了体制前提。农民有了生产经营的自主权，有了自由流动的可能性，部分农民冲破原有体制的束缚，开始向非农产业转移，从而出现了职业分化。随着中国社会加速转型，农民有了很大的选择空间，他们在不同所有制单位之间、不同行业之间、不同社区之间初步实现了广泛流动，进而分化分布于不同的职业，也导致了其农民身份的变化。由于中国农民流动是多元化的，所以造成了农民在“农民、农民工和工人”这三种身份间转换的非同步性和多样性，从而导致农民彼此之间明显的地位差别和利益不同凸显出来。尤其是相当一部分农民的身份转化没有制度的承认和支持，农民进城打工仍然是农民；乡村工业中的工人也不是真正意义上的工人，仍然是农民。也就是说，标志其某种政治和社会身份的“农民”称谓依然大量存在。

随着我国城镇化进程的推进，越来越多的农业劳动力选择外出就业，在农户的收入水平有所提升的同时也导致农户出现了分化现象。这种离开乡村去城镇就业的离农过程就是农户职业分化的过程，分化的结果是一部分农户成了非农户，一部分农户仍然从事农业生产（刘炎周等，2016；杨志海等，2015）。为了稳定当前的农业布局，我国政府推出了第二轮土地承包到期后再延长30年政策，因此要依靠农民自愿地将其名下的废弃土地集中来解决土地碎片化问题，从而实现农业扩张和大规模种植。我国政府自20世纪90年代开始实施土地整理项目（Zhang et al.，2014），通过发展农村土地租赁市场，为潜在的土地放弃者和租入户之间的土地租赁提供便利。30余年来，我国农村土地利用政策经历了从《中华人民共和国土地管理法》（1988年）到《中华人民共和国农村土地承包法》（2003年）的发展。2014年实施的“三权分离”政策进一步加强了对农村土地租赁市场的政策支持。2016年我国承包地租赁面积3195万公顷（中华人民共和国农业农村部，2017）。虽然农地租赁率持续上升，但中国与中、高收入国家仍存在巨大差距，中、高收入国家中5公顷以上规模的农地占了

96%以上（Ji et al.，2016）。因此，如何顺利地进行农地流转，将成为促进规模化经营和保障粮食安全的关键。

改革开放以来，农民内部分化是与农村要素配置方式的多样性相伴而生的。我国农业生产要素来源的拓展导致了不同要素组合方式的多样化，不同的要素组合方式对应着差异化的要素配置方式，差异化的要素配置方式则意味着农民内部分化为不同类型。耕地资源是农业生产要素的重要基础之一，笔者利用"农户分化与土地利用模式研究数据库"，以农地要素配置为标准，对案例区农户户均利用土地状况进行初步分析。数据库中农地利用规模户均8.59亩（含），样本中最高农地利用面积为508亩。以农户承包地亩数为分类标准，以农户数为频数，汇总绘制成图5-2。从柱状图可以看出，农地利用主要在三个规模区间集中，即0～10亩、10～100亩和100亩以上。以农地利用规模为标准的农户分化明显，10亩以下规模的农地利用户共有548户，是农业生产基层单位的主体，占总样本量的91.5%，这一类农户利用农地总面积为2 252.28亩（含撂荒），占总样本农地利用面积5 143.6亩的43.79%。10～20亩种植规模的农户有21户，20～100亩的农户有25户，占总样本量的7.68%，这一类农户的种植面积有了明显提升，其所经营的农地面积平均为28.94亩，这类农户利用农地总面积为1331.32亩，占总样本农地利用面积的25.89%。100亩以上种植规模的农户有5户，占总样本量的0.83%，但其所经营的农地面积为1 560亩，占总样本农地利用面积的30.33%。基于农地流转的思想，这就意味着，一个100亩以上农地经营的农户，可以通过租入约66户农户的土地来实现规模化的农业生产，或者说，66户的小农户城市化转移以后，剩下的土地可以交给一个农户进行生产，以目前的实践检验，这是可行的。进一步说明，改变老人农业的现状，未来粮食安全只需要由少量的高素质青年劳动力来替代就可以实现，目前来看，这个可以接受的替代比率为1∶66。如果职业农民掌握的农业科学技术水平进一步提高，那么这一比例仍然可以提高，因为对于地势平坦的农区来说，200亩左右的农场规模并不算大，甚至更大规模的"一人（职业农民）一地（大农场）"的农业生产模式并不遥远。在新疆农垦生产建设兵团已经出现了较多的雇用一个青年劳动力配合家庭中的1～2个劳动力耕种两三千亩土地的生产模式，他们主要通过标准化的机械耕作、水肥一体化系统施肥、无人机喷施农药，开展粮食作物和经济作物种植，农业科技水平较高。从研究样本数据可以看出，尽管20亩以上利用规模的农户仅30户，但是他们的农地总利用规模远大于20亩以下的农户总利用面积，说明如果进行规模经营的话，可以实现投入尽可能少的劳动力而保持或者获得较大的农业产出。推进农地集中化规模利用，对青年农业劳动力不足情况下维护国家粮食安全、缩小城乡收入差距和保持社会稳定具有十分重要的作用。

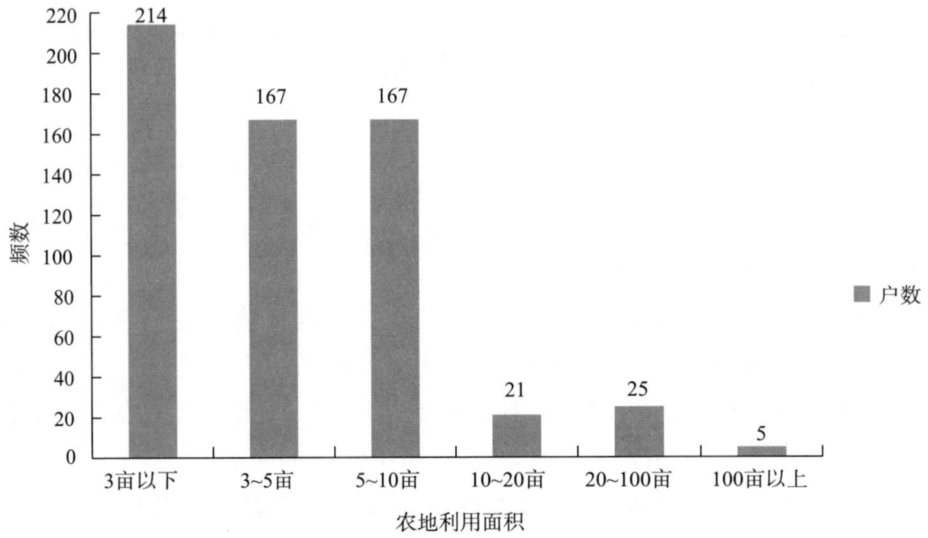

图5-2　不同规模农地利用农户频数

从土地利用规模来看，农户间发生了明显的分化，农地利用规模的差异化通常来源于其家庭的各种资源状况的不同。从不同要素入手，分别对比这几类家庭的特征差异，以便更加清晰地了解目前农户间的分化状况。表5-1汇总显示了不同农地利用规模农户的户主特征相关信息。从性别看，随着农户家庭农地利用规模的增大，男性为户主的比例不断提升，特别是100亩以上家庭中的户主均为男性，一方面说明了农村家庭中男性为户主的传统风貌，另一方面说明不同性别户主对土地利用的态度是不同的，也许传统文化中男性话语权的增大有利于农地的集中。在乡村地区促进我国传统文化的回归既是传统文化传承的需要，同时也具有非常重要的现代农业生产意义。从户主年龄来看，大规模农地利用家庭的户主年龄相对较小，比小规模农地利用家庭的 55.6 岁小了 7 岁多，说明小规模农地利用户中老人农业特征明显。大规模农地利用户户主的年龄标准差没有小规模农地利用户户主的年龄标准差集中，说明大规模农地利用家庭的户主年龄段分布较广，大规模的农地利用模式能形成更加合理的农业劳动力的代际更替和传承。在中年阶段和中等规模农地利用样本中，过度特征明显，说明农地的规模经营能力与年龄的关联性不是很强。从受教育水平指标（受教育年限）看，随着农地利用规模的提高，农户户主的受教育水平在不断提高，且标准差在减小，说明农地利用规模与劳动力的受教育水平有明显的正相关性。从农户户主就业类型来看（本地农业、本地非农业、外地非农业、外地农业的就业类型分别取值 1、2、3、4），随着农户农地利用规模的提高，户主更加专注于农业生产。从这几项农户户主的指标综合来看，随着农地利用规模的扩大，高素质青年农民有动机和意愿去专门化从事农业生产，职业农民特质明显，说明通过教育技能和土地利用领域的帮扶，培育一批高素质青年职业农民是可行的。

表 5-1 不同农地利用规模农户的户主特征差异

户主特征	10 亩以下		10～20 亩		20～100 亩		100 亩以上	
	平均值	标准差	平均值	标准差	平均值	标准差	平均值	标准差
户主性别：男＝1，女＝0	0.95	0.21	0.95	0.21	0.96	0.20	1.00	0.00
户主年龄（岁）	55.60	9.83	51.19	11.07	51.20	9.23	48.20	11.34
户主受教育年限（年）	8.33	3.06	9.29	2.99	10.36	2.96	11.60	2.88
户主就业类型	1.21	0.48	1.14	0.36	1.08	0.40	1.00	0.00
样本量	548		21		25		5	

表 5-2 汇总显示了不同农地利用规模农户的家庭人口特征相关信息。从这几类家庭的相关特征信息可以发现：①随着耕种土地规模的扩大，农户家中表现出了明显的家庭人口数增多、未成年子女数减少、家庭劳动力人数增多的特征，说明目前家庭劳动力是农地规模经营的基础，这与家庭劳动力的稳定性优势有关。②随着耕种土地规模的扩大，农户家中子女平均受教育年限不断提高、家庭中的农业劳动力受教育水平也在不断提高，特别是经营 100 亩以上农地的家庭中均有子女正在接受或者接受过大学阶段的教育，说明农业大户更加注重子女的教育投资，反过来说，重视子女

教育的农户眼界开阔，或者说受到良好教育的子女更容易积极地影响其父母的农业生产决策。③随着耕种土地规模的扩大，农户家中的男性劳动力更加专注于农业生产，“农业妇女化”仅在小规模农地耕种家庭中出现。④随着耕种土地规模的扩大，农民家庭的子女继续从事农业生产的意愿会提高。⑤虽然中等规模农地经营户中村干部家庭比例较高，但是大规模农地经营户（100 亩以上）中并没有表现出明显的村干部倾向。从这些特征信息可以看出，无论是从当前还是下一代来看，规模农地经营户的农业生产行为效率更高，专注度更高，农业生产的意愿更强，代际的农业生产持续性更强。

表 5－2　不同农地利用规模农户的家庭人口特征

家庭人口特征	10 亩以下		10～20 亩		20～100 亩		100 亩以上	
	平均值	标准差	平均值	标准差	平均值	标准差	平均值	标准差
未成年子女数	0.78	0.85	0.95	0.97	0.84	0.85	0.40	0.55
家庭总人数	4.60	1.45	4.90	1.79	4.84	2.00	5.00	1.22
子女中劳动力平均受教育年限（年）	8.84	5.42	9.00	6.33	6.45	6.54	12.30	6.96
家庭劳动力数	3.34	1.10	3.48	1.25	3.24	1.05	4.00	1.58
农业劳动力人数	1.76	0.92	1.90	0.70	2.32	0.95	2.40	1.34
农业劳动力平均受教育年限（年）	6.49	3.65	9.25	2.27	9.43	2.58	11.26	2.12
农业劳动力平均年龄（岁）	47.56	20.06	50.93	10.39	50.66	9.56	51.30	6.59
从事农业女性人数	0.88	0.54	1.05	0.50	1.12	0.53	0.80	0.84
从事农业男性人数	0.88	0.51	0.86	0.48	1.20	0.50	1.60	0.55
是否村干部家庭（是＝1，否＝0）	0.06	0.23	0.10	0.30	0.16	0.37	0.20	0.45
是否有大学生（是＝1，否＝0）	0.37	0.48	0.43	0.51	0.48	0.51	1.00	0.00
家中本地农业劳动力数	1.76	0.92	1.90	0.70	2.32	0.95	2.40	1.34

（续）

家庭人口特征	10 亩以下		10～20 亩		20～100 亩		100 亩以上	
	平均值	标准差	平均值	标准差	平均值	标准差	平均值	标准差
家中本地非农劳动力数	0.70	1.06	0.48	0.93	0.28	0.61	0.20	0.45
家中外地非农劳动力数	0.88	0.99	1.05	1.28	0.76	1.01	1.40	0.89
家中外地农业劳动力数	0.00	0.04	0.00	0.00	0.04	0.20	0.00	0.00
子女是否从事农业（是＝1，否＝0）	0.07	0.26	0.14	0.36	0.12	0.33	0.40	0.55
样本量	548		21		25		5	

表 5－3 显示了不同农地利用规模农户的农地利用相关信息。从这几类家庭的相关特征信息可以发现：①中等规模家庭种植粮食作物较多，100 亩以上农业大户不种粮，农地“非粮化”严重，规模化农地经营户的收入主要来源于经济作物种植。②小规模种植户种养结合是一种典型的生产方式，但是规模化经营户更专注于种植，说明农业资源的规模化更有利于职业农民的培育。③10 亩以下农户有家庭成员去外地打零工，但是 10 亩以上家庭成员则没有去外地打零工的，说明随着农地规模的扩大，家庭劳动力更专注于在自家经营的土地上从事农业生产工作。④小规模农地经营户（主要是 10 亩以下）既有租入土地的情况，也有租出土地的行为发生，可能的情况是为了将细碎化的土地通过农户间的调整实现集中连片或者亲戚间的临时代管等，但是仍然表现出明显的细碎化农地利用方式。值得注意的是，这类细碎化农地经营户平均有 0.5 亩的撂荒地，对社会粮食整体供给来说是个不小的浪费。⑤大规模农地经营户（10 亩以上的情况）基本上是通过租入土地实现的，并且没有土地撂荒的行为发生，土地利用率高。⑥中等规模的农地经营户（10～100 亩的农地经营户）家庭自有承包地较多，另外通过租入的方式承包了周边农户的土地，形成了一定的规模，但是由于受资金的限制，这类家庭往往能够租入的土地有限，他们种植土地规模扩大的过程是逐步的。⑦100 亩以上的农地经营户只有 5 户，这类家庭自有承包的农地不是最多的，主要原因是有的家庭并不是由农户发展来的，他们由于资金实力雄厚，直接从农户和村集体手中流转了较多的土地而从事农业生产。从这些特征信息可以看出，中等规模农地经营户通过租入土地的方式扩大生产，受资金限制，他们的农地规模扩大的过程

是逐步的，但是这类家庭对社会粮食供给有较大的贡献；大规模农地经营户有较强的经济实力，他们的农地规模化大多是通过大量的外来资金直接投入农地流转形成的，但是外来资金投入形成的规模化生产“非粮化”特征明显，不利于国家粮食安全的需要，应当在政策上给予关注和适当引导调控。

表 5-3 不同农地利用规模农户农地利用特征

农地利用特征	10 亩以下		10～20 亩		20～100 亩		100 亩以上	
	平均值	标准差	平均值	标准差	平均值	标准差	平均值	标准差
种植面积（亩）	4.09	2.63	14.88	3.37	40.72	21.90	312.00	162.10
粮食作物面积（亩）	1.39	2.17	4.07	5.65	8.45	14.56	0.00	0.00
粮食年均收入（万元）	0.16	0.40	0.99	1.78	2.99	6.43	0.00	0.00
经济作物面积（亩）	2.51	2.81	9.66	7.22	28.19	24.55	242.00	210.07
经济作物收入（万元）	1.32	2.09	4.89	4.88	21.98	36.99	120.86	158.48
养殖收入（万元）	0.15	1.27	6.49	28.31	3.20	9.99	0.00	0.00
外地打零工收入（万元）	0.24	1.11	0.00	0.00	0.00	0.00	0.00	0.00
本地打零工收入（万元）	1.38	1.95	0.40	1.00	0.04	0.20	0.00	0.00
政府补贴（万元）	0.26	0.76	0.27	0.31	0.27	0.23	0.27	0.32
本地工资收入（万元）	1.42	2.84	2.21	3.76	0.65	1.43	0.66	1.48
外地工资收入（万元）	3.45	4.54	4.48	6.41	3.22	4.54	6.92	4.01
收入水平（万元）	8.86	5.25	23.48	41.08	52.07	89.17	144.71	146.18
土地租出面积（亩）	0.88	1.77	0.00	0.00	1.36	6.02	0.00	0.00
土地租出期限（年）	3.17	6.36	0.00	0.00	1.60	5.54	0.00	0.00
租入面积（亩）	0.28	1.05	9.36	5.34	36.84	23.42	307.00	161.23
租入期限（年）	1.03	3.65	10.43	12.14	11.60	8.95	21.00	5.48
撂荒面积（亩）	0.05	0.87	0.00	0.00	0.00	0.00	0.00	0.00
自有土地面积（亩）	4.70	2.06	5.57	3.38	5.24	2.43	5.00	3.08
正在种地面积（亩）	4.06	2.62	14.92	3.33	40.72	21.90	312.00	162.11
家庭生活满意度	2.55	0.92	1.90	0.77	1.92	0.95	1.40	0.55
样本量	548		21		25		5	

农户分化过程中的职业分化也必然伴随着经济分化，农户家庭成员的

职业和经济收入水平的差异会影响不同家庭的农业投入力度。以上四类家庭的农业收入在其家庭总收入中的占比分别为18.4%、52.7%、62.1%和96%，显然，以低收入、小规模农地利用、兼业化、非农就业方向多样化为特征的农户群体分化水平较高，在非农领域有稳定的较高收入，对农地的生存依赖逐步减小，农地的保障效用弱化，农地对他们的意义开始转化为一项潜在财产权，预期的财产升值效用逐步强化，他们随时可能因家庭生活的某些需要而退出农业生产进入城市。已经稳定实现在城市体面生活的家庭确属相对优势的农民家庭，而大部分因个体客观经济需要不能离开农地的家庭属于相对弱势的农民家庭。无论是发达国家，还是发展中国家，无论是人均土地多的国家，还是人均土地少的国家，农民分化都不是一蹴而就的，而是一个逐步发展的过程，这个过程中出现的农户兼业化是一种普遍存在的现象，是分化过程中合理存在的过渡态。我国的情况也不例外，一定阶段内的农民兼业化是在现有人地矛盾和农村社会保障制度条件下农户家庭成员内部分工的均衡形态。农户中兼业的劳动力中青年人比老年人多，男性劳动力比女性劳动力多，受教育水平高的人比受教育水平低的人多，这源于他们之间人力资本的差异。农户兼业是农户离农或城市化转移的过渡形态，一方面有其合理性，但另一方面也在一定程度上制约了农户土地经营规模的扩大和小农经济效率的改进（向国成等，2005）。

小农户是兼业大军的主体，兼业是农户退出农业生产的第一步，小规模农地经营户的离农决策使留守农民人均占有农地相对增多，为农地集中利用创造了条件。农户规模经济的立足点是乡村农业留守家庭。农业生产规模问题包含在个人专业化经营之中，只是个人专业化经营的量的方面，即农地规模的扩大。如果立足于个人专业化经营，那么农业家庭中多余的劳动力将会主动寻找非农就业机会，扩大家庭中其他务农成员的土地经营规模，或者通过流转土地进一步扩大经营规模。农户分化现象已经成为我国目前乡村社会的重要特征。

5.4　基于劳动力分化视角的农地流转相关研究回顾

影响农户农地流转的因素众多而复杂，大致可以概括为以下三个方面：①政策激励，如土地确权改革（Zhang et al.，2019）、农业补贴

（Zou et al.，2019）等。农户的农地流转行为均是对相应政策响应的结果，正确的政策设计可以有效激励农户农地流转行为的发生和流向理想的方向。②农户家庭背景，如农业劳动力老龄化不得不退出农业而发生农地流转行为（Min et al.，2017）。农户响应政策而发生的农地流转行为均是以其家庭资源为基础而追求家庭整体利益最大化的结果，不同农户的家庭资源背景不同，其流转行为也会不同。③农户家庭成员非农化及城市化参与情况也会对其承包农地的流转产生影响（Zhang et al.，2004），如果该家庭成员能够获得更高的且稳定的非农收入，那么他们更倾向于逐步退出农业生产，反之则会让他们更加坚定地返乡从事农业生产。

自20世纪70年代以来，由于快速的城市化和工业化，农村劳动力非农就业的比例增加到48%（Zhang et al.，2004）。在这一过程中，由于城市劳动力市场的性别工资差异，导致农村男性劳动力非农就业转移顺畅，而女性劳动力则被留在农村（Qin et al.，2016），因而女性参与农业的比例稳步上升，女性劳动力正逐渐成为农业生产的主力军。农业女性化现象在许多国家都很普遍（Mukhamedova et al.，2018），这一现象已经被相关学者关注，通常被认为是规模化现代农业发展的障碍。他们发现，女性农户更有可能承担起家庭农业生产的大部分工作，原因在于：①农村男女劳动力间的非农就业机会不平等，女性劳动力在非农业劳动力市场上的就业参与率和潜在工资收入水平远低于男性劳动力。在农村流动人口中，平均性别工资差距超过30%，尤其是在低收入流动人口中，相对性别工资歧视问题最为严重（Magnani et al.，2012）。②抚育角色差异，如照顾婴儿等家庭工作阻碍了女性劳动力非农就业和集中于市场工作（Balgah et al.，2019）。这就是为什么大龄已婚妇女在向非农产业转移方面不仅滞后于年轻人，同时也滞后于她们的配偶的原因。当男性劳动力在非农产业劳动力市场上的参与水平和收入水平高于女性时，农业家庭中的女性劳动力往往由于男性劳动力较高的非农劳动收入汇款而安心于承担更多的农业劳动（De Brauw et al.，2013）。③由于农村“重男轻女”带来的受教育机会的性别差异，以至于农村成年女性劳动力人力资本通常较弱（Su et al.，2011）。无论从国家数据还是从个人数据来看，乡村农业领域女性受教育年限都明显低于男性（Yao et al.，2018）。由于我国农村普遍存在的破碎化家庭（家庭成员分别从事不同的职业，在聚少离多生活模式下的农户）从事农业生产的模式，农业劳动投入强度总体较小，从资源配置优化的角度看，由生产效率低的女性承担家庭农业生产更有利于家庭总体收入的增加。④由于在婚姻、遗产和社区分配方面的不平等待遇，女性通常没有平等的土地权利和其他生产性权利，在家庭生产安排过程中不得不处于接受地位。受益于竞争激烈、高效的市场和农业技术及机械化的应用，农业生产正在突破体力的约束，女性劳动力的农业生产效率正随着生产技术的进步逐步提升。

在男性劳动力职业非农化过程中，女性劳动力自然会接管更多的农业生产活动。即使在农场管理中突破了体力约束，农业生产活动不存在性别生产力差异，女性劳动力仍然无法分配太多的时间在土地上，因为她们要承担更多的家庭责任，如做饭、照顾老人和孩子等（Quisumbing et al.，2010）。很明显，如果没有额外的劳动力或技术投入，女性无法独自管理过多的土地，那么出租部分土地就是一个理性的选择。这就是为什么男性劳动力稳定的非农领域就业对家庭农地流转具有显著的正向影响（Su et al.，2018）。如果男性劳动力非农化迁移是暂时性的，那么土地流转行为往往会发生在亲戚或朋友之间（Tian et al.，2012）。已婚女性劳动力在照顾子女的责任消失或减轻后，会面临是否与配偶一起迁移的权衡。农村夫妻同时迁移正成为中国另一种主要的迁移形式（Meng et al.，2016），女性外出务工可以增加收入，但这种选择可能对留守儿童的心理健康和发展产生负面影响（Chang et al.，2019）。女性的离农迁移意味着家庭土地的劳动力投入将会减少，因而土地的出租将是一个时间问题。已婚女性非农就业后，家庭中的老年人可能会接管土地（Guo et al.，2015）。女性老年人在农场的时间比男性老年人更多（Chang et al.，2011）。不可避免的是，小农中的老年人会进一步出租土地，受到身体条件的限制，虽然他们会保留一点土地，但是一旦老年人出现健康问题，剩下的土地将会全部出租。

从土地租入的视角看，土地租赁市场也是不断扩大农场规模的主要途径，为资金和社会资源较为丰富、效率更高的承租家庭服务。参与农地流转可以帮助贫困家庭获得更多的土地，增加收入（Chamberlin et al.，2016）。然而，来自非洲的证据表明，女性在土地租赁市场中可能会被边缘化，这将不利于摆脱贫困（Wineman et al.，2017）。女性劳动力收入在其家庭总收入中所占比例的增加可以增强她们在家庭中的决策权（Carlsson et al.，2009）。农地租入家庭的女性劳动力受教育的时间通常比拥有较少土地的家庭女性的受教育时间更长。

以往的文献表明，农业老龄化和女性化是整个国家城市化发展条件下农村小规模农地利用家庭生计合理安排的必然结果。随着农业科技水平的提高和农地规模化水平的提高，在农业劳动力年龄结构和性别结构逐步合理的同时，农业生产的效率也会不断提高。

5.5 基于农地流转的农户分化研究

5.5.1 研究框架

尽管中国城市化进程快速发展，但截至 2016 年，仍有 3.62 亿人口在农村工作和生活（中华人民共和国农业农村部，2017），这些农村人口不可能在短期内实现全面的城市化，这意味着在一定时期内他们中的大多数人不得不留在农村。由于农村非农就业岗位的缺乏，他们中的大多数劳动力不得不被束缚在其所承包的细碎化的农田中，这些家庭因无法城市化或非农化而成为农地流转和集中的障碍。要克服这一障碍，尽快实现以少量具有丰富经验、娴熟技术的农户进行规模化经营的现代高效农业生产，科学的引导政策设计是关键。首先要做的是：①识别（潜在的）弃耕农户和（潜在的）农业退出农户，为未来的农地规模化经营做准备；②探究对（潜在的）弃耕农户和（潜在的）农业退出农户的弃耕和退出决策产生阻碍的原因；③寻找（潜在的）高效农地规模化管理者，这个理想群体发现的过程就是认识农户分化的过程。

根据农业家庭的农地租赁选择，可以将农业家庭分为三种类型：租出型家庭（ROF）、租入型家庭（RIF）和非转让型家庭（NTF）。租出型家庭（ROF）是指那些部分或全部出租土地的农村家庭。租入型家庭（RIF）是指那些从别的农户手中租入土地的家庭。非转让型家庭（NTF）是指那些没有把土地租出去或租进来的家庭。在图 5-1 描述的机制下，劳动力和土地权利是影响家庭决策的主导因素，农户土地流转决策的出发点是追求家庭收入最大化、生活质量提高和风险降低。如果一些非转让型家庭（NTF）为了寻求更高的收入而将部分或全部承包土地出租，就会变成租出型家庭（ROF），最终退出农业生产。对于一些非转让型家庭来说，也许他们很难追求更高的非农收入，土地则是他们家庭的基本收入来源，土地流转的选择对其家庭收入有着直接和间接的影响，如果他们有足够的资本和财富的话，那么这类家庭就可以通过租入农田来改善他们的生产和生活，最终成为农地租入型家庭。

图 5-1 所示的农地流转机制顺利运行的基础是较多的因非农就业而转移的人口自愿地出租他们的承包地，在此情况下另一些农业家庭才可以租用更多的土地来实现大规模耕种，显然，让更多的非农业转移人口出租承包地是实现规模化经营的关键。

我国目前的婚姻体系表现出的是普婚制（即几乎所有的居民均会通过婚姻组建家庭）且家庭小型化的特征，乡村夫妻共同管理耕地是一种普遍现象，农地流转的决策不可避免地受到每一位家庭成员意愿的影响。农村家庭的租出或租入决策不仅受到户主夫妻二人的影响，还会受到家庭劳动力数量、家庭收入、土地禀赋等家庭背景要素的影响。利用这些因素做自变量估计 Probit 模型，分别分离出相关变量对家庭农地流转决策的影响：

$$P(y_i=1)=\alpha_1+\beta_1 X_i+\theta_1 Z_1+\mu_i \tag{5-1}$$

其中，y 表示农户 i 的农地租赁决策，$y=1$ 表示农户 i 租出或租入土地，否则 $y=0$，表示农户 i 相反的行为。X_i 是一个矢量特征向量，可能会影响土地市场上的家庭行为，Z_1 表示家庭背景变量，μ 是随机误差项。

我们希望多数的小农户自愿地出租他们的承包农田给少数家庭，在短时间内顺利实现大规模种植，但现实情况是，许多小农户只出租其承包土地的一部分，显然，小农户谨慎地出租他们的部分农地将会严重影响农地规模化进程。粮食安全压力需要加快推进农地规模化进程。利用 Tobit 模型来估计不同要素对农户农地流转数量的影响，模型表述为下式 5-2：

$$y_i^* = a_1 + b_1 x_1 + \varepsilon_i$$

$$y_i=\begin{cases} y_i, & y_i^*>0 \\ 0, & y_i^*\leqslant 0 \end{cases} \tag{5-2}$$

其中，y^* 为潜在变量，y_i 表示该农户的租入面积或租出比例。x_1 为可能影响该家庭在土地市场行为的自变量向量，ε_i 为随机误差项。农村家庭从村集体承包土地，其家庭人口数量是影响土地承包规模的关键因素，不同人口规模的家庭所承包的土地配置规模略有差异，按面积大小来探讨农户间的农地流转行为缺乏可比性，探讨一个家庭租出的土地比例更具有实际意义，因此我们使用了租出土地的比例而不是租出土地的大小。

农户追求其家庭整体生活质量的提高是其农地流转决策的出发点，但其结果往往会存在达到预期或者没有达到预期两种结果，这些结果都会影响到该农户的生活质量。该类家庭生活质量的提升与否均会通过生活满意度表达出来，进而影响周围农户或者自己家庭的进一步农地流转行为。如果他们对自己的生计结果满意，可以认为其农地流转结果是稳定的；如果不满意，那么意味着他们没有达到自己的预期，进而会通过情绪和收入示范等方式影响到周边居民的农地流转决策和自己的进一步农地利用决策。在这一认识基础上，以农地流转程度为标准对农户进行分类，进一步评价其生活质量，探索相关家庭对农地流转的影响。基于相关实证分析结果，我们将尝试着提出相关的政策优化方案以促进农地流转进程。

以上拟开展的所有实证分析过程均利用 SAS 9.2 软件进行统计分析。多重共线性是基于截面调查数据拟合模型经常出现的问题，会严重影响到模型中自变量系数的稳定性。其原因是世界是系统的，相互间完全独立而没有影响的事件和要素是不存在的。虽然目前也没有良好的解决办法，但是学术界通常利用主成分分析法和删除容忍度较高的变量等方法进行优化，以增加模型的稳定性。本部分内容的模型估计过程中，在进行多重共线性诊断的基础上，删除了容忍度低于 0.4 的变量，保证所有自变量的容忍度均高于 0.4，所拟合模型的自变量之间不存在严重的多重共线性，因此，相关模型中的自变量系统是稳定的。

5.5.2 变量描述

我们利用劳动力特征变量、家庭背景变量和农地租赁决策变量等展开相关内容的研究，相关变量定义及其统计描述见表 5-4。本研究定义的劳动力有两个基本的约束条件：一是年满 18 周岁且拥有劳动能力的家庭成员，且是非在学学生，因为学生在毕业前通常需要家庭的经济支持，青少年学生与成年大学生在其家庭的经济支持方面一般无差异，成年大学生即使有劳动能力也没有时间参与家庭生产劳动；二是劳动力年龄无上限，因为目前我国农村60岁以上老人参与农业生产的情况非常普遍，如果一个60岁以上的老人仍然在农场劳动，在本书中仍将其视为劳动力。

表5-4　相关变量定义与统计描述

变量		描述	平均值	标准差
劳动力特征变量	女劳动力数量	个	1.53	0.67
	女农劳力比	农户女性劳动力中从事农业劳动的比例	0.61	0.38
	女劳动力受教育年限	女性劳动力平均受教育年限	8.08	3.57
	女劳动力平均年龄	女性劳动力的平均年龄	44.38	12.56
	户主性别	女性=1；男=0	0.05	0.21
	男农劳力比	农户男性劳动力中从事农业劳动的比例	0.54	0.35
家庭背景变量	未成年人口数	个	0.78	0.86
	老年人口数	个（年龄≥60岁）	0.96	0.91
	户主年龄	年	55.24	9.90
	户主受教育年限	年	8.47	3.09
	村干部家庭	家庭成员中有村干部=1；没有=0	0.06	0.24
	家庭总收入	万元	12.33	27.94
	承包地面积	亩	4.74	2.05
因变量	农地租出决策	家庭租出其耕地=1；没有=0	0.23	0.42
	农地租出比例	租出土地占其承包土地中的比例	0.18	0.35
	农业收入比重	农业收入占总收入的比重	0.25	0.26
	农地租入决策	家庭租入农田=1；没有=0	0.16	0.37
	农地租入面积	亩	4.58	32.09
样本量			592	

从表5-4中相关变量的描述统计值可以看出，在样本农户中，女性劳动力中从事农业劳动的比例为0.61，而男性劳动力中从事农业劳动的比例为0.54，说明我国农业女性化特征明显，家庭男性劳动力倾向于从事非农行业；但是家庭户主责任仍然主要由男性承担，仅有4.7%的农户由女性当家，“男主女从”仍然是农村家庭主要的组合模式，可能的原因依然是经济基础决定家庭地位，一方面男性从事非农业生产工作能获得更高的收入，另一方面男性从事农业生产也具有较强的生产优势。从平均受

教育年限变量看，女性劳动力的平均受教育年限为 8.08 年，比 2010 年中国家庭面板研究数据统计的农村女性受教育年限 5.7 年高（Lei et al.，2017)。本统计中农村女性受教育程度偏高的可能原因在于：①统计时段造成的差异，由于我国 1986 年开始实施九年义务教育，所以 18～25 岁农村成年女性劳动力的受教育程度远高于其他年龄段，本研究调查时段晚于 2010 年，统计结果偏高是正常的，也是必然的；②调查区域临近省会，社会经济和教育资源在我国农村中处于较高的水平。对照户主受教育年限 8.47 年，说明男性受教育年限普遍高于家庭女性。女性劳动力的平均年龄为 44.38 岁，农户户主年龄变量为 55.24 岁，说明农村中老人当家的情况也较为普遍。农村家庭租地意愿不强，只有 38.7%的家庭选择租入或租出土地，超过一半的家庭没有转让土地，说明我国通过农地流转走向职业农民耕种适度规模的家庭农场现代农业发展模式任重而道远。

农户分配承包的耕地面积取决于家庭人口数和区域耕地资源，因此农户分配承包的耕地面积在家庭和地区之间存在差异。本研究中的农村样本家庭平均承包土地为 4.74 亩，规模较小，本研究案例区的农村人口密度较大。从租出和租入两个变量看，仍然有超过 60%的农村家庭没有出租或租用任何农田，如果这些家庭流转部分或全部的承包地的话，将有利于进一步推进农地规模化利用，在非流转家庭中寻找潜在的农地流出家庭显得十分必要和迫切。目前农村家庭总收入平均为 12.33 万元，但是农户间的收入差异较大。

5.5.3 农户农地流转决策的影响因素分析

利用“农户分化与土地利用模式研究样本数据库”拟合表达式 5-1，进而分离出相关影响因素（自变量）对农户农地流转决策（因变量：农地租出决策或农地租入决策）的影响，相关结果见表 5-5。

表 5-5 相关影响因素对农户农地流转决策的影响

变量	农地租出决策		农地租入决策	
	系数	标准差	系数	标准差
常数项	2.438***	0.815	−9.010***	1.376
女劳动力数量	−0.530***	0.135	0.052	0.187

（续）

变量	农地租出决策		农地租入决策	
	系数	标准差	系数	标准差
女农劳力比	−1.646***	0.249	1.100***	0.403
女劳动力受教育年限	0.018	0.025	0.015	0.031
女劳动力平均年龄	0.015**	0.007	0.024	0.015
户主性别	0.564*	0.326	0.147	0.458
男农劳力比	−1.374***	0.265	1.142***	0.311
未成年人口数	0.068	0.089	0.069	0.098
老年人口数	0.006	0.093	−0.261**	0.106
户主年龄	−0.011	0.009	−0.016	0.011
户主受教育年限	0.010	0.026	0.038	0.030
村干部家庭	0.050	0.322	0.098	0.330
家庭总收入（对数处理）	−0.338**	0.141	1.442***	0.201
承包地面积	0.074*	0.039	−0.114***	0.042
AIC值	429.143		358.527	
Log Likelihood值	−200.571		−165.263	
样本量	498		457	

注：*、**、***分别表示在10%、5%、1%水平上有统计学意义。

提取租出型家庭（ROF）和非转让型家庭（NTF）样本构建研究数据库，对“家庭是否出租其耕地”因变量进行回归，用以说明在相关因素影响下农村家庭出租其承包地的可能性，回归结果见农地租出模型。变量“女劳动力数量”估计系数为−0.53，且达到了极显著的统计差异水平，说明农户家中女性劳动力数量越多，该农户越不可能对外出租承包地，这与我国目前农业生产女性化的特征是一致的。

“女农劳力比”和“男农劳力比”两个变量系数均为负值，且在0.01的统计水平上显著，说明家庭农业劳动力人数的增加必然要求耕种更多的农地，其流出承包地的可能性会降低；但通过对比这两个变量系数值会发现，变量“女农劳力比”的系数绝对值高于变量“男农劳力比”的系数绝对值，说明家庭女性劳动力人数的增加对阻碍其家庭所承包的农地流出具有更大的影响，这是因为女性劳动力和男性劳动力在家庭中的角色不同。男性劳动力的任务是获得更多的收入，而女性劳动力除了增加收入外，在家庭中承担更多的责任，如照顾老人和孩子。即使男性劳动力在当地城镇找到了非农岗位的工作，女性劳动力会接管土地，租出行为发生的概率也会降低。女性在承担完抚养孩子和照顾老人的责任后，将面临是否追随配偶的选择。特别是对于低收入小规模农地经营家庭中的女性劳动力来说，由于社交范围小、受教育程度低而难以迁移（Zhang et al.，2004）。为了支付生活费用和孩子的教育，女性别无选择，只能务农或在当地找一份非农工作。但由于农村劳动力市场发展不完善，女性在当地就业往往是短期的、不稳定的，其结果是农民仍然不能完全退出农业，家庭的耕地也不会全部出租出去，同时也说明乡村家庭中农业劳动力比例的下降会增加其承包地部分流出的可能性。家庭的农业劳动力比重较低主要在于其农业劳动力转向了非农产业，是具有更高收益率的非农就业岗位吸引的结果。在非农收入较高的高收入农户中，男性劳动者在城市工作多年后，不仅工资较高，而且社会地位和就业关系网络也较好，这些都是女性移民和寻找非农业工作的优势和动力，因此，女性在完成了其所承担的责任后，更倾向于跟随配偶非农就业转移而适度地出租土地。显然，农业劳动力非农就业是迈出离农的第一步，其最终的结果就是放弃农地耕种。农业劳动力非农化有利于农地租出，推动农地利用规模化，但这个过程是逐步的。

农村的年轻女性和男性劳动力更喜欢在城市工作，他们往往是非农业领域就业的主力军；经营农田的则是中老年女性，但是她们的年龄、受教育程度和专业技能并不能使她们在城市找到稳定的工作，随着年龄的增长，她们更倾向于在当地的劳动力市场上找到一些轻松的工作，因此，虽然“女劳动力平均年龄”变量的系数值较小（0.015），但达到了较强的统计差异显著性水平，且系数为正值，意味着当地劳动力的非农就业可能会增加农地租出的概率。因此，创造更多的当地非农就业机会，对推进农地租出和规模化经营至关重要。变量“户主性别”的参数表明，当户主为女性时，农村家庭更倾向于租出其承包地。

按照图 5-1 所示机制，虽然有大量的农户愿意租出土地，但是如果没有农户租入的话，那么农地规模化利用仍然是一个泡沫。实现农地规模化经营的关键是一些家庭租入并经营大量的土地。提取农地租入家庭样本和非流转家庭样本进行回归，因变量为“是否租入”，用以说明什么样的家庭更有可能租入土地，为进一步的政策设计提供参考。回归结果见表5-5中的农地租入决策模型。

在农地租入决策模型中，两个变量“女农劳力比”和“男农劳力比”的估计系数都达到了极强的统计差异显著性，且系数为正值，另外，该模型中的这两个变量系数值相近。这说明：一方面，农业劳动力在家庭劳动力中所占比例越高，该家庭就越有可能租入农地；另一方面，女性劳动力对农地租入的影响与男性劳动力是一致的。对比租入模型的回归结果，也可以说明男性更专注于本职工作，在从事非农工作后，对农地流转的决策权会下降，反之则会增强。无论是女性还是男性的非农劳动力进入农业，或者是新生代农村人口成长为农业劳动力，原有的分配土地显然不能满足新的劳动资产投入。

“女劳动力数量”变量的估计系数虽然没有达到统计显著性水平，但是与农地租出模型系数符号正负相反，说明女性劳动力较少的农业家庭更有可能租出承包地。在租入方面，女性劳动力的数量不会影响其家庭租入农地的可能性，这可能意味着农地租入行为由男性主导，因为如果女性劳动力愿意租入，那么“女性劳动力数量”变量可能是显著的。

“老年人口数”变量的估计系数达到了较强的统计差异显著性水平，且系数为负值，说明老年人较少的家庭租入农地的可能性较大，可能的原因在于农村家庭养老机制会耗费年轻人大量的精力，会影响到规模化的农业生产。当家庭中的老年人数量较少的时候，年轻一代可能会有更多的精力从事规模化的农业生产。“家庭总收入”变量的系数在农地租入决策模型和农地租出决策模型中的估计值均达到了极强的统计差异显著性，但是符号相反，说明农地租出或租入决策受农业生产在其家庭总收入中的占比影响。小农户的主要收入来源于非农就业，他们倾向于租出土地，而大农户的主要收入来源于规模化的农业生产，更倾向于租入土地。同时也说明提高农地利用规模，在保证总体收入的情况下，能够让农户专心于农业生产，基于规模化现代农业理念建设一支稳定的爱农业、懂技术的职业农民队伍是可能的。“承包地面积”变量的估计系数达到了极显著的统计差异水平，且符号为负，说明拥有较多承包地的家庭不会租入，拥有较少土地的家庭则有较高的租入概率。一方面，相当多的家庭只是租入较少的土地加以利用，以充分利用家庭劳动力，他们并没有考虑建设和管理一个大规模的农场；另一方面，我国目前大规模租入土地的农场以外来资本投入为主体。

5.5.4 农户劳动力特征对农地流转数量的影响

利用“农户分化与土地利用模式研究样本数据库”拟合表达式 5-2，分离农户租出或租入耕地数量的相关影响因素，结果见表 5-6。

表 5-6 农户劳动力特征对其家庭农地流转数量的影响

变量	农地租出比例		农地租入面积	
	系数	标准差	系数	标准差
常数项	5.188***	1.130	−518.231***	69.309
女劳动力数量	−0.602***	0.179	5.600	10.111
女农劳力比	−2.452***	0.389	43.811**	20.390
女劳动力受教育年限	0.018	0.031	1.075	1.793
女劳动力平均年龄	0.019**	0.009	1.540*	0.836
户主性别	0.481	0.406	−9.325	25.481
男农劳力比	−2.382***	0.414	66.368***	16.453
未成年人口数	0.026	0.114	−0.925	5.595
老年人口数	0.002	0.120	−13.603**	5.960
户主年龄	−0.025**	0.011	−0.603	0.633
户主受教育年限	0.017	0.032	1.334	1.669
村干部家庭	0.046	0.406	−2.509	16.919
家庭总收入（对数处理）	−0.639***	0.190	74.871***	6.832
承包地面积	0.085*	0.051	−2.767	2.245
AIC 值	547.239		1230.000	
Log Likelihood 值	−258.619		−600.064	
样本量	498		457	

注：*、**、***分别表示在 10%、5%、1%水平上有统计学意义。

提取农地租入家庭（ROF）和非流转家庭（NTF）构建研究样本数据库，以“租出土地占承包地的比例”变量为因变量，从比例特征角度分析影响农户租出农地的相关因素和程度，因变量取值范围为 0 到 1，估计结果见农地租出比例模型列。从估计结果可以看出，两个变量“女农劳力比”和“男农劳力比”系数显著且为负，变量“女农劳力比”系数的绝对值较大。这一结果表明，女性劳动力对被租土地的影响比例略高于男性劳动力，与表 5-5 中的估计结果相一致，即与男性农民非农就业相比，女性农民从事非农就业时，出租的可能性更大。如果女性农民转向当地非农就业或移民，土地可能不会被过多出租或全部出租，因为其家庭中的老年人有时会接管土地。虽然受到身体力量和女性老人需要更多关注的限制，且父母不在家通常留守的是孙辈，但通过购买农村农业服务和使用农业机械，老年人可以管理比以前更多的土地，只有当男性老人不能或不愿意耕种剩下的土地时，才可能将其家庭承包地全部出租出去。

模型中变量“女劳动力平均年龄”的系数估计值达到了较显著的统计差异水平，且符号为正，说明随着农业家庭中女性劳动力年龄的增长，该农户租出承包地的数量会增多。可能的原因在于：一方面，年老女性劳动力受体力的影响，其从事农业生产的能力在下降，因此不得不放弃耕种部分耕地；另一方面，女性劳动力更容易在本地找到临时性的短工，因此其租出一部分承包地后，可以兼顾收益较高的本地临时性工作和家里较少的农地，从另一个角度也说明，本地就业岗位的拓展有利于农地的流转。变量“户主年龄”的估计系数为负，估计值达到了较显著的统计差异水平，说明年轻的户主更倾向于租出其家庭承包地。

提取租入型家庭（RIF）和非流转型家庭（NTF）样本来回归“农地租入面积”模型，因变量为“农地租入面积”，变量面积单位为亩。由于租入土地的面积可能从 0 到正无穷的范围，所以相对于租入农地的比例来说，用租入农地面积来进行估算更有实践意义。

在这个模型中，变量“男农劳力比”和“女农劳力比”的估计系数均为正，并且统计差异性都达到了较显著的水平，特别是“男农劳力比”的系数达到了极显著的水平，而且变量“男农劳力比”的系数绝对值大于变量“女农劳力比”的系数绝对值，说明男性劳动力为主体管理农田时，他们会租入更多的农田。其可能的原因在于：第一，女性收入在夫妻财富中所占的比例较低，因此女性在决策时的影响力通常不如自己的配偶；第二，男性劳动力转向农业后，会占用更多的家庭资源，投入更多的家庭生产资产；第三，男性劳动力具有较强的冒险性和租用农地的意愿，是农地租用面积增加和农地规模扩大的主要推动因素。

表 5-6 中变量“女劳动力数量”的估计系数没有达到显著的统计差异水平，与表 5-5 租出模型的估计结果相同，结合两个表的估计结果，可以得出的基本认识是：女性劳动力较少的家庭更有可能出租更多的土地，但是女性劳动力的数量不影响其家庭租入土地的可能性和数量。变量“女劳动力平均年龄”的估计系数为正，并且达到了一般显著的统计差异水平，说明女性劳动力年龄的增长和稳定的非农就业有助于男性劳动力对农业投资的信心，也说明女性劳动力在家庭中扮演着风险保障的角色。从变量“老年人口数”和“家庭总收入（对数处理）”的估计参数中，也可以得到一些有价值的信息：第一，老年人对租入决策和租入数量有负面影响，可能的原因是老年人在租入土地方面比较保守，家庭不得不保留一部分现金来支付当前或未来的老年人医疗费用；第二，农业收入较高的农村家庭更有能力扩大农场规模，获得更大的规模收益。

5.5.5 不同农地流转决策下家庭生活质量评价

中国政府的目标是通过农地流转实现规模化经营，保障粮食安全，而农村家庭的目标是提高他们的生活质量，政府目标的实现最终取决于农村家庭的生计选择，必须将农村家庭的微观生活目标与政府的宏观社会目标有机地结合起来才能保障整体社会的和谐与发展。如何消除农业家庭对农地流转的阻碍，增强农业家庭对农地流转集中过程的积极影响，最终实现规模化的现代农业发展，首先必须要弄清楚农地流转对不同类型家庭的生活质量的影响。

前述研究中，发现不同劳动力特征对其家庭农地流转与集中的影响存在规律性的差异，但是他们为什么要这样做呢？他们的选择是否提高了他们的生活质量？可以认为完全出租农地的家庭与出租部分农地的家庭的就业状况、生活方式和心理状态是不同的，因此将农地流转家庭进一步分为两类：部分出租他们的农地和整体出租他们的农地。然后，比较四类家庭（非流转家庭、部分流出家庭、全部流出家庭和农地租入家庭）的家庭特征和生活质量，以非流转家庭作为对照组，统计结果见表 5-7（表中数值为各类样本家庭相关变量的平均值，括号中的数值为相应的标准差）。

表 5-7　四类农村家庭生计状况的差异

家庭特征变量	非流转家庭	部分流出家庭	整体流出家庭	农地租入家庭
女劳动力务农比例	0.69 (0.32)	0.57 (0.40)**	0.05 (0.21)**	0.76 (0.31)
男劳动力务农比例	0.62 (0.31)	0.53 (0.29)	0.06 (0.21)**	0.66 (0.31)
未成年人数量	0.79 (0.86)	0.87 (0.93)	0.60 (0.72)	0.84 (0.88)
老年人数量	1.02 (0.92)	1.18 (0.86)	0.77 (0.91)	0.72 (0.87)**
家庭劳动力数量	3.42 (1.11)	3.48 (1.00)	2.88 (1.15)**	3.39 (1.04)
农业收入比重	0.25 (0.22)	0.08 (0.10)**	0.01 (0.10)**	0.54 (0.29)**
总收入（万元）	8.7 (5.19)	8.76 (4.75)	8.92 (5.29)	31.41 (66.19)**
每个劳动力年收入（万元）	2.50 (1.16)	2.55 (1.38)	3.06 (2.20)	10.74 (27.01)**
农地面积（亩）	4.82 (2.10)	2.63 (1.66)	0	33.30 (76.58)**
生活满意度	2.52 (0.94)	2.71 (0.86)	2.47 (0.87)	2.21 (0.95)**
样本量	363	62	73	94

注：**表示在5%水平上有统计显著。

生活满意度有极不满意、不满意、一般、满意、非常满意五个水平，分别赋值为1、2、3、4、5。

从表5-7中的样本统计数据可以看出，整体租出农地家庭的劳均收入高于非流转家庭的劳均收入，但是整体租出农地家庭的劳动力数量较少，且家庭间的劳均收入差异大，因此整体租出家庭的劳均收入和总收入与非流转家庭相比没有显著的差异。此外，较大的标准差表明，虽然整体租出土地后从事非农领域的工作能够带来较高的收入，但是成功率并不高，一部分农民工仍然没能追求到收入的增加和其家庭生活质量的提高。整体租出农地家庭中的部分劳动力仍在当地的大型农场从事务农工作，这说明他们没有找到稳定的非农就业，生计脆弱性加大，他们更有可能在农地流转合同期满后停止出租。这些土地完全租出的农民家庭渴望成为城镇居民，但是他们的努力失败了，因此他们的生活满意度较低，为2.47，远低于土地未流转家庭。部分农地租出家庭也有类似的情况，说明由于决策失败现象的存在，这些流转承包地的农户生活模式成为周边农户的负面例子，以至于非流转家庭和农地部分租出家庭考虑到租出土地的风险而不敢轻易地把土地租出去。因此部分决策失败的农地流出家庭和整体农地流出家庭的收入状况可能不会对非流转家庭的承包地租出决策产生拉力，多数情况下还会成为阻力。

一个令人意外的统计结果是，只租出一部分农地的农村家庭成员的生活满意度最高（虽然也没有达到较高的统计显著性水平），可能的原因是该类家庭中的非农劳动力获得了足够的收入，这对老年人的身体健康产生了积极的影响，而家庭中的农业劳动力居住在农村，加强了与老年人和儿童之间的情感联系，增强了家庭成员的幸福感。但是这种高满意度并不能对非流转家庭产生足够的吸引力，因为他们有与农地部分租出家庭相似的总收入和家庭成员情感联系。农地部分租出家庭的特征优势体现了阻碍农村家庭租出其全部承包地，进而阻碍农地进一步集中规模化的深层原因。

从租入维度看，农地租入户的种植面积最高，近 33.3 亩，与其他类型农户有明显的差异，是农地非流转户种植面积的 6.9 倍。他们的收入水平（包括每个劳动力年收入、家庭总收入和农业收入比重）也远远高出其他类型农户，其家庭总收入平均为 31.41 万元，每个家庭劳动力平均一年能获得的收入为 10.74 万元。如果将总收入与农业收入的占比相乘，可以计算出各类家庭的农业收入，发现农地租入型家庭的农业收入占比高，其农业收入是非农地流转家庭农业收入的 7.7 倍，一方面说明农业生产的规模效应是存在的，另一方面也说明农地规模化利用有利于农户更加专注于农业生产，从而成为职业农民。

动态来看，可以发现农地租入型家庭的农业生产力最高，收入最高，他们可以通过继续扩大农地规模，进一步实现规模经济，但是并不能就此得出农地租入型家庭具有更高生活质量的结论，因为他们的生活满意度最低。也许可以从总收入标准差、每个劳动力年收入标准差和生活满意度标准差三个方面找到答案。对于农地租入型家庭来说，这三类指标的标准差分别为 66.19、27.01 和 0.95，这三类指标的标准差远远高于其他类型家庭的相应标准差，说明这类家庭样本中的相应指标波动较大，意味着农地租入型家庭在追求其家庭收益最大化的过程中存在明显的差异，许多家庭未能实现他们追求的收入和福利的提高。很明显，面积较大的农田通常意味着更多的固定资产投资，这会花费更多的家庭财富，与此同时，分销渠道和销售价格的不稳定会给规模生产的农地租入户的总收益造成较大的波动，农地租入型家庭通常会有更大的压力和较低的生活满意度。显然，一方面，巨额的投资会阻碍一些潜在的农户租入土地；另一方面，失败的农地租入的例子正在侵蚀其周边农户的农地租入的决心。

潜在的农地租出和租入家庭总是小心谨慎的，这是由于这类家庭财富积累有限，他们抵抗风险的能力不足，相应地他们往往缺乏农地流转的信心，同时会定位于较低的生产和生活预期。他们身边少量失败的农地租出户和农地租入户的生活质量没有显著提高，甚至还会有明显下降等情况都会成为他们的关注点，这些负面的例子往往会降低他们的农地流转信心和预期，担心自己会步其后尘。在安全心理的作用下，当农地租出家庭和农地租入家庭对非农就业或农业市场的预期不佳时，他们很有可能逆转其农地流转决策，甚至回到非流转家庭的状态。相反，当其周围的朋友在扩大农场规模后获利时，则会有更多的农户加入租入农地的队伍中来，他们会通过签订长期合同的方式租用更多的土地。在发现租出土地的邻居和亲戚很容易找到一份稳定的非农就业岗位后，潜在的弃耕者或租出户也会勇敢地选择租出土地。总而言之，承租人、出租人和退耕者的生计状况好坏将影响潜在的农地流转行为。

农地非流转型家庭是需要特殊关注的一个群体，与部分租出型家庭和整体租出型家庭相比，这三类家庭有相似的收入和生活满意度，可能的原因在于我国实施了许多惠农政策，用以增加低收入群体的收入和提高困难家庭的生活质量，例如各地实施的扶贫项目和农村老年人养老支持计划等，这些项目的受惠群体大多是农地非流转家庭。这些惠农政策的实施也降低了非流转家庭改变目前现状的努力，这些政策起到了阻止小农户出租承包农田的作用。

5.6　小结

在我国农地数量限定的现实情况下，要实现粮食安全水平长期不下降的目标，必须依靠数以百万计的小农户通过自愿地将其承包期内的细碎化的耕地出租给少数农业家庭（因为家庭农业作为农业经营主体的优势长期存在），进而实现农地集中化、规模化，从而有利于高新农业技术推广和应用，助推现代农业的可持续发展，提高粮食生产效率。其中的基本前提是保证参与农地流转的各方农户生活质量不断提高。

从前述研究的相关认识中不难理解为什么61.3%的家庭没有参与农地流转，尤其是农村家庭只有12.3%将其承包的农地全部出租。在目前的农地未转移家庭中，即使有一部分改变土地经营策略，租出部分或全部的土地，也是对规模化经营的巨大贡献，对推动农地流转进而实现规模化经营是有益的。在农地未流转家庭中寻找潜在的农地租出家庭是十分迫切的，但我们不得不面对的现实是：实现规模化经营是一个漫长的过程。

通过以上研究，可以发现一些有价值的信息：①耕地的规模效应是存在的，也是非常明显的，由此可以得出有意义的基本结论，即规模化种植农作物有利于提高生产率，这将吸引一些潜在的农地租入户实现大规模种植，并进一步保证粮食安全；②男性劳动力是家庭增加耕地租用面积和农场规模的主要促进因素，而女性劳动力对家庭增加耕地租用面积的概率和数量没有影响，乡间“男主女从”的现象既是一种传统，也有利于农地流传和集中；③承租人、出租人和退耕者的良好生计状况将对潜在的农地流转行为产生积极影响；④当地劳动力非农就业可以增加农户租出其承包地的可能性。

同时也发现了一些值得注意的负面信息：①在小规模农地耕作家庭中，参与农业生产的家庭女性劳动力在农业生产和农地流转的决策中更有影响力，但她们普遍对农地流转决策构成障碍；②那些经过农地流转而生活质量没有提高的农户对农地流转和集中有更强大的负面影响，他们很容易成为周边农户的负面例子，以至于其周围的农地未流转户和农地部分租出户出于租出的风险考虑而不敢继续将土地租出；③女性留守农业是农户出于风险考虑的一种家庭劳动力安排，女性劳动者在农业家庭中始终处于抗风险的地位；④巨额投资阻碍了一些潜在的农村土地承包经营权流入行为的发生，而失败的农村土地承包经营权租入的例子也打消了潜在的农村土地承包经营者进行土地流入的念头。另外，值得关注的是，任何事情都有两面性，一些农业优惠政策出现了失灵，在一定程度上起到了阻止小农户把承包的农田租出去的作用。

基于以上的发现，笔者尝试着提出一些相关建议：

第一，在当地人口较为集中的乡镇政府所在地积极创造适合女性的非农就业机会（如发展农村农业服务业等），以吸引更多的女性劳动力退出农业，从而减少女性劳动力对农地流转工作的阻碍，使农地流转进程更加顺畅，有利于实现农地规模化经营。

第二，消除目前相关政策中对农地流转的负面影响，有效提高土地出让的收益预期，包括安全的预期和收入增长的预期。如减少农地未流转家庭，特别是贫困家庭的直接补贴，增加与农地流转和非农就业相关的补贴，以此来增强农地未流转家庭的决策转变预期。

第三，完善各类教育制度。一方面，为女性劳动力创造更多的受教育机会，特别是为非技术劳动力提供技能培训，提高女性劳动力的非农就业竞争力；另一方面，积极为男性劳动力提供农业领域的技能培训，提高男性劳动力主导的农地租入行为。

第四，地方政府应通过完善农村农地租赁市场和农业生产市场来缓解农民对土地出让的担忧，同时鼓励农民扩大经营规模，降低经营风险。一方面，可以为进入非农领域就业的新成员提供更多的帮助，如政府为农民工提供就业指导等，在稳定其收入的同时有效改善他们的生活福利水平，让这些正面案例有效带动农地未流转家庭和农地部分流转家庭的租出意愿的增加；另一方面，可以为规模化农业家庭提供更多的相关服务，如农业保险服务和高标准农田建设等，让规模化农业家庭安心种地，有效带动周边农户的规模化经营意愿。

第 6 章　职业农民及其生产和生活服务劳动力队伍升级路径研究

6.1　农业劳动力职业农民化的历史必然性

许多发达国家正面临着年轻农民短缺和农业劳动力迅速老龄化的局面（Ojha et al.，2017）。随着中国经济的发展，农业生产领域也在快速进步，同许多发达国家的经历一样，我国农业也出现了青年劳动力过度流失、农业劳动力老龄化和妇女化的现象，引起了相关学者和政府部门的关注。近年来我国农业机械的广泛使用暂时抵消了因劳动力减少引起的粮食产量减少的影响（Ye et al.，2017），虽然我国粮食总产量不断创下新高，但是我国粮食经济承受的城市化带来的负效应仍在继续（Christiansen，2009）。空心村和破碎化家庭是目前我国农村经济的典型特征，我国粮食供给处于一个不安全的状态，主要原因在于：①留守农业劳动力数量正迅速下降，农业富余劳动力正在耗竭（Ji et al.，2017），农业劳动力数量的不断减少最终会损害农业生产力（Zhang et al.，2017）。极端地说，没有劳动力的农业就不会有产出。②农业留守劳动力正在迅速老龄化（Ji et al.，2017）。离开农业的大多数是年轻劳动力，由此形成的老龄化的小规模家庭农业被认为是低效率的，同时也是非正规的农地无序流转趋势不断增长的原因（Zhang et al.，2017）。老年人终将会快速退出农业生产，接替生产的青年劳动力不能及时更新终将会伤害农业生产。③近年来从事粮食作物生产的农户在不断减少（Zhang et al.，2012）。在小规模农地利用模式下，农村家庭从事农业生产的劳动力相对充足，尽可能地在小规模土地上获取更高收入的理想方式就是从事劳动力密集型的经济作物种植。

国家粮食安全极大地依赖于粮食供给系统和农业粮食生产潜力（Wenban-Smith et al.，2016），其根基是千千万万的农业生产家庭。我国将来能否避免农业生产的恶化，一个重要的方面在于是否有更多相对年轻的农民从事农业生产。虽然我国进入农业生产部门的大门始终向年轻劳动力敞开着，但是，一方面由于其农业生产经验不足，造成新入职农业的青年劳动力的农业生产效率难以提高，另一方面，我国家庭承包经营制度引起的农地细碎化现实造成青年劳动力难以利用新的生产技术，同时绝对数量的小规模农地耕种面积限制了农业总收入的提高，以至于有限的农业总收入难以满足其家庭支出的需要。另外，相对收益率较高的非农行业正在吸引着越来越多的青年劳动力离开农业。兼业是青年劳动力提高收入的有效途径，但是成功的兼业意味着青年劳动力找到了能获得更高收入的非农岗位。兼业是青年劳动力迈出离开农业步伐的第一步（Mishra et al.，2014），典型的例子是许多青年劳动力投身于蓬勃兴起的农村商业后基本消除了其回归"农业生计"的基本动力（Ye et al.，2017）。目前，我国农村地区留住青年劳动力继续从事农业生产阻力重重，相应地，也为管理部门平衡粮食作物生产和经济作物种植以及平衡本地粮食生产和国外粮食进口带来了巨大挑战。

目前农村青年劳动力过度流失引起的相关部门对我国粮食未来安全的担心，使系统化地研究和理解我国农村人口变化规律以及其对农业生产的影响机制显得非常必要（Ji et al.，2017；Guo et al.，2015），特别是对职业农民来源的研究，关系到我国农业的可持续发展和粮食安全问题。

相关学者和管理部门早就认识到了劳动力间的生产效率差异，目前对产生这种差异的原因的共识是劳动力间的人力资本差异。社会生产体系是由许多有联系的职业岗位连接起来的，这些岗位共同促进社会整体运行，不同的岗位对劳动力素质有不同的要求，拥有较高人力资本的劳动力能够胜任有更高科技水平要求的职业岗位，简单劳动力只能承担有体力劳动要求的简单工作。从生产效率来看，拥有较高人力资本的劳动力可以利用科技手段，突破人的个体体力限制，产生多倍于简单体力劳动力的效率。基于人力资本差异的认识，针对我国目前农业困境的共识解决方案是塑造精干高效而稳定的职业农民队伍，即用少量的高素质青年劳动力补充大量流失的简单劳动力。一方面，可以高效利用因简单劳动力流失而多出来的土地资源，使有限的资源产生更大的产出效果，从而有效保障国家粮食安全；另一方面，少量的劳动力利用更多的土地资源，在人均种植面积扩大的情况下提升总收入有利于吸引青年劳动力安心于农业生产；另外，较大面积的农地利用模式更有利于标准化的粮食生产，有利于将目前“非粮化”的农田改变为粮食种植。

以具有较高人力资本的高素质劳动力替代低人力资本的简单劳动力从事农业生产是社会发展的必然，因此促进我国现代农业发展的一项重要任务其实就是有效提升农业劳动力的人力资本水平，实现农业劳动力的结构升级。这里的结构升级既包括年龄结构的升级，也包括基本素质结构的升级。年龄结构的升级主要是指由目前的老龄化和妇女化为主体的农业劳动力结构转变为青年劳动力合理更替的模式，实现农业劳动力的供给是代际可持续的，实现未来总是有一定数量的高素质的职业农民种地，有效保证国家粮食未来安全。基本素质结构的升级是指农业劳动力由简单劳动力为主体转变为高素质劳动力为主体的结构形式，一方面，少量的高素质劳动力可以替代更多的简单劳动力，可以用少量的劳动力耕种更多的土地，以充分利用现有的土地资源；另一方面，农业劳动力素质的提高可以有效提升农业生产效率水平，实现有限农地资源情况下的粮食供给水平不断提升，有效保证国家粮食安全。

要实现农业劳动力素质结构的升级，可以通过教育投资来实现简单劳动力向高素质劳动力的转变。一是教育培训现有的劳动力，提升现有爱农业的农业劳动力的人力资本水平；二是吸引外部的高素质劳动力到乡村来，到农业生产领域中来。要实现农业劳动力年龄结构的升级，一是要紧盯农民下一代，二是要吸引乡村外围的城市有志青年来农村创业。

6.2 青年劳动力视角的农业发展理论认识与实践

6.2.1 职业农民视角的农业发展

学术界普遍认为城市化是城乡经济双赢增长和农村家庭生活质量提升的有效途径（Glaeser，2012；Agergaard et al.，2016；Chen et al.，2017)，因为人口在城市集中可以有效地降低市场交易成本（Finney et al.，2008；Chen et al.，2016），且城市收益较高的职业岗位能够有效提升农业转移家庭的收入水平。辩证地看，任何事情都有其两面性，城市化进程的负面影响越来越受到政府相关部门和学术群体的关注（Qin et al.，2016）。关于粮食安全和农业未来的负效应之一是青年农民数量正在下降，这也是发达国家普遍存在的现象，因为城市化的主体是青年劳动力，而城市化过程中的劳动力失衡造成了新老农民的更替率不能处在一个健康的水平（Zagata et al.，2015），其结果就是留守农业劳动力的老龄化。青年劳动力不愿意从事农业生产，这加剧了农业总体上的老龄化趋势以及偏远地区的土地撂荒趋势（Raggi et al.，2013）。一般来说，健康状况良好的老年农民是不愿意较早地退出农业生产和管理的，因为将农场转让给接班人不仅会减少他们在农场中的作用，还会降低他们的收入，使他们失去作为农场主的满足感和威望，这将导致由于难以采用更创新的耕作方法而阻碍农场的发展（Burton et al.，2005）。近年来人们越来越关注农业劳动力的老龄化如何影响农业土地的产出。有学者认为，平均而言，老年劳动力的生产力水平低于年轻劳动力的生产水平，劳动力老龄化对生产力增长有着直接的负面影响（Guo et al.，2015）。从长远来看，农业在技术层面提高的生产力终将无法抵消农业劳动力人数减少带来的生产力负增长（Adamowicz et al.，2016），因为没有劳动力的农业生产是无法延续的。

“农业的未来”是与未来农业生产结构和生产实践相关的重大课题。学者们认为，家庭农业对农业系统的稳定和发展具有特殊的价值：①家庭农业比雇佣农业有更低的交易成本，因为家庭劳动力从事农业生产是自愿的行为，同时家庭农业更便于监督和掌控自家的农业生产劳动力；②家庭农业还有利于代际在农业生产活动的过程中传播以及积累特定时点和气候条件下的农业生产知识（Bertoni et al.，2016），因为农业生产知识及本地生产经验是一个逐步传承的过程（Moxnes，1999），而家庭农业传承所产生的农业劳动力一般都具有较强的农业生产经验和农业生产热情；③在市场劳动力价格攀升或者其他突发事件引起的农业劳动力短缺情况下，家庭自我雇佣的农业生产劳动力相比于外来工资性农业劳动力更有支持保障（Moxnes，1999）。在粮食专业化生产和劳动生产率提高的过程中，家庭农业劳动力具有不可替代的优势。

家庭农业的特点之一是它在家庭内部的转移和传承，最常见的是从父母转交到孩子，这越来越被认为是农业可持续发展的基础（Leonard et al.，2017）。这既是一种传统的农业传承模式，也在某种程度上受到相关法律的保护，有利于农业的可持续发展。大多数有成年子女的农业生产家庭期望下一代能够接管农场，但许多青年家庭成员只有在“父辈离世”时才回家接管，彼时他们往往在另一个职业上已经得到了很好的发展，在这种情况下，接管农场是一项义务，还是一次进一步发展事业的机会呢？青年农村家庭成员关于是否继续从事农业的决定是基于预期收益最大化的考虑，主要在于农业和其他部门之间的收入差距的比较、找到另一份工作的可能性以及其他个人和农业因素的思考（Bertoni et al.，2016）。

规模较大的农场比较小规模的竞争对手更具有生产和经济优势（Chen et al.，2009）。较大规模农场的代际传承会更加顺畅，而较小规模农场的年轻劳动力选择离开农业的现象更加常见。因此，学术界关于农业发展和传承的讨论往往会从规模生产的角度展开（Fukase et al.，2016）。农业老龄化加剧了扩大农场规模、减少农场数量和农业劳动力总人数的趋势，也增加了对具有正规教育的青年职业农民的需求。1960—2000年，一些中等收入国家和几乎所有的高收入国家的平均农场规模都有所增加（Raggi et al.，2013）。

以职业农民为经营主体的家庭农场的本质是对农地的使用产生长远而稳定的正向影响。许多支持者认为，除了继承之外，还需要吸引新的青年进入家庭农业，以解决老人农业的问题，因为新进入者更关注他们所持有的土地环境和社会功能（Rigby et al.，2001；Lobley et al.，2009）。然而美国的情况有所不同，美国的农业新加入者通常通过购买或租赁获得土地，其结果是年轻的农场主通常拥有小型的农场，而大型农场总是由年龄较大的人购得。年龄较大的人购买农庄的目的很可能是追求田园式的生活方式或其他非农化的用途（Adamowicz et al.，2016），因此美国对老年农业新入职者有较多的限制，以防止农业土地流向非农业生产。基于美国的经验和特殊情况，在我国农地流转集中过程中，我们也需要防止休闲旅游式的大型家庭农场的过多形成，因为这与家庭农业“粮食化”的初衷相违背。

6.2.2 乡村人力资本积累视角的大学生就业转移

大学生就业是毕业生离开学校进入劳动力市场的过程，这一过程对就业地的经济发展和个人的职业生涯发展都具有非常重要的意义。对大学毕业生个人来说，就学与就业过程影响着人力资本积累与发展、个人职业生涯的轨迹选择和长期收益能力的提升等方面。大学毕业生是否能够顺利地就业和就业领域的选择都会影响到其未来的职业前景、融入社会的程度，甚至于影响到其成年以后的职业转型。

目前关于大学毕业生就业迁移过程的文献主要关注阶段是从大学入学到获得一个稳定的职业为止，大多集中于15～25岁，涉及教育和工作过程的几种中间状态。不同的研究关注大学毕业生不同的时期，有些研究侧重于毕业后六个月到三年的期限内其教育程度和离散的生活事件的关系（Struffolino et al.，2020）。

乡村地区人口数量的下降和农业家庭碎片化的分布模式使得乡村地区成为公共服务的盲区，从而导致寻求更好教育和就业机会的青年劳动力不断地从乡村向城市迁移。乡村地区正面临着吸引和留住高素质青年劳动力以帮助重新平衡老龄化人口、弥补劳动力缺口、刺激经济发展（Faggian et al.，2017）和确保粮食安全的持续压力。

大学毕业生是对乡村地区各行业（包括生活服务业、生产服务业等非农行业）发展具有重要支撑作用的专业技术型劳动力，更是规模化现代农业生产的理想的劳动力候选人。人们发现，正规教育，特别是大学教育背景在提高农业可持续性方面发挥着积极作用（Burton et al.，2005；Fielke et al.，2014），因此越来越多的学者开始关注大学生乡村就业问题。尽管性别和父辈阶层等因素在大学毕业生就业选择过程中继续发挥着重要作用，但许多学者认为青年大学生的就业过程变得更加复杂，大学生涯、父母的背景、一定区域的关系网和经济机会都可能导致毕业生在乡村劳动力市场中经历不同的结果（Struffolino et al.，2020）。大学毕业生作为准劳动力，在职业选择上与过去的经历是根本背离还是基本连续，这仍然是学术圈中一个长期争论的话题。

乡村教育体系、医疗卫生服务、福利水平等关系民生的基本条件的改善将会增强该地区对大学毕业生的吸引力，因此，一些发达国家正在积极提高乡村地区的教育质量和基础设施水平，在乡村文化遗产、资产保护、土地获取等方面为劳动力市场的高素质新人提供创造性的政策支持（Wouter et al.，2018）。

6.2.3 青年劳动力视角的中国农业和农村发展实践

越来越多的青年农业劳动力正不断地向城市地区迁移，帮助乡村地区吸引和留住受过正规高等教育的高素质年轻劳动力正成为我国不得不面对的问题。自2003年以来，每年的中央1号文件都以农村问题为重点。党的十七大和十八大提出了城乡一体化发展规划，为农业发展和农民增收提供了重要的指导。我国于2017年启动了乡村振兴战略，强调建设一支精通农业和农业服务的乡村发展专业人才队伍。这些都与粮食安全和可持续农业密切相关。

我国近年来实行的大学生村官项目是一项解决乡村地区人才缺乏的国家战略措施，其目标是通过为大学毕业生提供有吸引力的条件，吸引大学毕业生到乡村就业，进一步鼓励他们在乡村创业，使他们能够在乡村地区停留和服务更长的时间。大学生村官项目选拔的毕业生几乎都选择在乡村的村级单位工作，是因为这种职位具有可以提供稳定收入等优势。在大学生村官项目的支持下，已经有大量的大学毕业生到乡村稳定就业。

除了不断加大农业新技术的应用外，我国政府还大力稳定农地使用权。1980年初农村家庭联产承包责任制开始实行，土地承包合同的初始期限为15年。在土地所有权仍为集体的同时，将使用权和收入权根据集体与农户之间的合同分配给个人，允许农户对生产投入和产出决策负责。由于土地合约在1990年临近到期，合约期又延长了30年。而后，党的十九大提出第二轮土地承包到期后再延长30年。此外，在稳定农地使用权的同时不断激励生产效率的提高。2013年初，我国推出了新的制度安排，鼓励农户间通过土地流转将承包地转移给具有更高生产力水平的农户以从事规模化的农业生产，目的是不断优化现代农业生产条件，提高农业生产效率和农民收入。

6.2.4 综合评述

粮食安全通常包括几个方面的内涵：①数量安全，即粮食供给量能够满足社会的需要；②质量安全，即粮食是优质安全的，有利于人们的身体健康；③未来安全，即在未来的时间内，人们始终能够得到足额优质的粮食供给。保障粮食安全的基石是可持续农业。基于学术界的共识，笔者对可持续农业的远景进行汇总描绘：①由于家庭农场具有劳动力成本低、劳动力来源稳定、有利于农业知识传承和积累等优点，将来一段时间内，我国农业生产模式仍将以家庭农业生产模式为主；②可持续农业和粮食安全主要依赖于较年轻的、受过专业教育和培训的职业农民；③家庭农业的生产达到适度规模，适度规模的农业土地利用模式有利于吸引高学历青年劳动力使用先进技术，在确保家庭收入达到社会平均水平的情况下专注于农业生产；④家庭农业主要生产粮食作物，且能够满足社会需求，基于标准化生产技术的大田作业是粮食作物生产的基本特征。

基于以上文献梳理，可以发现相关的学术共识有：①家庭农业在未来的一定时间内仍将是世界范围内农业生产和粮食的主要供给来源（Lowder et al.，2016）；②顺畅地吸引新的农民加入农业生产队伍有利于农业可持续发展、粮食安全和防止农业老龄化，但需要避免年龄较大的新农民从事田园休闲式的农业耕作；③受教育水平较高的劳动力往往乐于经营较大规模的农场，并会更加有效地保障粮食安全（Gasson，1998）。农业生产效率的提高可以来自农场规模扩大实现的规模经济、人力资本水平提高实现的生产力提升和生产资料投入增加带来的产出增加。大规模农田和高素质青年职业农民的结合，即受过高等教育的青年农民经营大型的家庭农场是可持续农业和农业生产力水平提高的关键。

我国正在着手推进农地流转和集中。我国于 2013 年初就鼓励农民将自己的土地出租给其他农民，或者从其他农民手中租入土地，以发展更大的家庭农场（Li et al.，2017）。但是，在可持续农业的规模化发展过程中，高素质青年职业农民的供给却被忽视了，特别是具有正规学历教育的劳动力在实现规模化和可持续农业方面的作用被忽视了。从粮食安全视角来看，应对老人农业和破碎化的小农经济缺陷，基于人力资本提升的青年农业劳动力供给规律值得讨论，包括青年职业农民培育和大学生乡村就业过程。

6.3　大学生乡村就业路径诊断

6.3.1　研究框架

我国实施乡村振兴战略的关键之一是在劳动力追求最大效用的过程中

吸引和留住青年高素质劳动力从事农业生产。在了解如何吸引年轻人从事职业农民工作之前，必须弄清楚乡村振兴战略目标背后的逻辑，这一逻辑如图6－1所示：为了吸引或留住高素质青年劳动力乡村就业（路径①），前提是需要为他们提供一定的生活条件，包括宜人的生活环境、有效的社会治理秩序、文明的乡风环境（这是我国乡村振兴战略的三个目标）。同时，高素质青年劳动力也是有效构建这些生活条件的劳动力基础（途径④），只有高素质的青年劳动力充实到这些相关岗位上去，相关的生活条件才能更好地构建和优化起来。乡村地区的职业可以分为三种类型：乡村生活服务业、农业生产服务业和农业生产。农业生产顺利发展需要农业生产服务业、乡村生活服务业的支撑，这就需要高素质青年劳动力均衡地分布于农业生产服务业、乡村生活服务业和农业生产（路径②、③、⑤），以保证农业生产过程的顺利进行。高素质青年职业农民在规模化的农地中进行生产活动，与细碎化的简单生产相比，可以获得更高的生产效率（农业兴旺）和更高的农业收入（农民富裕），从而确保粮食安全。路径②、③、⑤所实现的三个子系统同等重要，互相支撑和影响。

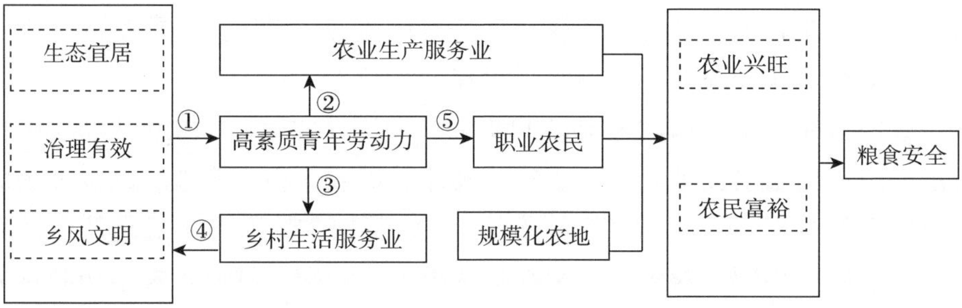

图6－1　高素质青年劳动力支撑下的乡村振兴战略实现逻辑

大学毕业生是高素质青年劳动力的典型代表，是现代农业发展的理想劳动力候选人。吸引大学毕业生务农有利于：①改善农业劳动力结构老龄化状况；②保障农业生产过程中的劳动力代际合理更替，使农业生产的可持续性和农业技术应用水平不断提高，保证粮食未来安全；③提高农业规模化生产水平和效率，以保证中国粮食供给的数量安全、质量安全。大学毕业生可以满足农业部门的上述需求，因为他们更有可能采用现代农业技术，运用他们的创业技能使农业生产更有效率。但是规模化农业生产的入职门槛较高，大学毕业生往往不会在毕业后就直接从事农业生产，其从事农业生产的行为总会延迟，因此，准确地确定他们将来是否会从事农业是一项难度较高的任务。即便如此，关于大学毕业生乡村就业仍有一些积极认识。首先，无论他们是从事农业生产、农业生产服务还是乡村生活服务行业，更多的大学毕业生乡村就业的结果都会与农村生产和生活息息相关，有力地支撑现代农业发展和粮食安全；其次，农村生源的大学毕业生乡村就业，由于农业知识或服务技能的继承和积累，有利于农业生产；最后，由于准入成本和制度限制，并不能保证受过教育的农民会在大型农场使用雇佣工人，所以未来可能成为职业农民的毕业生可能最初以家庭农业的方式经营。

经历过正规高等教育的职业农民更容易与其他农业相关部门合作，这将有利于农业的可持续性（Meadows et al.，2014）。但是作为一个理性的经济人群体，大学毕业生的就业决策是各就业岗位预期收益及交易成本比较的结果，如乡村就业还是城镇就业、粮食作物生产还是经济作物生产等。对关注我国未来农业发展的决策者来说，必须弄清楚一些相关问题，才会为确保我国的长期粮食安全做出贡献。

基于以上认识，需要进一步明确几个问题：是否有大学毕业生到乡村就业？大学毕业生乡村就业的影响因素是什么？他们倾向于什么类型的岗位？为了回答这些问题，在后续内容实证研究了三个方面的内容。

第一，为了全面了解毕业生就业流向特征，通过比较生源地人数和就业地人数变化来衡量毕业生乡村就业的基本状况和可能性。对于我国高等教育来说，最后一个学期是决定毕业生职业生涯的重要阶段，在每年的 1～6 月，大学四年级的学生通过多种渠道寻找工作。一些用人单位也会前往大学或学院选聘劳动力，大部分大学毕业生都可以在 6 月底前确定自己的去向。有些学生考取了研究生，有些学生签订了就业合同。对于既没有获得深造学习机会也没有签订就业协议的学生，学生就业服务办公室可以把他们的档案材料派送至他们的生源地，那些没有顺利就业和进一步深造的毕业生将面临很大的生活压力，由于我国户籍制度的限制，他们无法享受本地居民的诸多权利，直到他们找到一份工作。综合以上内容，我们可以认为他们更有可能在家乡工作，因此以生源地作为其就业地进行分析。将乡村就业人员定义为那些在农村地区工作的人，而不管他们将去到哪一个省份的农村地区，同时，使用同样的方式定义城市（镇）就业。

第二，从大学毕业生特征差异性视角来探讨谁更有可能到乡村地区就业。利用 logistic 模型，以就业区域为因变量，以毕业生的家庭背景、教育背景和学习成绩等特征为自变量，分别探讨相关特征差异对他们乡村就业决策的影响。特别关注有就业协议的毕业生选择乡村就业的基本特征以及农村生源毕业生返乡就业的情况。根据样本背景，分别构建全样本、有就业协议的毕业生样本、农村生源毕业生样本和有就业协议的农村生源毕业生样本开展乡村就业可能性研究。即使生活路径相似，社会和经济因素所固有的资源差异也会对个人的就业决策产生不同的影响（Unay-Gailhard，2016）。深入了解这些相关因素对大学毕业生乡村就业的影响情况，特别是那些对毕业生的决策有更大影响的因素将对相关引导政策的制定有重要的参考意义。关注的因素包括家庭背景、教育背景和个人特征等。

第三，依据乡村就业样本的岗位进行归类，分析大学毕业生就业选择的倾向性。

以上所有统计分析均利用 SAS 9.2 版本软件运行。多重共线性是多元回归分析中常见的问题，尤其是利用截面数据的研究，而目前尚无较好的解决方案。目前常用的解决方案是开展主成分分析或者消除具有较低容忍度的变量（Allison，1999）。本部分研究基于多重共线性诊断，消除了容忍度小于 0.64 的变量以保证估计结果的稳定性。

6.3.2 变量定义与数据描述

利用前述 2017 年 6 月 15 日至 20 日开展的大学生乡村就业特征研究调查构建的研究数据库进行本部分内容的研究，并删除了一些极端值样本、离散变量的缺失值样本。对于那些连续变量缺失值的情况，以平均值代替，例如，在父母的农场工作，由于没有确切的收入，所以以其他样本的平均值代替该样本的初始职业收入水平。最终样本量为 1479，有效样本率为 93.3%（1479/1586），符合大样品数据要求。表 6－1 为基于研究数据库所用变量的定义和统计描述。

表6-1　相关变量定义与统计描述

	变量	定义（单位）	均值	标准差
因变量	工作地	工作地在乡村＝1，工作地在非乡村地区＝0	0.32	0.47
	传承父业	与父母之一有相似的职业＝1，否则＝0	0.10	0.30
自变量：家庭背景变量	人口数	个	3.91	0.97
	劳动力数	个	2.03	0.70
	家庭所在地	城镇＝1，否则＝0	0.53	0.50
	父母受教育	父母受教育年限平均值（年）	10.09	4.16
	家庭年收入	万元	8.34	9.01
	户主性别	家长为男性＝1，否则＝0	0.78	0.42
自变量：教育背景变量	农学专业	虚拟变量，农学类专业＝1，其他类专业＝0	0.079	0.27
	理科专业	虚拟变量，理科专业＝1，其他类专业＝0	0.53	0.50
	工科专业	虚拟变量，工科专业＝1，其他类专业＝0	0.081	0.27
	经社专业	虚拟变量，经济和社会学类专业＝1，其他类专业＝0	0.31	0.46
	职技学院	虚拟变量，毕业于职业技术学院＝1，否则＝0	0.13	0.34
	普通大学	虚拟变量，毕业于大学＝1，否则＝0	0.87	0.34
自变量：个人特征与学习表现变量	性别	男性＝1，女性＝0	0.56	0.50
	健康状况	身体健康状况良好＝1，否则＝0	0.94	0.24
	成绩高	学习成绩在班级前三分之一水平＝1，否则＝0	0.37	0.48
	成绩中	学习成绩处于班级中间三分之一水平＝1，否则＝0	0.43	0.50
	成绩低	学习成绩处于班级后三分之一水平＝1，否则＝0	0.20	0.40
	消费水平	在校期间每月消费水平（千元）	1.17	0.51
	学生干部	在校期间是学生干部＝1，否则＝0	0.53	0.50

从统计描述表中可以看出，有一定比例的大学毕业生会去乡村工作，但是从事和父母相似工作的比例较低，仅有10%。大学生家庭小型化特征明显，平均家庭人口数是3.91人，家庭劳动力数在2人左右，基本上是标准的两代组合家庭。生源地学生类型分布均衡，城乡生源各占一半。样本专业除农学专业和工科专业比例较低外，理科专业与经济和社会学类专业分布较均衡。样本性别和学习成绩分布类型均衡。从相关变量值可以看出，该样本有较强的研究代表性。

6.3.3 大学毕业生城乡就业地总体分析

为了解不同来源毕业生的就业迁移特征，基于其来源地区将毕业生分为“来自乡村”和“来自城市”两类，基于其工作地区将毕业生分为“到乡村”和“到城市”两类，构建毕业生就业迁移统计表6-2。

表6-2 不同生源地大学毕业生城乡就业迁移汇总

工作地区	具体特征	来自乡村		来自城镇		总计	
		数量	%	数量	%	数量	%
到乡村	有就业协议	98	14.1	93	11.9	191	12.9
	没有升学通知书和就业协议	271	38.9	0	0.0	271	18.4
	乡村总计	369	53.0	93	11.9	462	31.3
到城镇	有就业协议	193	27.7	164	21.1	357	24.2
	有升学通知书	135	19.4	263	33.8	398	27.0
	没有升学通知书和就业协议	0	0.0	259	33.2	259	17.5
	城镇地区总计	328	47.1	686	88.1	1 014	68.7
总计	有升学通知和就业协议	426	61.1	520	66.8	946	64.1
	没有升学通知书和就业协议	271	38.9	259	33.2	530	35.9
	合计	697	100	779	100	1 476	100

从表6-2可以看出，有328名乡村生源毕业生迁往城市，369名乡村生源毕业生选择返回乡村就业，占乡村生源总样本的53%，也就是说有近一半的农村本土大学毕业生流失了。在369名返回乡村的大学毕业生中，有271名农村生源毕业生没有找到工作，被迫返回农村，占返回乡村的乡村生源毕业生的73.4%；只有98名乡村生源毕业生在乡村地区找到了工作，占返回乡村的乡村生源毕业生的26.6%，比例偏低。一方面说明乡村生源毕业生返乡就业的成功率不高，另一方面也说明其返乡就业的意愿不强。研究还发现，779名城镇生源大学毕业生中只有93名城市毕业生在乡村就业，比例为11.9%，虽然绝对数量和相对比例均低于乡村生源毕业生，但这些毕业生都有较强的乡村就业意愿，都能够在乡村地区成功就业，也是不小的高素质乡村青年劳动力

的支撑来源。

697名乡村生源样本中，有328名毕业生选择了城市就业和升学，占乡村生源学生样本的47.1%，其中：城市就业的有193名，占城镇迁移学生的58.8%，占乡村生源总样本的27.7%；另有135名乡村生源毕业生继续深造，占城镇迁移学生的41.2%，占乡村生源总样本的19.4%。779名城镇生源的毕业生中，有686名毕业生留在了城市，占城镇生源样本量的88.1%。在停留城镇的686名城镇生源样本中，有164名成功就业，占比为23.9%；有263名进一步深造学习，占比为38.3%；没有成功就业和没有进一步深造学习的样本量合计259名，占比为37.8%；三类城镇流向的城镇生源毕业生占总城镇样本量的比重分别为21.1%、33.8%和33.2%。

城乡两地生源毕业生比较来看，乡村生源毕业生各类型分布差距较大，初始待业率较高，他们主体意愿的就业方向是城市就业。城镇生源大学毕业生各类型分布相对均衡，主体选择方向是进一步学习深造，可能的原因在于“城市导向型”的教育体制造成了城市毕业生继续深造的机会（33.8%）比乡村毕业生（19.4%）要大，这种有差异的导向在我国受到了长期的批评（Rao et al.，2016；Zhang，2017）。虽然城镇生源的毕业生一次就业过程的待业率也较高（33.2%），但是低于乡村生源毕业生的一次就业待业率（38.9%）。

总体来看，有68.7%的大学毕业生在就业过程中选择了在城市就业，其中27%的毕业生通过继续深造留在城市地区，说明大学毕业生的总体就业流动目的地是城市，因此，可以认为乡村生源大学毕业生离农倾向明显，且城市生源毕业生在城镇地区就业过程中有明显的竞争优势。

尽管在短期内吸引大学毕业生乡村就业和更新农业部门劳动力结构老龄化方面存在较多困难，但仍然可以看到，12.9%（191/1476）的毕业生积极主动地选择在乡村地区工作，这是一个积极的信号。此外，来自乡村地区的毕业生（14.1%）比城市地区的毕业生（11.9%）更有可能在乡村地区找到工作，从爱农业、懂农业的角度看，乡村生源毕业生返乡就业更有利于现代农业的发展。在被迫返乡的大学毕业生中，在其二次就业过程中，不可能所有的劳动力都流出乡村地区，这些都是有利于乡村振兴的信号。

总体来看，我国大学毕业生乡村农业行业就业形势不容乐观，毕业生倾向于在城市地区工作，即使有些人被挤压到农村工作，他们也倾向于选择非农岗位。农业的就业吸引力弱的原因是多方面的：①我国是一个以小规模家庭农业经营为主体的农业生产国家（Ji et al.，2016），大多数农业家庭经营的农地规模过小，无法为其家庭提供足够的工作量或收入保证，这一现状对青年劳动力没有吸引力。②目前的农地利用政策对毕业生顺利获得农地从事农业生产有较大的阻力（Mishra et al.，2014；Ren et al.，2017）。家庭承包经营制度是我国农村的一项基本土地制度，农地属于政府和集体所有，农民依据与村集体签订的承包合同在承包期限内免费使用土地，不同的家庭将根据其人口定量承包并自主管理不同规模的农业用地。第二轮土地承包中，允许农户土地承包到期后再延长30年，许多农村已经基本停止了农地调整，这导致在完成学业后愿意经营农场的大学毕业生不得不在农业之外寻找工作，也在一定程度上阻碍了他们将来重返农场的决定（Adamowicz et al.，2016）。③城市导向型的农村地区文化环境在很长一段时间内阻碍了农村青年回归农村（Rao et al.，2016）。以城市为导向的农村地区文化塑造了农村的环境，因此，农村家庭总是为他们的孩子能够离开农村和农业而成为非农业人口的一部分感到自豪（Weng，2009）。

6.3.4 大学生乡村就业决策的影响因素

本部分利用logistic模型分离相关因素对毕业生就业迁移决策可能性的影响，特别关注乡村就业大学毕业生群体特征，因变量为“工作地”，即城乡就业地的选择，探讨不同特征大学毕业生乡村就业的可能性。估计结果见表6-3。

表6-3 大学毕业生乡村就业影响因素估计

项目	工作地1（全样本）		工作地2（有就业协议样本）		工作地3（乡村生源样本）		工作地4（乡村生源有就业协议）	
	估计系数	可能性比	估计系数	可能性比	估计系数	可能性比	估计系数	可能性比
截距	−0.47		−1.25		0.16		−0.31	

（续）

项目		工作地1（全样本）		工作地2（有就业协议样本）		工作地3（乡村生源样本）		工作地4（乡村生源有就业协议）	
		估计系数	可能性比	估计系数	可能性比	估计系数	可能性比	估计系数	可能性比
家庭背景变量	人口数	0.030	1.03	−0.13	0.88	0.090	1.09	0.041	1.04
	劳动力数	0.092	1.10	0.20	1.22	−0.12	0.89	−0.095	0.91
	家庭所在地	−2.31***	0.10	−0.72***	0.49				
	父母受教育	−0.011	0.99	−0.025	0.98	−0.016	0.98	−0.069*	0.93
	家庭年收入	0.0075	1.01	0.0085	1.01	0.034**	1.04	0.067**	1.07
	户主性别	0.096	1.10	−0.11	0.90	−0.12	0.88	−0.30	0.74
教育背景变量	农学专业	0.18	1.19	0.66*	1.93	0.28	1.33	0.75	2.12
	经社专业	0.32**	1.37	0.095	1.10	0.52***	1.68	−0.17	0.85
	工科专业	0.43*	1.54	0.79**	2.21	0.28	1.33	1.01**	2.74
	职技学院	0.92***	2.52	0.96***	2.62	1.29***	3.62	1.15***	3.14
个人特征与学习表现变量	性别	−0.55***	0.58	−0.89***	0.41	−0.56***	0.57	−0.85***	0.43
	健康状况	0.19	1.21	0.46	1.59	−0.33	0.72	−0.82	0.44
	成绩好	−0.79***	0.45	−0.63***	0.53	−0.68***	0.51	−0.11	0.89
	成绩差	0.083	1.09	−0.084	0.92	0.31	1.36	0.21	1.23
	消费水平	0.34***	1.40	1.02***	2.78	0.25	1.29	1.14***	3.13
	学生干部	0.043	1.04	0.32*	1.38	0.096	1.10	0.33	1.40
Likelihood Ratio (Pr>ChiSq)		<0.000 1		<0.000 1		<0.000 1		<0.000 1	
Max-rescaled R^2		0.33		0.19		0.14		0.23	
样本量		1 476		548		697		291	

注：*、**、***分别表示在10%、5%、1%水平上显著。

在模型“工作地1”中，利用全样本展开估计；考虑到没有就业协议的大学毕业生职业的不稳定性，在模型“工作地2”中，利用有就业协议的样本开展进一步的估计；由于具有乡村来源背景的毕业生更有可能返回农村地区，加上笔者对具有乡村来源背景的大学毕业生群体更感兴趣，所以在模型“工作地3”和模型“工作地4”中分别利用乡村生源样本和乡村生源有就业协议的样本开展估计。

根据家庭背景变量的估计结果可以看出，家庭人口数和家庭劳动力数的多少对大学毕业生的城乡就业地选择影响不大，但是在乡村生源有就业协议样本的拟合结果中，“父母受教育”变量达到了显著的统计水平，估计系数的符号为负，说明随着大学毕业生父母的受教育水平的提高，大学毕业生选择城市就业的可能性更大，这可能与我国目前的教育环境有关。还发现具有城市背景的毕业生比有乡村背景的毕业生更不可能选择在农村工作，这与前文得出的研究发现相同。在乡村生源的毕业生中，那些家庭较富裕的毕业生更有可能返回乡村地区就业，这可能是因为这些较富裕的乡村家庭对家庭所在地区域的乡村经济资源有更大的控制权，来自较富裕乡村家庭的毕业生如果返回乡村地区工作，更容易利用这些家庭所具有的资源优势，进而获得更高的收益。“户主性别”变量在各模型中均没有表现出统计显著性，说明无论是在城市大学生家庭中还是在乡村大学生家庭中，无论是其父亲管家还是其母亲管家，均对毕业生的城乡就业地选择没有显著的影响。

在教育背景变量中，变量“农学专业”在模型“工作地 2”中达到了统计显著性水平，且系数估计值为正值，说明在已经就业的样本中，农学类专业的大学毕业生相比于理科专业毕业生来说更有可能选择在乡村就业。这是一个值得关注的信息，因为农学类专业的学生乡村就业更有利于现代农业的发展，在专业选择时他们选择了农学类专业，在毕业时又选择了乡村地区就业，说明他们爱农业、懂农业，有很强的意愿到乡村去就业。在模型“工作地 1、2 和 4”中，变量“工科专业”达到了显著甚至较显著的统计差异水平，且系数估计值均为正值，说明工科专业的学生比理科专业（参考类）的学生更有可能在乡村找到工作，这可以用我国的城市化战略来解释，我国已经进入了城乡协调发展的更高级阶段（Chen et al.，2011），我国的农村经济正处于快速增长阶段，也处于快速建设时期，工科专业毕业生在乡村的就业空间更大。变量“经社专业”的估计系数在模型“工作地 1 和 3”中具有正向影响，表明经济和社会学类专业毕业生比理科专业毕业生更有可能到乡村地区就业。然而，在有就业协议的毕业生中，经济和社会学类专业并没有显示出较强的统计显著性，说明经济和社会学类专业毕业生与理科专业毕业生相比，其获得就业协议的可能性较小，更有可能被迫返回家乡；或者是由于乡村生源毕业生中有较高比例的学生选择了经济和社会学类专业，从长远来看，他们中有多少人会留在家乡是值得怀疑的，一旦他们获得了工作机会或决定继续深造，他们很可能会再次离开家乡。在所有模型中，变量“职技学院”在 1%的水平上统计显著，且各系数均为正值，表明职业院校毕业生在乡村地区工作的概率高于普通本科高校毕业生，这可能是因为接受职业教育的毕业生在城市就业的竞争力弱于普通高校的毕业生。

在个人特征与学习表现变量中，可以发现，变量“性别”和“成绩好”在每个模型中均达到了 1%水平上的统计显著性（模型“工作地 4”中的成绩好是唯一的例外），且系数估计值都是负值。从性别因素来看，男性毕业生有更强的竞争优势去城市就业，女性毕业生竞争力较弱（Baert et al.，2016），更有可能从城市地区被挤压到农村地区。从学习成绩来看，在班级学习成绩好的毕业生有更强的优势离开乡村去城市就业。虽然无法确定校园消费水平较低的毕业生家庭是否较为贫穷，但可以认为，在校园消费水平较高的毕业生家庭更有可能更富有。变量“消费水平”的估计结果达到了极显著的统计差异水平，且系数估计值为正值，说明家庭较富裕的大学毕业生更倾向于乡村就业，特别是乡村生源群体。一些富裕家庭的城市来源毕业生乡村就业的倾向性可能来源于这类家庭的经济实力更容易突破农业门槛，这与目前大量商业资本下乡通过流转土地投资于农业，且规模农场主的受教育水平较高的现实相一致。

各行业的劳动者个体在进行职业选择的过程中往往首选的追求是经济安全，如果农业生产能够保障其家庭经济安全，那么劳动者将会留在农业部门或进入农业部门就业（Ghebru et al.，2017）。正如前述文献所描述的，农场的整体规模是考虑农场继承或经营潜力的一个重要因素（Gasson et al.，1988）。农场越大，继承人希望延续家族传统事业的机会就越大（Shawyer，1990；Hoppe et al.，2006）。长期以来，农地小型化和细碎化一直被认为是制约农民收入增长和农业生产效率提升的主要因素（Mishra et al.，2014）。较高的受教育水平往往与大农场有关，因为受教育程度较高的农民能够更多地利用信息、咨询和培训，更多地参与政府计划，并更积极地适应农场未来的变化和规划（Gasson et al.，1988）。因此，吸引年轻的、有高等教育学位的劳动力并不是不可能的。可以看到，一些小农户退出农业，有可能扩大留守农户的农场规模，或者吸引外部工商资本投入大规模的农业生产。当农场规模大到足以提供社会平均水平（之上）的家庭收入时，农业劳动力退出农业的进程才有可能停止，而事实上，近年来，中型和大型农场的规模也在不断扩大（Ji et al.，2016），这说明与农场主素质相匹配的适度农场规模仍未达到。

6.3.5 乡村就业大学毕业生岗位分布特征

提取有工作协议、将在乡村地区工作的大学毕业生样本，然后汇总他们的职业分布，列于表 6－4 中，从中可以解读出以下内容。

表 6－4　乡村就业大学生岗位分布汇总

毕业生类别	行政岗位		国企		私企		总计	
	样本数	%	样本数	%	样本数	%	样本数	%
乡村生源毕业生	21	18.4	31	27.2	62	54.4	114	100
城镇生源毕业生	9	11.4	23	29.1	47	59.5	79	100
总计	30	15.5	54	28	109	56.5	193	100

第一，具有乡村背景的毕业生与具有城市背景的毕业生相比，在农村就业具有明显的优势。样本中有 193 名毕业生在乡村地区找到了工作，其中 114 人有乡村背景，超过了城市地区的人数（79 人）。

第二，有乡村背景的毕业生更愿意承担与父母不同的工作，有乡村背景的毕业生中有 89 人是新入职者，其中只有 13 人选择在私营机构传承父业。

第三，具有乡村背景的乡村就业毕业生更愿意担任行政职务，而具有城市背景的毕业生则更喜欢在私营企业或组织中开拓创业，私营企业或组织更有可能与农业生产和粮食安全有密切联系，如食品作坊、农业公司和农业服务组织等。可能的原因在于：具有乡村背景的毕业生的父母有可能一直拥有规模较小的农场或地位较低的职位，而具有乡村背景的毕业生则希望通过选择有权势的或稳定的职位，特别是行政职位来改变这种情况。相比之下，具有城市背景的毕业生的父母总是拥有规模庞大的企业或较高的职位，而具有城市背景的毕业生则对自己有能力在私人机构开创新的职业生涯充满信心。

近年来，由于大学生村官项目为毕业生提供了一些有吸引力的条件，所以有越来越多的大学毕业生来到乡村工作。大学生村官项目是针对新农村建设中人才匮乏的特殊情况而制定的一项国家战略措施，其目标是吸引或培养大学生到乡村就业和锻炼。大学生被鼓励在乡村开办自己的企业，这会使他们停留更长时间，为乡村服务，但是三年后，他们可以根据自己的意愿选择留下来或离开（Xiao et al.，2014）。自 2008 年 4 月实施大学生村官项目以来，大学生村官的数量一直在稳步增长。几乎所有被大学生村官项目选中的毕业生都愿意在农村地区的村级单位工作，因为他们在这种岗位上收入稳定。三年后，有些人离开了，有些人留在了农村，其中有部分人进入了直接的农业生产领域（Xiong et al.，2014）。虽然兼职农民通常被认为是一个最终会离开农业的群体（Breustedt et al.，2007），但是有理由相信，大学生村官兼职农业生产是进入农业生产领域的第一步，因为兼职农业意味着农业生产具有足够的吸引力以使他们的家庭获得收入，他们可能会逐渐成为职业农民。因此可以把大学生村官当作年轻职业农民的来源。当然，这并不意味着他们都会离开政府机构而成为农民，他们中的一些人可能会成为更高一级的行政干部，也有一些人可能会成为专业的农民，因为在村官的职位上更容易积累农业相关的经营、管理和生产经验。

一些回到村里的毕业生选择在其父母的作坊工作，从事食品加工和农产品贸易等，如啤酒厂、食醋工作室、腊肉制作等，他们的目标是在未来接管父母的作坊。事实上，年轻一代的未来受到家庭社会经济状况的影响（Sumarti et al.，2016）。具有乡村背景的毕业生与其他毕业生相比，在乡村各类职业岗位上具有竞争优势，这取决于农业生产经验的长期积累，因为大多数农业知识的传承路径在于以家庭经验为基础的农业知识濡化。除了上述障碍外，由于刚毕业的大学生获得耕地利用的机会缺乏改善，所以仅有少数毕业生选择直接从事粮食生产。尽管毕业生可以在父母的农田开展生产实践，但他们不能接管农田，因为土地属于集体所有。开创独立农业并不容易，而且如果没有适当的支持来建设农田基础设施和实现农业现代化的话，这往往是不可能的（Adamowicz et al.，2016）。

6.4　乡村留守劳动力素质结构优化路径探索

6.4.1　乡村职业拓展与劳动力素质需求

乡村是一个综合的生产和生活系统，相关岗位节点的有效运行是乡村系统整体功能发挥和顺畅运行的保证，其基础是有相匹配的劳动力充实相关岗位节点。乡村不是农村，其核心功能是农业生产，如果没有辅助系统的健康运行，这个核心功能也难以发挥。与系统中各岗位相匹配的高素质劳动力是各相关节点运行效率提升的关键。

衡量一个国家或地区的劳动力素质涉及很多方面，指标也很多，通常将劳动力素质概括为三个方面：智力素质、非智力心理素质和身体素质。这三个方面并不是各自孤立存在的，而是紧密联系、相互制约的。智力素质是指人认识、理解客观事物，并运用知识、经验等解决问题的能力，包括文化素质、科技素质和经营管理素质。其中文化素质是反映劳动力基本素质的重要方面，对其身体素质、思想道德素质以及精神文明状态都有重要的影响。教育一般是提高人口文化素质的主要方式，实践中对劳动力素质的计量通常依据劳动力受教育水平来表示。乡村劳动力结构升级包括两点：一是身体素质（或者说是年龄结构）升级，改变目前空心村和老人农业的现状，使乡村劳动力总体状况走向年轻化；二是相关岗位的劳动力知识能力升级，总体走向高素质化。

乡村岗位布局（和拓展）与劳动力素质提升联系紧密、相互影响，共同促进乡村体系的运行与发展。例如，农村基础设施的完善程度对提高乡村劳动力个体及整体的心理素质、思想道德素质和身体素质都有重要的影响。农村道路、交通、水利、通信以及基本文化生活等基础设施落后，不仅直接影响农业生产发展和农民收入提高，而且无法营造积极、健康、向上的文化氛围与文化环境，缺乏吸引和提高农民综合素质的基本物质条件。因此，乡村劳动力素质结构提升是一个系统工程，既包括农业生产部门的劳动力素质提升（即农业劳动力职业农民化），也包括农业生活服务部门的劳动力素质提升，还包括农业生产服务部门的劳动力素质提升，同时也包括硬件设施水平的提升等。

对乡村基础设施现状的共识是发展不足。主要原因有两方面，一方面在于缺乏大量的资金投入以改造和提升基础设施水平，另一方面在于缺乏相关的高素质劳动力充实相关岗位以保障相关体系的健康运行。关于乡村地区基础设施建设、运维和管理领域所需要的劳动力的来源，可以考虑传统农民的分化以及外来高素质劳动力的加入。

农业现代化是粮食安全保障的基础，农业现代化的核心是转变农业发展方式，即由分散经营向集约经营转变，由劳动密集型生产方式向技术密集型生产方式转变，由低附加值向高附加值产业链延伸。在这一过程中，农民是推动农业现代化的有生力量，农民素质的高低直接影响着我国农业现代化进程。农民是农业生产力的关键要素，提高农民素质既是发展农村生产力的内在要求，也是提升农业生产力水平的根本保证。一方面，农业现代化需要依靠科技创新驱动发展；另一方面，需要构筑与之相匹配的农业人才支撑体系，尤其是培育一支数量充足、素质较高、能满足现代农业发展需求的职业农民队伍。然而现实情况是，当前我国传统农民分化进程缓慢，农业劳动力素质在很大程度上制约了我国农业机械化水平、农业科技创新水平的提高以及农业产业链和价值链的延伸能力。

6.4.2　乡村各业劳动力素质提升路径

乡村劳动力素质结构提升是一个系统工程，乡村劳动力职业岗位不应仅限于农业生产岗位，乡村各业劳动力素质结构均需要得到提升。不得不面对的现实情况是，乡村劳动力城市化结构失衡是由于乡村各业岗位均缺乏吸引力的现实，也就是说，除了农业生产之外，其他相关职业岗位面对的不仅是高素质劳动力缺乏的问题，还面临着其他问题，如有些乡村的非农岗位既没有劳动力也没有岗位基础，在医疗、保险、教育等方面都存在不足。需要做的工作有很多，除了投入资金构建相应的乡村生活服务体系、农业生产服务体系和农业生产体系的基础架构外，还需要明确相关体系的劳动力来源。

提取第5章中不同规模种植户的特征信息组成表6-5，用以说明传统农民向职业农民改造过程中可能发生的劳动力迁移问题，进一步说明乡村劳动力素质提升的对象和方向。

表6-5　不同耕地规模农户特征

农户特征	10亩以下		10～20亩		20～100亩		100亩以上	
	平均值	标准差	平均值	标准差	平均值	标准差	平均值	标准差
户主年龄（岁）	55.60	9.83	51.19	11.07	51.20	9.23	48.20	11.34
户主受教育年限（年）	8.33	3.06	9.29	2.99	10.36	2.96	11.60	2.88
农业劳动力人数（个）	1.76	0.92	1.90	0.70	2.32	0.95	2.40	1.34

（续）

农户特征	10 亩以下		10～20 亩		20～100 亩		100 亩以上	
	平均值	标准差	平均值	标准差	平均值	标准差	平均值	标准差
农业劳动力平均受教育年限（年）	6.49	3.65	9.25	2.27	9.43	2.58	11.26	2.12
农业劳动力平均年龄（岁）	47.56	20.06	50.93	10.39	50.66	9.56	51.30	6.59
是否村干部家庭（是=1，否=0）	0.06	0.23	0.10	0.30	0.16	0.37	0.20	0.45
是否有大学生（是=1，否=0）	0.37	0.48	0.43	0.51	0.48	0.51	1.00	0.00
子女是否从事农业（是=1，否=0）	0.07	0.26	0.14	0.36	0.12	0.33	0.40	0.55
粮食年均收入（万元）	0.16	0.40	0.99	1.78	2.99	6.43	0.00	0.00
收入水平（万元）	8.86	5.25	23.48	41.08	52.07	89.17	144.71	146.18
土地租出面积（亩）	0.88	1.77	0.00	0.00	1.36	6.02	0.00	0.00
租入面积（亩）	0.28	1.05	9.36	5.34	36.84	23.42	307.00	161.23
正在种地面积（亩）	4.06	2.62	14.92	3.33	40.72	21.90	312.00	162.11
样本量	548		21		25		5	

从表中可以看出，100 亩以上种地家庭的平均种植规模是 312 亩，而 10 亩以下种植家庭的用地规模是 4.06 亩。按此标准计算，塑造一个规模化家庭，需要分化走 76 户左右的小农户；如果按中等土地规模的农户（种植规模 40.72 亩）来计算，培育一个中等种植规模的职业农民家庭需要租入 10 个小规模农户的承包地。那么，不得不面对的问题是，在目前土地资源有限的情况下，这些租出土地的农户数量较多，不可能全部通过城市化路径来消化，那这些农户去哪里就业？特别是既不能成为规模化耕种的职业农民，也不能顺利城市化的劳动力应该怎么办？

目前学术界关于我国乡村振兴和现代农业发展的研究非常丰富，但是由于相关概念界定不清晰，相关学者依据自己的界定得出的研究结果之间的连续性和衔接性不强，存在将乡村与农村等同化、将农村与农业等同化、将乡村居民与农民等同化等倾向，以至于关于乡村振兴、现代农业发展和粮食安全内容的研究仅向职业农民培育方向集中的趋势非常明显，忽略了塑造对职业农民有吸引力的乡村环境所需要的其他领域（乡村生活服务和农业生产服务）劳动力队伍的构建和素质提升问题，相应地在实践效果不理想的情况下也引起了更广泛的争论。目前关于职业农民培育的一个主流认识是：培育职业农民是乡村产业兴旺和现代农业发展的关键，职业农民培育的实质就是改造传统农民，将传统农民改造成以高素质青年劳动力为主体的农业生产队伍。这里需要探析的方面有：①职业农民的来源问题。可以从两个方面来理解如何改造传统农民，一方面，如果改造的对象是传统农民，那么改造传统农民的结果是将所有的传统农民都转变为职业农民。其实职业农民的耕地需求与传统农民的耕地需求在量上是不一样的，从这个意义上来说，将所有的传统农民均改造为职业农民是行不通的，必须将一部分传统农民转移出去。另一方面，改造传统农民并不是一个过程，而是一个结果，即改变了目前以传统农民为主体的农业劳动力结构，改造的结果是形成以高素质青年劳动力为主体的稳定的农业生产队伍。从这个角度来看，职业农民的来源可以是传统农民，也可以是外源劳动力。这个外源劳动力的概念也包括新生代农民，因为新生代农民在进入农业领域就业之前是可以选择职业的，即使农民子女也有明显的外源特征。②顺畅地转移部分农业劳动力是职业农民培育的工作内容之一。部分农户的转出是实现农地规模化集中的基础，否则职业农民进行规模化生产的图景是不可能实现的。小农户由于资金和情感等方面的原因，难以成长为职业农民，但是其对乡村生活、农业生产服务工作有一定的基本认识。如果对小农户开展专门引导提升的话，他们将成为乡村非农岗位的理想后备军。③高素质劳动力的目标通常是通过人力资本投资实现的，如果要塑造职业农民队伍，一方面可以培训现有劳动力，另一方面可以从外部吸引高素质劳动力。④青年劳动力的有效更替。一方面，应着眼于乡村劳动力的代际传承，乡村职业技能在家庭内部的传递通常是顺畅的，在代际传承方面有着天然的优势；另一方面，应着眼于外部青年劳动力的吸引，重点吸引已经具备较强的乡村职业技能的青年劳动力。

乡村各业劳动力素质提升是一个综合的系统工程，涉及乡村领域的方方面面，需要考虑的方面有以下几点。

第一，不断优化乡村基础设施建设，增强乡村劳动力的生活环境吸引力。加大对乡村的资金投入力度，彻底改变和优化乡村基础设施现状，大力发展交通，做好村镇规划，改善村镇面貌，健全乡村广播、电视闭路系统，充分利用“三栏”（村务公开栏、科普宣传栏、先进事迹栏）、“五室”（党员活动室、老人活动室、兵青妇活动室、阅览室、图书室）等系列文化阵地，向村民及时提供各种信息，广泛普及科技文化和道德法律等方面的知识，宣传乡村政策，丰富村民文化生活，让村民始终生活在有利于综合素质不断提升的氛围中。

第二，构建城乡均衡的义务教育体系，在强化乡村子代人力投资水平的情况下塑造乡村导向的精神阵地。劳动力培育是一项长远的系统工程，乡村劳动力素质的提升需要有长远的考虑。一方面，需要加大乡村的教育投入，普及农村义务教育，通过各种措施保障乡村居民子女全部完成义务教育；另一方面，需要关注教育内容的导向性，减弱目前的城市导向性教育是当务之急。

第三，精准定位，分类培育和提升劳动力素质，保障乡村体系健康运行。传统农民数量多，是乡村各业劳动力的来源基础。着眼于乡村各业劳动力素质提升，适应乡村各业职业技能和经营管理的需要选择培育对象，做到分类培育，有的放矢，使有限的资源发挥最大的效用，以保证乡村核心功能的有效发挥。目前小规模农地利用户成长为职业农民较为困难，可以考虑引导培训后充实到乡村非农职业队伍中，如乡村保洁、商贸服务等。农业企业的带头人、家庭农场主、合作社负责人等都是典型的职业农民，驻村干部、大学生村官、种养大户、农机手、植保员、防疫员、检验员等都具备成为职业农民的潜质，可以对这些群体进行培训、引导，充分发挥他们的示范带动和推广作用。

第四，创新培训模式，在帮扶现有职业农民群体生产效率和生活质量提升的基础上，强化职业农民对周边农户的正向示范引领作用。改变目前多以农业部门、农业院校为培训主体的现象，通过多样化的教育方式将现代市场理念、农业知识、专业技能等传递给正在从事或想要从事农业生产经营的群体。鼓励符合当地实际情况、具备农民培训功能的农业园区、龙头企业、农民合作社等社会力量共同参与，通过有效帮扶弱化失败案例的负效应，强化成功案例的正向示范带动作用，以农技人员现场指导为主，不断提高培训对象的认识水平，使其成长为乡村经济发展的主力军。

第五，定期开展科技需求调查，及时跟进乡村科技服务。乡村产业融合发展延长了农业产业链，产生了许多农业新业态、新行业，需要定期开展科技需求调查，围绕农业发展急需的新技术、农民生产急需的科技信息，不断地丰富提升劳动力素质所需的服务内容，从单纯的农业实用技术扩大到农产品质量安全生产技术、重大动植物疫病防治技术、农产品市场营销、农业电子商务以及相关法律法规等，从传统农业培训扩大到休闲农业、智慧农业、设施农业、生态农业、信息农业等培训，不断提高培训的针对性和实效性。

6.5 小结

在明确未来农业将由高素质青年职业农民来塑造的认识基础上，笔者的深入研究得出了可持续农业方面的有价值信息：

①目前大学毕业生选择乡村地区就业的动力主要来自城市的推力。来自乡村地区的就业拉力较弱，以至于乡村生源大学毕业生的就业目的地也主要是城市地区，这可以从大多数有乡村来源背景的优秀毕业生城市就业特征表达出来。城市背景的毕业生也有类似的情况，但仍有部分毕业生选择在乡村地区工作，这有利于现代农业发展，对保障国家粮食安全有积极作用。

②具有乡村来源背景的大学毕业生比具有城市来源背景的大学毕业生更有可能在乡村地区工作。尽管他们在农业生产知识方面具有优势，但大多数具有乡村来源背景的大学毕业生更倾向于乡村地区的非农管理岗位。具有城市来源背景的乡村就业大学毕业生却会选择从事与农业生产有关的工作岗位，但他们作为新的入职者，需要更多的时间积累农业生产方面的知识和经验。

③现代农业发展和全局粮食安全保障不只是职业农民的事情，只有构建和协调好乡村生活服务系统和农业生产服务系统服务于农业生产系统的功能，才能有效塑造好对职业农民有吸引力的乡村环境，进而提升职业农民队伍素质，有效保证现代农业的高效健康发展。构建和协调好乡村生活服务系统和农业生产服务系统的运行功能，需要提升这两个系统内的乡村劳动力基本素质，同样存在吸引高素质劳动力、促进这两个系统内的劳动

力素质结构优化的问题。

面对如何减少农业劳动力老龄化对可持续农业的不利影响，当前的核心任务应该是采取适当的激励措施，克服障碍，优化大学毕业生乡村就业路径，有效提升乡村劳动力人力资本存量。笔者认为应从以下几个方面考虑政策优化：

①我国需要解决农业部门面临的根本问题——如何让农业对年轻人更具吸引力。例如，大力发展能够获得足够高的农业收入的现代化家庭农场，这个足够高的标准是不低于其所能从事的非农就业岗位可能带来的收入，也是能够供养其家庭保持社会平均及以上的生活水平的收入，只有这样才会对青年劳动力有足够的吸引力，青年劳动力才会安心于农业生产。只有青年劳动力合理更替才能不断发展现代化农场，以提高整个农业部门的活力，但是青年劳动力从雇主或父母那里接管农场往往是一个非常漫长的过程，因此，家庭农场的重构或现代化发展离不开政府的支持和帮助。政府的帮助应该着眼于有希望或有可能从父母那里接管农场或进行农业创业活动的年轻职业农民。

②对老年农民潜在接班人的帮助和支持应该成为我国农业政策的核心任务之一，特别是具有农业专业学位、乡村来源背景的大学毕业生和大学生村官群体，应作为未来职业农民的候选人而受到更多的关注。青年人的接班问题涉及老年人的退出和青年人的入职，因此有必要将大学毕业生的初次就业过程和农村地区的其他社会经济问题一体化考虑，包括农村养老问题等。和其他社会经济问题一样，将老年农民纳入有法律保护的养老体系中有利于农业继承人的培养和顺利接班。

③有必要重建“乡村导向型”的教育体系，塑造乡村主体的文化氛围。长期以来，一些乡村地区存在的“城市导向型”教育已经塑造了一定的农业和乡村歧视氛围，这种在乡村存在的社会歧视氛围正在把年轻劳动力赶出乡村，甚至于到了“农业乏人”的地步。“城市导向型”的教育体系也在城市青年中产生了影响，以至于城市青年不懂种植和养殖，不懂农产品，歧视农业，也不愿意到乡村就业。因此，在中国社会发展过程中，只有充分尊重和承认乡村传统文化价值观和乡村社区参与权，才能实现城乡区域均衡健康发展，“乡村导向型”的教育体系构建应成为乡村振兴战略的开启步骤。

第7章　代际视角的职业农民分化与现代农业传承

7.1　农业职业代际传承的社会意义

职业是指人们从事的相对稳定的、有收入的、专门类别的工作，职业是性质相近的工作的总称，在社会组织体系内表现为职位，也就是岗位。人们在谈某一具体的工作（职业）时，其实也就是在谈某一类职位。职业是人的一种社会活动和生活方式，是人的一种经济行为，是人们从社会体系中获取各种利益的资源，它对于个人和整体社会发展而言都具有十分重要的意义。

从社会整体视角看，每一个职位都是社会分工体系中的节点，都对应着一组任务作为任职者的岗位职责，而要完成这些任务就需要适合这个岗位的劳动力，即劳动力应具备相应的知识、技能、态度等。职业节点是构成社会存在的基础之一，一个人从事某种职业就进入了社会劳动分工体系。每一个岗位在社会分工体系中的活动顺畅与否，以及岗位间结构的健康状况都会影响到社会发展的健康与稳定。职业是个人为社会做贡献的途径，是构成社会运行的具体节点，也是社会体系中成员的阶层划分和地位归属的基础。职业涉及人们从事社会生活的动力、人的社会关系、社会的矛盾和冲突、社会财富和利益的分配、人的价值观与整个社会风气、社会平等与效率的选择等方面。每一个社会节点的顺畅运行则意味着各岗位劳动力正在用专业的技能和知识增加社会的物质或精神财富。

职业以人们参加社会的性质和形式形成了不同的社会集团，即不同的社会层次。一方面，由于各种职业主体的劳动方式、经济收入的不同而形成了不同的职业层次；另一方面，又由于政治、经济、文化、历史等方面的差异而形成了特定的等级、地位与身份。人们在职业上的努力和奋斗构成了人们在社会地位“阶梯”中向上的流动景观，同时，个人通过职业活动不断地为社会创造着财富，为人类的繁衍提供保障。

职业是人的重要身份象征，“安居乐业”是人们的共同愿望，衣食足则知荣辱，饥寒迫则起盗心。因此，就业是民生之本，是社会安定之基，促进充分就业能够有效减少社会不安定因素，进而实现社会和谐的目的。解决好广大适龄劳动力的就业出路和职业生涯的发展问题，使无业者有业、有业者乐业，使人们在从事劳动和职业工作岗位方面各得其所，是社会管理者和政府应尽的责任。

从个人视角看，职业是丰富个人物质财富和精神生活的基本路径，基本运行过程是：个人通过职业岗位参与社会分工，用专业的技能和知识为社会创造物质或精神财富，并从社会体系中获取合理报酬。合理报酬既能够直接满足个人的物质和精神需求，也可以间接满足个人的物质和精神需求。对个人而言，职业的意义在于：①职业是个人谋生的手段。职业规定一个人的工作岗位及其岗位的奋斗目标，个人只有以工作岗位为起点，才能实现与社会整体的融合。一个人按照岗位要求，将丰富的知识、熟练的技能出色地运用于职业活动，创造出相应的社会财富，个人则通过这一过程实现生存的需要，获得个人最基本的安全感和社会地位。②职业使个人分担不同的社会角色。一个人的职业生涯是生命、生活的重要组成部分，职业从多方面决定了个人的特征和境遇，选择了一份职业，就是选择了一种社会角色，进而选择了一种生活方式，且因职业的不同而不同。③职业是人们获取利益的手段。职业活动带来的经济收入是个人生存和维持家庭运行的物质基础，追求高收入也是人们选择职业的主要标准。通过职业可以获得多种非经济利益，包括名誉、地位、权力、各种便利等，从而使个人获得心理满足，这些非经济利益有时也可能转化为金钱或者其他形式的经济利益。职业类别、职业环境和职业中的不同个人等级是人的社会地位的象征。④职业对个人来说意味着物质的保障和个人价值的实现，因此大多数人在寻找工作甚至改换工作时会考虑收入，以及个人是否有进步和发展（向上一层级职业流动）的空间。工作也有社会交往的意义，所以他们会考虑工作的“社会层次”或“交往的对象”。职业还有其他意义，比如安全感、个人身份感以及自我价值感等（杨沫等，2019；周兴等，2014）。

职业是社会分工体系中不同性质、不同内容、不同形式、不同操作的专门劳动岗位，入职者获得相应的社会角色，需要承担一定的义务和责任，并获得相应的报酬。社会分工体系中的职业节点的顺畅高效运行是社会发展的基础和保障。职业间的层级特征差别引起的社会地位和收入差别是人们追求更高层级职业，进而促进社会发展的动力所在。从事某种特定职业类别的工作，不仅要求该劳动力要有一定的素质条件，而且要使该劳动力的才能、兴趣能得到发挥，并成为促进劳动力的才能和个性发展的手段。劳动力个人才能的发展有利于获得更高层级的节点职业，显然，劳动力在其个人职业的选择过程中有其顺序性，一个职业的成功是下一个职业获得的基础。社会职业结构对于社会稳定、个人职业选择与发展均具有紧密的联系。

我国具有世界上最庞大的劳动力规模，如何有效地配置劳动力资源，在激烈的国际竞争中发挥我国人力资源丰富的优势，以及如何为这一庞大的劳动力队伍创造就业机会，无疑是我国社会经济发展面临的巨大挑战。

从历史的视角看，农业劳动力个体从事的农业生产职业（或岗位）有较强的稳定性，农业劳动力的职业流动往往体现在代际的流动，也就是说，由于社会经济和制度的影响，农业劳动力选择离开农业从事非农业岗位较为困难。职业代际流动是指劳动者两代之间发生的职业类别和职业层级间的变动。职业的代际流动反映一个社会中的劳动力基于上一代家庭成员的社会职业基础而发生的职业变化或被分配到不同社会地位和社会阶层中的过程，是一个社会特定结构变化的重要方面。虽然与非农职业相比，农业职业的代际流动不强，有明显的职业代际固化特征，但是与父辈的职业流动情况比较而言，农民子女从事与其不同的职业岗位的机会较多，较易发生职业的流动。我国城镇化的发展、教育水平的提高为农民职业代际流动提供了更多的机会，农民的流动对于社会结构的影响越来越大。

职业代际固化、流动性不强往往被认为是社会不公平的表现，社会不平等、不公正可能威胁到社会的稳定。农民家庭的代际流动被认为对反映社会结构的变化和社会开放、公平程度的作用更大，但是从粮食安全角度审视，由于农民职业层级处于最低位置，职业流动的结果往往是农民离农、追求更高层级的职位，而更高层级岗位的劳动力入职农业的意愿较低，其结果就是农业的弱化，进而影响到我国的粮食安全和社会的稳定。

从职业流动规律看，我国老人农业困境有其历史必然性，但是社会分工体系需要各个节点顺畅工作，社会分工体系中任何一个节点的消失都会影响到社会整体的运行。正是因为农民职业阶层特征和劳动力追求职业阶层向上流动的规律性存在，农民职业流出是主要职业流动方向，所以笔者认为，从粮食安全视角看，完全公平和平等的结果是不可取的，也是不可能的，实现职业流动的完全开放与平等的结果就是无人种地，但是农业劳动力追求职业向上流动需要一个过程，这个过程的保持是重要的，有利于社会的稳定运行。个人在追求职业流动的过程中丰富个人和社会的财富，至少在一定阶段内，农业传承伴随着不间断的农业劳动力流出，在农村居民职业代际转换过程中，子承父业的现象依然存在，需要关注，农业领域的职业传承将有利于社会稳定和粮食安全。

7.2 研究动态回顾

7.2.1 职业阶层划分与职业代际流动

职业是社会分工体系中的节点，各节点任务要求不同，社会地位和层序也有差别。职业代际传递已成为代际收入流动以及社会分层等问题的重要逻辑环节，并引起了学术界和相关部门的广泛关注。相关学者尝试着将所有的职业划分并排序，张桂金等（2018）将劳动力职业阶层划分为三个层序，依次为：体力劳动阶层、一般非体力劳动阶层、高级非体力劳动阶层。周兴等（2014）按照职业声望划分为七个职业阶层，各职业阶层从低到高依次为：农民（农、林、牧、渔、水利业生产人员）、工人（生产工人、运输工人和有关人员）、服务人员（服务性工作人员）、商业工作人员（个体工商户及批发零售业人员等）、办事人员（办事和有关人员）、专业技术人员、高级管理者（国家机关、党群组织、企业、事业单位负责人）。国际学术界和国内社会学领域的学者更多地采用了国际标准职业分类（ISCO）方法将职业划分为十类，依次排序为：（无技术的）农业劳动者、自雇佣的农场主、无技术及半熟练的体力工人、熟练体力工人、低级技术人员和体力管理者、没有雇员的小业主、有雇员的小业主、常规非体力劳动者、低级专业技术人员和经理人、大资本家和高级专业技术人员（经理人）（孙旭等，2018）。无论是三层序划分还是十层序划分，以体力劳动为特征的农民职业都被认为处于职业阶层的最底层，但是农业生产之于社会具有特殊的基础地位是被公认的。

职业流动是指劳动力为追求自身发展或自我价值而改变自己的工作岗位或职业的过程。处于各职业节点的劳动力通常不甘心滞留于较低的职业阶层，期待通过职业流动选择更好的职位、职业或行业，以实现更好的“人职匹配”，进而获得更高的经济和社会收益，但是更高职业阶层的追求不可避免地会受到父辈职业条件等因素的影响。我们称子代相对其父代在职业上的变动或转化的现象为职业代际流动，职业的代际流动性能够反映一个家庭代际经济社会地位的动态变化情况。社会职业阶层的固化被认为是不平等传递的根源，如果社会整体代际流动性低，劳动力追求收入和社会地位提升时阻力重重，那么最终会导致一系列的经济与社会问题。探索代际流动性的影响机制对建立一个良好公平的社会具有十分重要的作用。

与父辈的职业层级相比较，子代的职业层级可能向上流动、保持不变或向下流动。在追求利益最大化动机的驱使下，子代职业向上流动的可能性大于向下流动的可能性，相邻职业间的流动性较大。处于优势职业阶层家庭的子女在职业选择时通常会选择保持不变或向上流动，发生向下流动的情况往往是由于自身优势条件缺失而被迫向下流动。处于劣势职业阶层家庭的子女往往由于向上流动条件受限而被迫选择父辈职业。相关研究进一步发现：位于社会地位两端的职业代际继承性都比较高，子承父业的比例较高，而代际职业的流动往往表现为向上和短距离的特征。在职业的等级结构中，层次较高的职业，其代际职业向上或向下的流动性都很强，相邻职业之间的流动性较大（纪斑等，2020）。其中农业职业处于社会地位的底端，虽然子承父业的比例高，但是被迫性特征明显，那些农业转移成功的家庭从最低的职业阶层出来，具有更高的向上代际流动性，但主要体现在从务农相关职业到较为低端的非农职业之间的向上流动，少数流动到较高的职业阶层（杨沫等，2019）。那些克服结构性门槛的乡村家庭表现出的向上流动使得城市中的职业流动表现出“开放性”，这种“开放性”案例吸引着更多乡村家庭效仿流动。

国内外相关研究中，影响职业代际流动的因素可分为三种类型：一是个人因素，包括先天性禀赋、个人特征属性和后天努力的自致性因素；二是社会制度因素，主要是指社会改革、经济制度变迁等；三是社会资本等非制度因素。这里的个人因素包括父辈职业地位、受教育程度、户口等先天性禀赋以及子辈性别、年龄、学历、党员身份等个人因素。在职业选择过程中，大学毕业生往往从自己的心理期望出发，通过衡量自身和职业的各种情况，判断是否选择从事与其父辈相同的职业（钟云华等，2015）。市场机制的引入并没有改变代际职业流动受制于制度因素的现状，家庭背景、户籍制度以及其他因素使得代际职业流动在起点上就不平等，农村户口的子代在职业阶层获得时更容易受父辈职业的影响，户籍制度使得城镇子女不易向下流动，而乡村子女不易向上流动（卢现祥等，2018）。在农村家庭中，父辈从事非农职业不仅可以降低子女在初次就业时从事农业的概率，而且有助于子女在职业生涯的发展过程中实现职业的向上流动，但农业家庭子女实现职业向上流动的通道并不通畅。虽然有一些农业家庭的子女相比他们的父辈在初次就业时实现了代际职业的向上流动，但大多拥挤在工人和服务业人员等较低的职业阶层中，上升到较高职业阶层的可能性很低，存在明显的“天花板效应”。

教育在代际的职业流动中扮演着十分重要的角色，子女接受教育可以显著地降低其职业向下流动的概率，增加其职业向上流动的机会，并且随着受教育程度的提高，子女职业向下流动的概率越低，向上流动的概率越高。对于具有较高职业阶层的家庭来说，其子女接受更高水平的教育是继承其家庭职业优势的主要途径，但对于农业家庭子女而言，接受更高水平的教育是实现职业向上流动的主要途径。随着职业生涯的发展，教育对城镇家庭子女的职业流动有持续的影响，而在农业家庭子女的职业流动中所起的作用有所减弱（钟云华等，2015）。

7.2.2 农业代际传承

代际职业的传承与流动不仅是社会中常见的经济现象，其背后也蕴含着深刻的理论意义和丰富的政策含义，长期以来都是经济学和社会学中的研究热点。职业代际传承是指子代对其父辈在职业上的继承，各国学者早已证实了父辈职业与子代职业之间存在着显著的继承关系，父辈从事的社会职业类型或职业阶层直接影响着子代的社会职业获得。父辈的职业阶层较高，子代的职业阶层也会较高；父辈的职业阶层较低，子代因难以实现职业向上流动往往会处于较低的职业阶层。各职业阶层日益形成的职业代际流动壁垒必然制约着代际的收入流动，进而加剧社会阶层的固化（李天舒等，2017），处于职业声望两端的职业类型尤为突出。导致职业代际传承的原因是父辈的职业阶层优势或劣势在子代职业选择和获取上发挥了作用，如果父辈的职业阶层较低，子代则难以实现职业向上流动，从而依然处于较低的职业阶层。阶层较高的职业往往拥有丰厚收入，通常具有较高的求职门槛，家庭背景和社会关系网络在其中扮演着重要的角色，因而缺乏代际流动性。教育在职业代际传承与流动中起着关键性的作用，父辈受教育程度的高低会直接影响子代接受教育的优劣，而子代接受教育的优劣又会直接影响其从事的社会职业类型和职业阶层。教育代际传承导致职业代际传承，教育代际流动影响职业代际流动。

长期以来，我国城镇职业间的流动性不强，职业代际传递现象广泛存在于各行各业。父辈职业会显著提升子代进入相同职业的概率，但不同职业的代际传递水平又存在着明显的差异。专业技术人员职业阶层具有较高的代际传承性，专业技术人员多从事专业技术性较强的工作，父母倾向于选择自身具备的专业化人力资本对子女进行投资，这在客观上造成了子承父业现象。通常情况下，各行各业均有一定的专业技术性，容易产生优势职业被优势群体长期占据而弱势群体难以摆脱弱势职业的现象，从而产生社会不平等。公共部门由于具有竞争压力小、收入稳定、生活状态稳定等优势而受到很多人的偏爱（纪斑等，2020），公共部门的代际传承往往来自父辈职业的资源优势。

在现代社会，女性受教育水平获得了普遍提升，女性在劳动力市场中的广泛参与使得职业代际流动在性别上也表现出了明显的差异性。相比之下，男性的继承性更高，女性的流动性更强（纪斑等，2020）且表现出向上流动的态势，男性则表现为向下流动的态势；男性比女性依附于代际传递的可能性会更高，女性更多是依附于教育等自致性因素；父亲是农业劳动者，女儿从事农业劳动的比例在减少，转为从事商业服务业的比例在增多，职业地位发生明显的向上流动。上述研究从不同侧面证实了职业代际流动对女性更为有利的一面（陈煜婷，2016）。中国有着以男性为主传宗接代的传统，女性在对父亲的职业代际承袭方面不可避免地受到来自家庭内部的阻碍。在专业技术人员和单位负责人这两类需要更高专业知识和能力的职业体系中，男性可以更多地继承父辈的优势资源进入工作单位，而女性则需要更多地通过自身的努力获取职业，相应地也会对收入产生差异性的影响。农业生产家庭成员在职业代际流动过程中表现出了明显的性别传承一致性，这是因为在较为封闭的农业社会体系中，实现职业流动本身就是一件非常困难的事情，农民身份的代际传递也就比较普遍（杨沫等，2019；周兴等，2014）。处于弱势地位的社会群体在更进一步向下发生流动的过程中，男性与女性一样处于不利地位，在发生代际向下流动时不存在性别差异（陈煜，2016）。

农业家庭中具有较强的子承父业现象，有其选择优势的原因，也有劣势条件的阻碍。其选择优势在于：由于农业知识和技能的高度专业化，农民子女在日常生活的濡化过程中很容易继承父母的农业知识和技能，使得他们在农业部门工作比在其他部门工作具有更高的生产效率和竞争力。由于劣势条件的阻碍，农业家庭子代被迫传承农业的因素有：一是由于目前乡村地区较封闭的劳动力市场使得乡村地区职业种类单一，就业机会少，就业环境差，显著影响了农业家庭子女的非农就业技能和非农岗位机会的获得（孙旭等，2018）；二是乡村地区物质资源相对匮乏，教育设施和师资配备也相对欠缺，乡村人口的平均受教育水平相比城市人口有较大的差距，农业家庭有限的人力资本投资进一步影响了农业家庭子女的职业代际流动（卢现祥等，2018）；三是中国城乡分割的户籍制度、生长环境等因素使得乡村人口相比城市人口在职业的选择、转换和流动中都处于劣势，相应地使得农业家庭有很高的代际职业被迫继承性（周兴等，2014）。

7.2.3 研究动态评价

代际地位流动是用来评判一个社会机会开放程度、社会活力的重要指标，较高的代际继承性（阶层固化）意味着更多的社会不平等，它表现为一个人社会地位的获得越来越依赖于家庭出身而不是个人努力。在稳定的社会里，社会流动模式将以代际继承为主，反之，社会流动率越高，向上流动的机会越多，越有助于社会的平等、发展和公正。社会稳定状态的形成，无疑会放大代际的资源累积优势或劣势，从而形成阶层固化现象（张桂金等，2018）。随着中国的转型发展以及社会结构的变迁，反映机会公平的代际社会流动成为人们广泛关注的话题，目前学术界的基本共识是：中国经过一个阶段的快速发展，目前经济正进入一个稳定的发展时期，中国居民职业代际流动整体上呈现较封闭状态，父辈对子代的职业选择有较强的影响，子承父业现象明显，近年来中国职业代际传递趋势显著加强。

依据职业代际流动规律，子代往往追求向上流动，向下流动往往是竞争失败而被迫向下流动，职业传承往往因职业优势的代际选择性保持或被迫性保持。农业作为底层职业序列，劳动力职业向上流动是常态，职业传承往往是被迫性的选择。随着我国经济的快速发展和市场化改革不断深入，农业青年劳动力有了更多向上流动的机会，可以更容易地通过调整自己的选择来改变未来的生活，青年农民非农就业的趋势以前所未有的态势急剧增加（杨沫等，2019）。教育水平和家庭收入正成为青年农业劳动力职业流动的重要影响因素。家庭收入越高，越能遏制其家庭劳动力向下流动或较小跨度地向上流动，同时促进代际职业更大跨度地向上流动。教育投资是实现个体向上流动的重要变量，高中及以下学历对于农业转移人口家庭职业代际向上流动概率影响较小，而大学及以上学历对于城镇居民家庭职业代际向上流动概率影响较大。

粮食生产是人类社会存在和发展的前提，稳定的农业生产队伍是粮食稳定供给的基础，因此，促进农业劳动力子承父业对于保障国家粮食安全更具有整体宏观意义。在农业劳动力流失常态下，如何稳定农业生产，进而保障国家粮食安全是个大问题。农业职业传承涉及我国农业的可持续发展，需要给予特殊的关注。乡村地区基于血缘、亲缘的宗族网络对于农业劳动力的职业流动影响可能是双向的：一方面，乡村区域蕴含着血缘、亲缘、地缘等网络关系的非正式规范通常能够给个体农业劳动力提供必要的职业流动信息、降低交易成本（邵宜航等，2016），具有较广宗族网络覆盖度的农业劳动力更容易通过这一类非正式规范网络资源实现职业阶层的流动和提升；另一方面，我国乡村地区长期积淀下的具有优势家族网络的农业个体劳动力更容易在乡村生活区中确立相对优势地位而不愿意改变现有职业。从这个意义上说，乡村农业生产领域仍然会有劳动力继承父辈职业，愿意从事农业生产。

职业的代际传承与流动既需要依靠自身人力资本的积累，也会受社会制度的约束和引导。深入研究农业劳动力职业代际传递的特征和影响因素，能够为政府制定相关政策、调整相关制度安排提供有价值的理论参考，有利于促进我国粮食供给安全和社会生活稳定、实现整体经济高质量发展。

7.3 农业代际传承与农业劳动力职业农民化的逻辑框架

从前述相关研究动态中可以发现，相关学者往往从职业流动公平性视角开展研究，依据收入、社会地位等指标将农民职业列于职业层级序列中的最底层，相应地，每一个农民家庭都希望自己的子女改变职业、向上流动，其中教育投资通常是农民家庭子女实现职业向上流动的有效途径。现实中的农民家庭子代就业也相应地会表现出三种结果：一是没有接受较好教育的子代劳动力被迫传承父辈职业，继续从事农业生产；二是流动到相邻职业从事一般非农体力劳动；三是已经接受了高等教育的农民家庭子女在一定程度上实现了其父辈的家庭目标，人力资本较高的他们不甘心滞留于社会下层，期待通过职业流动选择更好的职位、职业或行业，以实现更好的“人职匹配”并获得更高的经济社会收益。

在职业流动理论框架下，每个劳动力都有向上流动的动力和欲望，在农业生产领域的劳动力如果按此规律成功流动的话，农业生产的最终景象只能是无人种地，老人种地或简单劳动力从事传统农业的情况将会在未来消失，人类社会的发展将会因粮食生产劳动力的消失而崩溃。那么不禁要问，在社会不断发展、人民生活水平不断提高的情况下，农业生产如何才能保障社会的粮食需求？现代农业生产需要的高素质青年劳动力会不会入职农业？实际上，依据不同的研究目标、不同的考查标准，往往会有不同的研究结论，但是不同的研究结论并不矛盾。本书的目标指向是发展现代农业、保障国家粮食安全，笔者认为，基于行业（农业）基础的农业生产行为探讨更有意义，基于职业岗位下的层级探讨并不是本书的主题，但与本书的内容并不冲突，仅是同一事物不同视角的展现而已。在此以粮食社会供给安全为关注点，更加在意未来是否会有劳动力从事农业生产，即在粮食安全目标指向下的职业农民队伍探讨。为了更清楚地说明农业生产劳动力职业向上流动，以保障国家粮食安全的逻辑，可以依据图 7-1 来进行说明，这其中既包括了劳动力职业流动基础的分化，也包括了劳动力职业传承与升级。

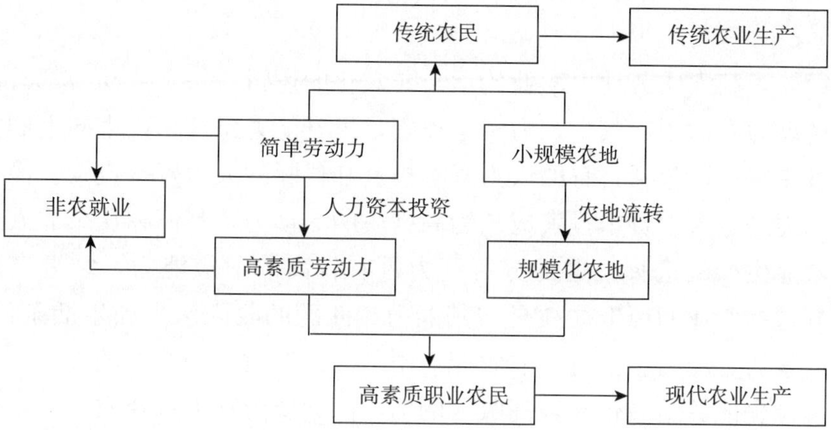

图 7-1　农业劳动力职业流动与粮食安全保障相关性

第一，简单农业劳动力的职业分化与传承逻辑。简单劳动力在小规模且细碎化的耕地上从事传统农业生产是我国农业生产的典型特征。在我国土地家庭承包经营制度下，每家每户劳动力都在自己承包的土地上进行农业生产。基于公平原则的农地承包结果是每家每户的农地承包总面积小且细碎化。细碎而小面积的农地难以开展机械化生产，现代农业生产技术难以在广大小农户中推广应用，以至于我国农业总体生产效率提升困难，加上较小的土地承包总面积，即使能有更高的单位生产效率，也难以有效提升农地承包家庭的农业总收入，有限的农业收入难以供应家庭各项开支，以至于农业生产对劳动力的拉力不足。另外，非农产业较之农业生产具有较高的比较收益，在较高比较收益的吸引下，部分青年劳动力离农成为必然，产生农民职业分化或农民职业代际流动。部分农民因为自身年龄较大、家庭老弱成员需要照顾、家庭无法承担较高的离农成本等原因，不得不选择留守农业，继续在小规模的承包地上从事农业生产，这种情况也包括被迫的代际传承。

由于自身技能素质低和小规模农地收入积累效率低等原因，简单劳动力只能在小规模的农地上从事传统方式的农业生产，生产效率低，以此为主体的农业生产方式难以满足社会粮食安全的需要。帮助部分简单农业劳动力离农和非农就业是发展现代农业、实现农地规模高效利用、进而保障粮食安全的前提，定位提升简单农业劳动力的人力资本水平，精准帮助简单农业劳动力顺畅地分化和流动是需要深入研究的基本任务。

第二，高素质劳动力职业传承与非农化的逻辑。每个劳动力都有向上流动的动力和欲望，其中人力资本投资是提升能力条件、产生向上职业流动的基本途径，包括自身的人力资本投资和代际的人力资本投资。简单农业劳动力经过人力资本投资成长为高素质的劳动力，其面临从事非农业生产和农业生产的选择。这部分劳动力具有较高的适应能力，掌握高新技术，其选择职业的标准往往是与其能力相匹配的收入水平和生活条件等。部分高素质劳动力会投身于非农职业中与其预期收入相一致的岗位，如果农业岗位也能够给其带来较高收入的话，高素质劳动力选择农业生产作为其职业也是可能的。

由于部分简单劳动力离农，使细碎化的农地通过流转集中而形成规模化的地块成为可能。一个掌握农业科学技术的高素质劳动力有能力在规模化的地块上从事农业生产，有效提升和保持其个人农业收入是可能的；在规模化的地块上应用高新农业技术进行生产，进而提高农业生产效率是可能的；高素质的农业劳动力基于收入提升选择规模高效的农业生产作为其长期职业是可能的，这类高素质农业劳动力即为本书定义的职业农民。通常依据农地利用规模将农业生产和管理者划分为农民、家庭农场主和高级农业经理人。按照职业流动理论中的职业阶层分类，农民、家庭农场主和高级农业经理人的职业层级依次提升，但其职业内容都是进行农业生产、为社会提供粮食产品，显然，农业劳动力在农业生产行业内部追求职业阶层升级也是能够实现的，与职业流动理论的论述并不矛盾，且更高层级的农业生产行为会有更高的农业生产效率。经过自身投资或代际投资而得到人力资本有效提升的高素质劳动力结合规模化农地从事现代农业生产以保障粮食安全是有其逻辑基础的。

农业大户是经过自身投资提升的高素质农业劳动力的典型代表，而乡村生源大学毕业生则是经过代际人力资本提升形成的高素质劳动力的典型代表。在有限农地资源情况下，部分高素质劳动力选择非农职业而少部分高素质劳动力从事农业生产是符合现代农业生产发展要求和规律的。但是应该帮助哪些劳动力非农化，帮助哪些高素质劳动力尽快入职农业生产，这些问题均值得深入研究。

7.4　大学毕业生农业职业传承影响因素研究

7.4.1　研究框架与研究方法

大学生是市场准劳动力，是各行各业竞争的理想劳动力候选人，其基本优势在于年龄优势、技术优势和市场意识优势。青年劳动力是行业的未来，劳动力年龄结构合理，岗位任务的完成将是可持续的；大学毕业生往往经过人力资本投资，掌握了较丰富的科学技术，是高素质人才，有利于岗位任务的高效完成；大学毕业生市场意识强，通过信息技术与市场对接的能力强，有利于拓展强化岗位任务与市场产业链条间的联系，更好地促进所在组织的生存与发展。

经过父辈投资的大学毕业生的人力资本水平有了明显提升，其就业的目标也是明确的，即通过职业传承或流动实现更高的经济或非经济收益。大学毕业生对于农业生产来说也是理想的劳动力候选人，其通过与规模化的农地结合可以实现现代农业生产，获得较高的家庭收入。另外，他们通过成功经营规模化的农地，成为家庭农场主或者高级的现代农业管理者，在农业行业内部较父辈实现社会地位的提升也是可能的。大学毕业生乡村就业、从事现代农业生产是时代发展的需要，也是国家粮食安全保障的需要，但是不可能所有大学毕业生都去乡村就业，那也是没有必要的。我们只需要精准筛选出懂农业、爱农业、愿意从事农业生产的大学生，了解其就业规律性，以为制定相关的引导性政策提供有价值的参考信息。在大学毕业生群体中，如果子承父业的现象是存在的，那么这不仅会使大学毕业生就业工作顺利进行，而且有利于专业知识的传递，特别是对农业的可持续发展有积极意义。

首先，对城乡大学生职业代际传承与流动情况进行汇总分析，探索大学毕业生选择农业岗位的可能性。由于数据信息获取的有限性，很难从数据信息中直接得到大学毕业生农口就业的信息，但可以对数据库进行深入挖掘，同样可以获得有价值的认识。从城乡生源大学毕业生父母学历背景入手，探索有没有大学毕业生愿意从事父辈的职业，愿意从事农业生产的大学毕业生的比例是多少，与其父母背景特征的相关性是什么。

其次，开展大学毕业生子承父业影响因素研究，探索具备什么条件的大学毕业生会继承父辈职业，并将特别关注农业领域的职业代际传承与流动情况。主要关注三个样本群体：有就业协议的毕业生、有就业协议的乡村就业毕业生、有就业协议的乡村生源毕业生，并基于三个样本群体分别对其是否从事类似其父母的职业进行回归。所关注的自变量包括家庭背景、教育背景和个人特征变量等。如果毕业生在与其父母任何一个人相类似的职业领域工作，那么就认为他子承父业了，即使他工作在一个与他的父母不同的地方，否则就不存在子承父业。影响职业代际传承与流动的因素很多，有内在因素，也有外在因素。内在因素主要包括子代的个人特征和父辈的个人特征，例如年龄、性别、受教育程度、政治面貌、家庭经济特征等；外在因素包括所在地区的经济状况、财政支出以及收入水平等。

7.4.2 模型设定与变量描述

将利用二项 logistic 模型开展相关因素对大学毕业生初次就业是否传承父母职业决策的影响估计，见公式 7-1：

$$\text{Prob}\ (y=1)\ =\frac{e^{\beta' X_i}}{1+e^{\beta' X_i}} \tag{7-1}$$

公式 7-1 中，y 为选择因变量，当大学毕业生初选职业与其父母之一的职业为同一领域时取值为 1，否则为 0；X 为自变量列向量，包括个人特征变量（性别、民族、生源类别等）、父辈个人特征变量（性别、受教育程度、家庭经济特征等），β' 为参数列向量，i 表示第 i 个观测样本。

在参数估计过程中，将公式 7-1 变形整理得到公式 7-2：

$$e^{\beta' X_i}=\frac{P_i}{1-P_i} \tag{7-2}$$

然后对公式 7-2 两边取对数，可得公式 7-3：

$$\ln\left(\frac{P_i}{1-P_i}\right)=\beta' X_i \tag{7-3}$$

令 $L_i=\ln\left(\frac{P_i}{1-P_i}\right)$，则公式（7-3）可表示为：

$$L_i=\ln\left(\frac{P_i}{1-P_i}\right)=\beta' X_i \tag{7-4}$$

公式7-4即为线性化的logit模型，方便对相关参数进行解释，后续将按公式7-4的形式对估计结果进行列表表达和参数解读。相关统计描述和参数估计均利用软件SAS 9.2完成，模型估计经多重共线性检验后，保留容忍度高于0.5的变量。

通过利用全国大学生随机调查数据开展研究（数据库构建过程见第一章），表7-1显示了研究变量的定义及相关统计数量信息，与本章研究内容不相关的变量定义与统计信息未列出。从样本统计信息看：样本性别均衡，男生稍多，与我国大学生入学性别比相似；大学毕业生年龄处于22～23岁，样本间年龄波动不大；民族结构也与我国总体人口构成类似；城镇生源与农村生源比例基本相等；家庭成员数平均3.9人，独生子女家庭约占40%，说明我国目前大学生家庭小型化特征明显；77%的家庭由父亲承担家长责任，虽然体现出了男性在家庭中的主体地位，但是也有明显的下降趋势；从父辈与子代的年龄差来看，两代相差25～26岁，说明我国晚婚晚育的计划生育政策对家庭人口的结构产生了明显的调控作用。总体上看，研究变量类型分布均衡，与我国实际相接近，该研究数据有较强的研究代表性，能够反映我国大学毕业生就业的一般情况。

表7-1　学生样本描述性统计

变量名	定　义	平均值	标准差
性别	男=1，女=0	0.56	0.50
年龄	岁	22.67	1.13
民族	汉族=1，其他=0	0.93	0.25
生源地类型	城镇=1，农村=0	0.55	0.50
学位类型	农、理工、文、其他分别赋值1、2、3、4	2.40	0.74
学历	大专、三本、二本、一本、硕士、博士分别赋值1、2、3、4、5、6	3.41	0.81
家庭年收入	万元	9.49	13.70
家庭成员数	人	3.91	0.99
主要劳动力数	个	2.04	0.72

（续）

变量名	定　义	平均值	标准差
是否独生子女	是=1，否=0	0.41	0.50
父亲年龄	岁	48.94	3.92
母亲年龄	岁	47.54	3.71
家庭所在地类型	城镇=1，农村=0	0.54	0.50
父亲学历	小学及以下、初中、高中、大专、本科、硕士以上分别赋值1、2、3、4、5、6	2.95	1.35
母亲学历	小学及以下、初中、高中、大专、本科、硕士以上分别赋值1、2、3、4、5、6	2.60	1.33
父亲工作行业类型	农业相关、理工类相关、文科类相关、其他分别赋值1、2、3、4，	2.58	1.28
父亲工作岗位类型	行政事业、企业管理、专业技术、一般生产、无分别赋值1、2、3、4、5	3.42	1.32
母亲工作行业类型	农业相关、理工类相关、文科类相关、其他分别赋值1、2、3、4	2.74	1.30
母亲工作岗位类型	行政事业、企业管理、专业技术、一般生产、无分别赋值1、2、3、4、5	3.72	1.37
家长性别	父亲=1，母亲=0	0.77	0.42
直系亲属最高学历	初中以下、高中、本科、硕士、博士分别赋值为1、2、3、4、5	2.73	1.03
就业情况	无就业、继续深造、出国、找到工作分别赋值1、2、3、4	2.42	1.31
专业是否对口	是=1，否=0	0.69	0.46
初次就业收入	元	3 509	1 432.66
工作类型	农学相关、理工相关、文科相关、其他分别赋值1、2、3、4	2.67	0.89
工作地点类型	城镇=1，农村=0	0.69	0.46
就业单位类型	政府机关和事业单位、国企、民企及其他分别赋值1、2、3	2.40	0.72

（续）

变量名	定　义	平均值	标准差
学习情况	班级前10、班级中等10～20、其他分别赋值1、2、3	1.83	0.74
学生干部经历	未担任、一年、两年、三年以上分别赋值1、2、3、4	1.97	1.11
大学生活满意度	不满意、比较不满意、一般、比较满意、十分满意分别赋值1、2、3、4、5	3.39	0.96

7.4.3　父辈学历视角的城乡大学生职业代际传承与流动差异分析

从总体上了解大学毕业生职业传承与流动情况，一方面能有效了解整个社会变迁所带来的职业阶层结构性变动方向；另一方面能更加清楚地了解我国内部不同群体之间职业代际流动性的差异，为城乡劳动力就业方向调控提供有价值的参考信息。

基于我国目前乡村地区以农业生产经营行为为主体的现实，非农业生产家庭比例低，对于乡村生源大学毕业生来说，传承父辈的职业则意味着其从事农业生产的可能性较大，产生了职业流动则意味着其选择了非农职业。而对于城镇生源大学毕业生来说，则很难判定其是否选择了农口职业，因为城镇部门中也有许多农业管理岗位，职业流动也有可能流入了农业生产部门。依据职业流动理论，大学毕业生的职业传承与流动，要么基于职业优势选择与其父辈一致的职业岗位，要么会追求职业阶层提升而向更高的职业阶层流动。在农业生产部门，农民、家庭农场主和高级农业管理者无论在收入方面还是在社会地位方面均有顺序提升的特点，城镇生源大学生选择农口就业也能够实现收入和社会地位的向上流动。

通过将已经签订了就业协议的大学毕业生的职业与其父母的职业进行比较，在同一领域的，则认为其传承了其父母的职业；如不在同一领域，则认为产生了职业流动。分别依据其父母的学历状况进行分类汇总，汇总情况见表7-2。从汇总情况看，乡村生源学生父亲的学历水平主要集中在初中，占乡村生源学生父亲样本量的46.9%；乡村生源学生母亲的学历水平主要集中在初中以下，占乡村生源学生母亲样本量的80.7%，说明学历上“男高女低”的婚配习俗在乡村地区较为突出。城镇生源大学生父亲的学历水平主要集中在初中到本科的区段内，占城镇生源学生父亲样本量的 91.2%，分布较均匀，而该类学生母亲的学历水平也主要集中在初中到本科的区段内，与城镇生源学生父亲样本分布区段相一致，占城镇生源学生母亲样本量的 87.9%，虽然稍低于父亲样本量的比例，但总体是对应均衡的。从父母学历背景来看，城镇生源大学生的家庭背景明显优于乡村生源背景大学生。乡村父母较高学历（硕士和博士）缺失的现实说明乡村劳动力学历水平相对较低，类型也较为单一。

表 7-2　城乡大学生职业代际传承与流动情况统计汇总

父母的受教育程度		乡村生源										城市生源									
		职业传承				职业流动				合计		职业传承				职业流动				合计	
		男	%	女	%	男	%	女	%	数量	%	男	%	女	%	男	%	女	%	数量	%
父亲学历	小学以下	4	3	5	3	80	55	56	39	145	100	1	2	0	0	19	45	22	53	42	100
	初中	13	4	12	4	183	57	113	35	321	100	10	7	4	3	72	47	67	43	153	100
	高中	10	6	3	2	91	56	58	36	162	100	15	7	17	8	87	41	93	44	212	100
	大专	0	0	2	5	19	46	20	49	41	100	14	8	11	7	77	47	62	38	164	100
	本科	2	13	0	0	9	60	4	27	15	100	14	7	12	6	94	46	85	41	205	100
	硕士											2	9	1	5	9	41	10	45	22	100
	博士											0	0	1	14	5	72	1	14	7	100
合计		29	4	22	3	382	56	251	37	684	100	56	7	46	6	363	45	340	42	805	100
母亲学历	小学以下	8	3	9	3	147	57	94	36	258	100	7	8	3	4	44	50	33	38	87	100
	初中	13	4	11	4	170	58	100	34	294	100	13	7	7	4	87	49	70	40	177	100
	高中	6	6	2	2	54	49	47	43	109	100	14	6	15	7	90	40	107	47	226	100
	大专	1	6	0	0	10	55	7	39	18	100	15	10	13	9	66	45	53	36	147	100
	本科	0	0	0	0	2	40	3	60	5	100	8	5	8	5	69	43	75	47	160	100
	硕士											0	0	0	0	7	78	2	22	9	100
	博士											0	0	0	0	1	50	1	50	2	100
合计		28	4	22	3	383	56	251	37	684	100	57	7	46	6	364	45	341	42	808	100

从职业传承样本信息看，虽然城乡样本职业传承情况男性要高于女性，但是性别差异不大。在乡村家庭中，男性毕业生随着父母学历的提升其职业传承的比例也提升，但是女性毕业生的职业传承决策则与母亲的低学历相关性较强；城镇生源毕业生的职业传承决策则与其父母的学历变化差异不明显。在城乡比较方面，城市生源大学生传承父辈职业的可能性更高，这与城镇父辈职业相对优势有关。无论乡村生源还是城镇生源的大学毕业生，产生职业代际流动的比例均较高，93％的乡村生源大学毕业生和87％的城镇生源大学毕业生选择了与其父辈不同的职业，其原因可能一方面与我国经济快速发展、市场活跃、科技发展迅速、新的就业岗位快速拓展有关，另一方面与我国公平开放的社会环境和大学毕业生自身的人力资本积累有关。我国劳动力市场分割程度随着经济的发展而减弱，拥有较高受教育水平的大学毕业生更容易产生跨越父辈行业的代际效应，实现向上流动（孙旭等，2018）。

总体上看，乡村生源大学毕业生中，仅有7.5％左右的毕业生会选择继承父辈职业，虽然这一比例较低，但是现代农业生产的特点是以较少的高素质职业农民替代较多的简单农业劳动力，长期稳定地专注于利用高科技手段进行机械化、规模化的高效农业生产，因此较少的乡村生源大学毕业生继承父业是符合时代和现代农业生产要求的。对比前述规模农地利用户与小规模农地承包户的土地规模比例，从代际农业劳动力数量缩减视角看，发现实际传承农业生产的大学毕业生比例应该低于7.5％，调查样本中实际从事农业生产的大学生比例也会低于7.5％，因为这其中相当部分的乡村生源大学毕业生返乡后从事的是非农岗位。另外，有必要，也有可能通过合理的政策设计，引导部分城镇生源大学毕业生在农业领域实现职业的向上流动。无论是乡村生源大学毕业生的继承父业，还是城镇生源大学毕业生的入职农业，均有利于我国现代农业的可持续发展，进而保障粮食安全。

7.4.4　大学毕业生子承父业决策影响因素分析

子承父业的意思是孩子成年后往往会选择父辈的职业作为自己的职业，这中间包含了中国传统文化的要求，也在深层次蕴涵着经济规律，既体现了家业延续及父辈的要求，也是在一定环境下专业技能传承的重要途径，还是劳动力自身背景和知识技能下的最优选择。关于子承父业的文化传统，首先必须要有“业”可以继承。古代由于事业的有限性，通常实行的是嫡长子继承制。目前我们突破了事业和产业的界限，也突破了性别继承和事业继承的界限，更多的是从劳动力职业类型的选择来说子承父业。由于家庭环境的影响，子代对父辈职业技能的感悟机会多，对从事父辈职业有技能和心理方面的优势。子女的职业发展道路无外乎三种：一是完全继承家里的事业或者从事与父辈相同的职业；二是从事相关行业或者相同领域内的其他工作；三是从事与父辈完全不相关的职业。

如果子承父业规律在大学毕业生初次就业选择中存在的话，那么这对社会各部门都有一定的益处，因为它会使就业过程和专业知识的积累更加顺畅。如果在农业家庭的毕业生中也存在的话，那么拥有学位的农民子女应该更有可能成为农民，这将有利于我国农业的可持续发展。利用 logistic 模型，即公式 7-4 来估计相关因素对大学毕业生是否传承父辈职业的影响概率，因变量表示该样本会不会传承父辈职业，如果会传承则取值为 1，否则取值为 0。估计结果如表 7-3 所示。

表 7-3　毕业生背景因素对子承父业决策的影响

项目		模型 1（有就业协议样本）		模型 2（乡村就业，有就业协议样本）		模型 3（乡村生源，有就业协议样本）	
		估计系数	可能性比	估计系数	可能性比	估计系数	可能性比
家庭背景变量	家庭人数	0.18	1.20	0.082	1.09	0.28	1.32
	家庭劳力数	-0.46^{***}	0.63	−0.39	0.67	-0.57^{**}	0.56
	家乡住址	0.75^{***}	2.12	1.74^{***}	5.71		
	父亲教育年限	0.12^{***}	1.13	0.12^{**}	1.13	0.10^{*}	1.11
	家庭总收入	0.0056	1.01	−0.010	0.99	−0.0057	0.99
	家长性别	0.097	1.10	0.11	1.12	0.011	1.01

（续）

项目		模型1（有就业协议样本）		模型2（乡村就业有就业协议样本）		模型3（乡村生源有就业协议样本）	
		估计系数	可能性比	估计系数	可能性比	估计系数	可能性比
教育背景变量	农学学位	0.54	1.71	0.32	1.38	2.33***	10.27
	社会学学位	−0.23	0.80	0.16	1.17	−0.33	0.72
	工学学位	2.00***	7.42	3.47***	31.98	2.33***	10.26
	职技学院	0.14	1.15	−0.11	0.90	0.087	1.09
个人特征与学习表现变量	性别	−0.17	0.85	0.43	1.53	−0.63	0.53
	健康状况	0.73	2.08	−0.62	0.54	−1.55**	0.21
	成绩优秀	−0.28	0.76	0.12	1.13	−0.28	0.75
	成绩较差	0.013	1.01	0.56	1.75	0.61	1.84
	消费水平	0.026	1.03	−0.15	0.86	0.48	1.62
	学生干部	0.056	1.06	−0.35	0.71	0.066	1.07
常数项		−3.28***		−1.99		−1.53	
Likelihood Ratio (Pr>ChiSq)		<0.000 1		<0.000 1		<0.000 1	
Max-rescaled R^2		0.21		0.41		0.29	
样本量		548		193		291	

注：*、**、***分别表示在10%、5%、1%水平上显著。

在模型1中，仅利用已签订就业协议的样本来估计；在模型2中，关注谁将在乡村地区工作，大学毕业生是否是其父母的接班人，因此使用已签订就业协议并将在乡村地区工作的样本；在模型3中，利用有就业协议的乡村生源样本开展估计。

根据家庭背景变量的参数估计结果，可以发现：①家庭背景对学生就业选择决策有重要影响。具有城市背景或父母学历较高的毕业生更有可能在与其父母相似的领域工作。这种选择的原因可能在于毕业生利用其父母的职业优势在相同的职业领域就业会更有竞争力。②大家庭或来自劳动力较多的家庭的毕业生更有可能选择与其父母不同的工作。一般来说，我国乡村家庭的规模大于城市家庭的规模，这意味着来自乡村家庭的毕业生更有可能选择与父母不同的工作，可能的原因在于乡村生源大学毕业生接受高等教育后更倾向于离开农业和农村，或是在乡村较少的就业机会限制下通过高等教育离开乡村是更好的选择。从另一个角度看，由于乡村家庭子女接受高等教育的机会较少，所以最有可能子承父业的子女留在了父母身边，他们没有考上大学，从事简单的劳动，其他子女才有机会接受高等教育。拥有较高人力资本的子代被挤压出父辈的职业领域，同时较高的人力资本积累也有利于他们的职业向上流动。

就模型 3 的估计结果看，三个教育背景变量中，“农学学位”变量达到了 1%水平的统计差异显著性，这个变量参数是 2.33。这是一个令人兴奋的结果，因为它表明，拥有农学学位的乡村生源毕业生更有可能继承其父母的职业，这可能解释了他们在进入大学之前选择了自己的专业，其目标就是将来在农业部门工作。在模型 1 和模型 2 中，“农学学位”变量无统计学意义，可以认为拥有农学学位的城市家庭的毕业生更有可能离开农业部门工作，这也可以说明他们选择农学类相关专业学习的原因在于农业大学或农学专业较低的入学分数。在这三种模型中，虚拟变量“工学学位”的估计结果在 1%的水平上具有统计差异显著性，说明工科技术专业的毕业生更有可能子承父业，这与该专业对应的职业岗位收益优势有关。

在个人特征和学习表现变量中，各变量均无显著性差异。在中国传统家庭，父母通常更喜欢男孩而不是女孩来接管家庭事务，尤其是在传统的乡村家庭，因此我们期望性别变量具有较强的统计显著性，但这三个模型中均没有体现出性别差异。其可能的原因在于：①对于城市家庭来说，由于我国在相当长历史时期内实行独生子女政策，一对夫妇只能生一个孩子，从而结束了对男孩的更多的偏爱；②在农村家庭中，男性大学毕业生更喜欢到城市地区就业，而本研究样本中排除了农村家庭中未上大学的男孩样本，没有体现出乡村父母对不上大学的男孩的偏好，因此也不能体现出返乡女大学毕业生子承父业的偏好，这同样导致了乡村生源毕业生在子承父业决策中没有性别差异。

总体而言，关于大学毕业生是否会在父母职业领域工作的决定因素中，家庭状况是一个重要的影响方面，尽管具有城市背景和工科技术学位的毕业生在就业过程中追求高质量的工作（收入高、生活环境好）具有优势，但是来自乡村家庭的毕业生子承父业的就业选择更有可能有利于我国农业的可持续发展和粮食安全。

7.4.5　大学毕业生乡村职业传承与分布

无论大学毕业生将来在哪里工作，如果毕业生从事与其父母（之一）类似的工作，就认为该毕业生子承父业；如果毕业生从事的工作与其父母不同，就将该毕业生定义为一个新的入职者。提取有就业协议、将在乡村地区工作的大学毕业生样本，然后汇总他们的职业分布。结果见表7-4，从中可以解读出以下内容。

表7-4　乡村就业大学生岗位分布汇总

岗位情况	行政单位		国企		私企		总计	
	样本数	%	样本数	%	样本数	%	样本数	%
乡村来源传承人	7	28	5	20	13	52	25	100
乡村来源新入职者	14	15.7	26	29.2	49	55.1	89	100
城镇来源传承人	5	11.4	16	36.4	23	52.2	44	100
城镇来源新入职者	4	11.4	7	20	24	68.6	35	100
合计	30	15.5	54	28	109	56.5	193	100

第一，与具有城市来源背景的毕业生相比，具有乡村来源背景的毕业生在乡村地区就业具有明显的优势。样本中有193名毕业生在乡村地区找到了工作，其中69人子承父业。新进入乡村地区的人数（124人）几乎是子承父业者的两倍，说明农民子弟离农倾向明显，可能的原因在于农业扩大经营规模需要承担的较大的资金投入阻碍了农民子弟继承父业或者是离农倾向的乡村文化环境。

第二，具有乡村来源背景的大学毕业生更愿意从事与其父母不同的工作。具有乡村来源背景的毕业生中有89人是新入职者，只有13人选择在私营机构承继父业，大多数乡村生源毕业生倾向的职业是行政单位。可能的原因在于：具有农业背景的父母有可能一直拥有规模较小的农场或地位较低的职位，而具有乡村背景的毕业生则希望通过选择有权势的或稳定的职位，特别是行政职位来改变这种情况。相比之下，具有城市来源背景的毕业生在乡村私企传承父业的比例较高，可能的原因在于其父母总是拥有规模庞大的企业或强势的职位，而具有城市背景的毕业生则对自己有能力在私人机构开创新的职业生涯或追随父母的脚步充满信心。

乡村区域的私营企业或组织更有可能与农业生产和粮食安全有密切联系，如食品作坊、农业公司和农业服务组织等。在私营机构或农场工作的109名毕业生中，只有13名是乡村生源，在乡村工作的毕业生中仅占6.7%。虽然有73名新入职者，但对刚刚毕业的大学生来说，很难创办一个私营机构，毕业生总是在私营机构当工薪工人，他们的目的并不是接管该机构，这对知识的积累是不利的。

7.5 乡村居民子女职业分化特征及职业代际传承影响因素研究

7.5.1 逻辑基础

20世纪90年代以来，由于经济迅速发展和改革开放不断深化，人们有了更大的通过调整自己职业选择来改变未来生活的可能性，职业流动以前所未有的态势急剧增加，主要的影响群体是农民，因为农民职业阶层低，相比其他职业来说没有优势，也就是放弃最低的职业阶层的机会成本低，放弃农业就是向上流动实现更高收入和社会地位的基本路径。市场经济的活跃使成千上万的农民通过职业流动实现在城市工作和生活，特别是青年农民离开农业和农村前往城市就业，以至于农业劳动力出现年龄结构失衡问题。老人农业和妇女农业带来的农业生产效率低下引起了人们关于将来谁来种地的担忧，社会粮食安全面临着巨大的挑战。

当务之急是改变目前的老人农业现状，稳定农业劳动力队伍，使未来有人种地，使未来粮食安全处于可控范畴。在稳定当前农业生产队伍、安定农业劳动力农地使用信心方面，我国政府不断推出相关政策，及时地在每年的中央1号文件中向社会宣布，其中的第二轮土地承包到期后再延长30年和相关的惠农补贴等都是为稳定农业生产作出的努力。相关农业政策的施行增加了农民手里持有农地的信心，但是持有农地不等于使用农地，持有农地也不等于粮食供给。相应地，通过农地流转，让愿意进行农业规模化生产的劳动力有地可用是发展现代农业的基础。另外，当前的惠农政策对当前困境关注多，大多从静态视角解决问题，对长远的动态发展问题关注不足，特别是对高素质职业农民的代际合理更替机制的塑造仍然不理想。农民子女在农业生产上有明显的技能、情感等方面的优势，因此帮助愿意继续从事农业生产的农民子女传承农业生产，一方面可以顺畅农业生产更替过程，保持农业生产高效，另一方面有利于现代农业可持续发展。但是我国农民数量庞大，一方面要转移一定数量的农业人口，另一方面要留下少量的高素质青年职业农民继续从事现代农业生产，因此需要明确一系列的相关问题：有没有农民子代愿意继续种地？他们是谁？这些人中有没有适合发展现代农业的高素质青年职业农民？如何引导理想的青年子代继续从事农业生产？

为了回答这些问题，笔者利用陕西关中平原区农户调查数据开展相关研究。陕西关中平原区经济处于陕西省乃至全国的中等发展水平，农地平坦，有通过农地流转形成农地规模化的基础，适合发展现代农业，农民基本素质高，农业生产条件良好，在全国各农业生产区中处于中游水平，以陕西关中平原区为案例区开展相关研究有一定的代表性。

7.5.2　乡村居民父辈职业对子代职业选择的影响

在我国当前经济快速发展时期，农户职业分化明显。依据调查数据，将乡村家庭分别按父亲职业和母亲职业分为农民、外出打工、乡村商业、乡村干部及职员、其他职业五种类型，相应地，将这些家庭的子女按照农业、外出打工（非农体力劳动）、乡村商业（一般非体力劳动）、事业单位职员、高级技术人员和管理者（高级非体力劳动）分为五类，汇总成表7－5，进而分析相关特征，用以回答有没有农民子代继续从事农业生产、父母职业如何影响其职业选择等问题。

表7－5　基于父辈职业差异的农户子代职业分布特征

父母类别		农户子代职业										合计	%
		农业		非农体力		一般非体力		事业单位职员		高级非体力			
		数量	%	数量	%	数量	%	数量	%	数量	%		
父亲职业	农民	18	3.5	295	57.6	30	5.8	168	32.7	2	0.4	513	100
	打工	6	0.7	195	24.8	24	3.1	559	71	3	0.4	787	100
	商业	0	0.0	12	28.6	1	2.4	28	66.6	1	2.4	42	100
	职员	0	0.0	11	15.9	1	1.4	57	82.7	0	0.0	69	100
	其他	0	0.0	3	75	0	0.0	1	25	0	0.0	4	100
合计		24	1.7	516	36.5	56	4.0	813	57.5	6	0.3	1 415	100

（续）

父母类别		农户子代职业										合计	%
		农业		非农体力		一般非体力		事业单位职员		高级非体力			
		数量	%	数量	%	数量	%	数量	%	数量	%		
母亲职业	农民	21	2.9	372	51.0	35	4.8	300	41.1	2	0.2	730	100
	打工	3	0.6	125	23.7	16	3.1	379	72.0	3	0.6	526	100
	商业	0	0.0	9	16.0	4	7.2	42	75.0	1	1.8	56	100
	职员	0	0.0	7	11.1	1	1.6	55	87.3	0	0.0	63	100
	其他	0	0.0	3	23.1	0	0.0	10	76.9	0	0.0	13	100
合计		24	1.8	516	37.2	56	4.0	786	56.6	6	0.4	1 388	100

从表中的统计信息可以看出，农业生产家庭的子女大部分都离开了农业生产一线，但仍有人愿意从事农业生产，只是比例较低，仅有1.7%左右的乡村居民家庭的子代选择继续从事农业生产，一方面符合农业人口城市化规律，另一方面也说明农业资源集中规模化生产是可能的，并正在潜移默化中发生着。无论是从父亲职业分类的视角还是从母亲职业分类的视角看，表中统计的子代样本数量信息基本上是一致的，如果母亲从事农业生产，其家庭中相应地有更多的子女从事农业生产，也对应有较多的子女总数，一方面说明我国目前妇女承担农业生产的特点明显，另一方面也说明在乡村地区女性职业阶层低于男性职业阶层的婚配习俗的存在。从表中也可以看出，只有父辈是农民或者是打工群体的乡村居民家庭子女才会选择继续从事农业生产，实际上，打工群体通常是兼业农户，故可以得出结论：职业代际向上流动的现象是主体，职业代际向下流动的现象几乎没有发生。

父辈为农民的家庭，其子女大部分选择了非农职业，但是基本上是选择了非农体力劳动职业，相邻职业阶层向上流动的特征明显。其他职业家庭的子代也表现出了较强的向上一级相邻职业流动的特征。事业编制的职员是农民子女主要的流入职业，且表现出随着父辈职业阶层的提升其流入比例提升的特点，说明该类型是农村家庭子代理想的职业选择。随着父辈竞争优势的提升，子代竞争该职业的基础能力也在提升，这与目前农村教育和习俗环境中存在的城市化倾向和“官本位”倾向有关。各类家庭中几乎没有子女从事高级的非体力职业，如国家机关、企事业单位负责人等，仅占总样本的0.3%，这与乡村地区居民父辈职业总体劣势和教育体系劣势有关。

在乡村地区进一步将子代样本按照性别进行分类，汇总为表7-6。从表中数据可以看出，从事农业生产的子代劳动力中，女性多于男性，女性农业的特征明显。非农体力劳动职业由于对体力要求较高，表现出明显的男性数量优势，说明有更多的乡村男性子代外出打工，目前农二代依然没有改变男打工女留守的基本模式。事业单位职员类型中，男性子代具有明显的职业选择优势，这可能是在乡村子女的成长过程中乡村家庭对男性子代投入较多资源的结果。

7.5.3　乡村居民父辈学历高低对子女职业流动的影响

学历是人力资本投资的结果，在代际均有体现。从父辈视角看，父辈拥有较高的学历，一方面可以说明较高或较全面的认知水平和家庭生活安排，另一方面也可能代表相对较好的职业和较高的社会地位等。考虑到样本中父辈本科以上学历较少，将农户分别按照父亲和母亲的学历分为小学以下、初中、高中、大专、本科以上五种类型。由于农户子女担任单位负责人的样本非常少，所以将样本中“事业单位职员”和“高级非体力劳动”两类合并为“高级非体力劳动”职业，从而将农户子女按照农业、非农体力劳动、一般非体力劳动和高级非体力劳动分为四类，汇总成表7-7。相关统计特征用以回答父辈人力资本投资对农户子女职业传承与流动的影响。

从表7-7中的统计信息可以看出，乡村家庭父母学历总体较低，以初中学历为主，该类家庭的子女人数占据总样本量的一半以上。父亲的学历相对较高，以初中学历为主体，其次为高中；母亲学历也是以初中为主，但其次是小学及以下学历。一方面说明乡村家庭中父亲的学历相对较高，另一方面说明乡村地区受到较高学历教育的女性更容易城市化，以至于留在乡村地区的女性学历较低。

父母学历水平较低的家庭（初中及小学以下）中有子代从事农业生产，其他学历家庭的子女基本没有从事农业生产的，说明随着父辈受教育水平的提高，子代离农倾向明显，可能的原因在于较高学历的家庭有较好的社会资源和较高的社会适应能力，能够为其子女职业流动提供更有力的支持。从另一个视角看，粮食安全是社会稳定的头等大事，保持社会劳动力职业结构的完整具有重要的宏观意义，因此，低学历家庭仍然承担着向

表 7-6　乡村居民父辈职业对不同性别子代职业发展的影响

父母类别		子代职业发展																				
		农业				非农业体力劳动				一般非体力劳动				事业单位职员				高级非体力劳动				合计	%
		男	%	女	%	男	%	女	%	男	%	女	%	男	%	女	%	男	%	女	%		
父亲职业	农民	7	1.4	11	2.1	185	36.2	110	21.4	13	2.5	17	3.3	97	18.9	71	13.8	1	0.2	1	0.2	513	100
	打工	1	0.1	5	0.6	128	16.3	67	8.5	17	2.2	7	0.9	359	45.6	200	25.4	3	0.4	0	0	787	100
	商业	0	0.0	0	0.0	6	14.3	6	14.3	0	0.0	1	2.4	20	47.6	8	19.0	0	0.0	1	2.4	42	100
	体制内	0	0.0	0	0.0	7	10.1	4	5.8	1	1.4	0	0.0	37	53.7	20	29.0	0	0.0	0	0.0	69	100
	其他	0	0.0	0	0.0	1	25.0	2	50.0	0	0.0	0	0.0	0	0.0	1	25.0	0	0.0	0	0.0	4	100
合计		8	0.6	16	1.1	327	23.1	189	13.4	31	2.2	25	1.8	513	36.3	300	21.2	4	0.2	2	0.1	1 415	100
母亲职业	农业	7	1.0	14	1.9	229	31.4	143	19.6	17	2.3	18	2.5	178	24.4	122	16.7	1	0.1	1	0.1	730	100
	打工	1	0.2	2	0.4	87	16.5	38	7.2	12	2.3	4	0.8	244	46.3	135	25.7	3	0.6	0	0.0	526	100
	商业	0	0.0	0	0.0	5	8.9	4	7.1	2	3.6	2	3.6	31	55.4	11	19.6	0	0.0	1	1.8	56	100
	体制内	0	0.0	0	0.0	4	6.3	3	4.8	0	0.0	1	1.6	40	63.5	15	23.8	0	0.0	0	0.0	63	100
	其他	0	0.0	0	0.0	2	15.4	1	7.7	0	0.0	0	0.0	6	46.2	4	30.7	0	0.0	0	0.0	13	100
合计		8	0.6	16	1.2	327	23.6	189	13.6	31	2.2	25	1.8	499	35.9	287	20.7	4	0.3	2	0.1	1 388	100

表 7-7　乡村居民父辈学历水平对职业代际流动的影响特征

父母类别		子代性别：男										子代性别：女									
		农业		非农体力劳动		一般非体力劳动		高级非体力劳动		合计	%	农业		非农体力劳动		一般非体力劳动		高级非体劳动		合计	%
		数量	%	数量	%	数量	%	数量	%			数量	%	数量	%	数量	%	数量	%		
父亲学历	小学以下	1	0.8	69	54.3	9	7.1	48	37.8	127	100	7	7.3	41	42.7	8	8.3	40	41.7	96	100
	初中	5	1.0	183	38.2	14	2.9	278	57.9	480	100	9	3.1	113	38.6	15	5.1	156	53.2	293	100
	高中	2	1.0	70	34.5	7	3.4	124	61.1	203	100	0	0.0	35	36.1	2	2.1	60	61.8	97	100
	大专	0	0.0	5	7.7	1	1.5	59	90.8	65	100	0	0.0	0	0.0	0	0.0	43	100	43	100
	本科以上	0	0.0	0	0.0	0	0.0	8	100	8	100	0	0.0	0	0.0	0	0.0	12	100	12	100
	合计	8	0.9	327	37.0	31	3.5	517	58.6	883	100	16	3.0	189	34.9	25	4.6	311	57.5	541	100
母亲学历	小学以下	4	1.8	111	50.7	11	5.0	93	42.5	219	100	7	4.6	67	44.4	7	4.6	70	46.4	151	100
	初中	4	0.9	173	37.3	18	3.9	269	57.9	464	100	9	3.1	102	35.7	16	5.6	159	55.6	286	100
	高中	0	0.0	40	31.5	1	0.8	86	67.7	127	100	0	0.0	19	33.3	2	3.5	36	63.2	57	100
	大专	0	0.0	3	4.8	1	1.6	58	93.6	62	100	0	0.0	1	2.6	0	0.0	37	97.4	38	100
	本科以上	0	0.0	0	0.0	0	0.0	11	100	11	100	0	0.0	0	0.0	0	0.0	8	100	8	100
	合计	8	0.9	327	37	31	3.5	517	58.6	883	100	16	3.0	189	34.9	25	4.6	310	57.5	540	100

社会提供粮食供给的重任，需要重视。

从子代性别特征看，低学历家庭子女中女性从事农业生产的比例较高，可能的原因在于低学历家庭子女中男性更多地去从事了收入较高的非农体力劳动，而女性受限于体力和家庭各类资源的投入，不得不从事农业生产。总体来看，我国目前年轻一代仍然有较强的女性农业特征，并且父母学历越低的家庭，其子女职业越集中于较低的岗位类型，如农业生产和非农体力劳动岗位。

值得注意的是，高级非体力劳动岗位占农村家庭子女数量的一半以上，说明稳定的事业单位岗位在乡村居民家庭心目中具有较高的社会地位，是其家庭和子女的理想追求。随着父母学历的提升，子女入职高级非农劳动岗位的比例随之提高，一方面是受父母认识的影响，另一方面可能是由于较高学历的父母能够在其子女竞争高级非体力劳动岗位过程中提供更多的支持。

7.6 小结

第一，虽然我国城乡各职业阶层都具有较强的代际职业传承性，但农民职业在各职业阶层序列中处于最底层，每个农业劳动力都有向上流动的动力和欲望，因此在不同乡村家庭中子女的职业流动方面表现出了明显的差异。优势乡村家庭子女职业向上流动的趋势明显，弱势的小规模农业生产家庭表现出了明显的被迫子承父业的特征，这是由于小农家庭子女各方面资源不足，以至于职业向上流动困难。这也给农地流转集中造成了困难。同时也说明在一定时间内，我国农业的延续依然要由小农户子女来承担，其结果依然是小农经营的可能性大，这与职业农民培育和现代农业发展的要求相矛盾，要改变这种状态还需要很长时间的努力和逐步的调整。

第二，从大学毕业生初次就业视角看，虽然大学毕业生总体的就业倾向地是城市，但是仍有少量的大学毕业生选择乡村就业，甚至继承父业，说明基于乡村就业的大学毕业生发展职业农民队伍是可能的，或者说在乡村振兴过程中实现乡村劳动力素质结构的优化是可能的。在这一过程中需要特别关注农科类专业的乡村生源大学毕业生，促进他们的人职匹配有利于提高农业生产的效率，促进现代农业的发展。由于仅有少量的毕业生充实到乡村劳动力队伍，所以与我国目前职业农民队伍的需求相比，其帮助力度有多大还难以判断，还需要继续研究。

第三，高学历高职位的乡村优势家庭子女职业向上流动特征明显，但是在农业行业内部没有形成有效的向上流动，一个可能的原因在于农业内部职业分化还没有成熟。例如规模化家庭农场主还不是稳定的职业阶层，许多外部投资农业形成的规模化家庭农场具有明显的临时性特征，农场主本人及其子女均没有代际传承的意愿，可能的原因在于政策调控不到位，以至于农场主及其子女对农场发展和传承的信心不足，普遍的观望心理造就了临时性的规模化农场运行特征。另外，通过流转实现农地利用的规模化需要大量的资金投入，也就是说，具有较高职业阶层的职业农民、大农场管理者的门槛较高，阻碍了许多农业劳动力在农业行业内部向上流动的动力。另一个可能的原因在于乡村地区“城市导向”的文化氛围的影响，乡村家庭以其子女离开农业为荣，特殊的乡村文化氛围严重地影响了职业农民培育的进程。

第四，影响农业劳动力职业代际传承的因素很多，如父亲职业阶层、年龄段、城镇家庭背景、沿海内陆地区、子代受教育程度、户口性质、婚姻状况等，甚至性别、民族、家庭稳定性等因素都对农业家庭子女代际职业传承与流动具有显著的影响。就劳动力分类引导、有效提升乡村各业劳动力素质方面来说，需要精准定位，分类施策。

第8章 发达国家农业成就与职业农民发展实践

手中有粮，心中不慌。一个国家要生存、要发展、要强大，发展好农业十分关键，可以解决后顾之忧。我国是农业大国，在劳动力资源、自然资源、地形地貌条件等方面有很多优势，但是我国的农业发展水平与世界发达国家相比仍有一定的差距。我国国土辽阔，土地和气候类型多样，不同区域间的土地利用模式也有较大差异，我们有必要了解不同类型的发达国家农业发展状况和职业农民发展方面的成功经验，为我国农业的健康快速发展提供有价值的经验参考。

8.1 美国现代农业成就与职业农民发展实践

8.1.1 美国的农业气候条件与农业发展成就

美国大部分地区处于北美大陆的南部，耕地面积达19 745万公顷，是世界上耕地面积最多的国家，其农业属于典型的人少地多劳动力短缺型。美国自然资源丰富，国土辽阔，人均耕地面积大，气候条件适宜，发展农业有着得天独厚的条件。美国经过仅100年的发展就实现了从传统农业向发达农业，再向高效现代农业的跨越，成功地实现了农业的科学发展和可持续发展，是世界上最大的农产品出口国。

8.1.2 美国现代农业的特征

(1) 基于生产适宜区的专业化规模生产

美国的农业生产经过长期演进，农业生产者依据所处区域的自然地理特征，在其最能发挥自然资源和社会经济优势的地区强化农业区域布局，使得美国农业能够在各个区域充分发挥各自的比较优势，目前已经形成了玉米带、棉花带、畜牧带等各具特色的专业化农业生产带。美国人少地多，开展农业规模化生产有其得天独厚的条件，可以开展大面积的规模化专业生产，还可以开展相对集中的田间作业，有利于信息化、机械化的推广，从而降低生产成本和风险，形成较大的市场规模，大大地提高农业生产效率和竞争力。

1982年、2001年和2011年美国农场平均耕地规模分别为221英亩*、235英亩和234英亩，虽然农场平均耕地规模相对稳定，但却表现出明显的大农场和小农场的数量上升、中等规模的农场数量不断下降的特征。耕地向大农场集中，小农场的耕地占总耕地面积的比例没有变化，但小农场的数量比例不断上升，说明小农场平均占有耕地规模比以前更小。美国超过1/3的耕地集中到大农场，耕地向大农场集中的趋势非常明显（夏益国，2015）。

（2）生产技术先进

美国农业生产技术先进，主要表现在：①资本密集型生产特征明显，农业机械化程度高。美国农业机械化程度世界第一，是全球最典型的现代化大农业。美国农场拥有的机械化设备种类繁多、配套齐全，基本覆盖了作物从耕地、播种、灌水、施肥，到收割、加工、运输、贮存等所有生产领域。②先进的农业生物技术。通过生物技术改造，能够大幅提高动植物的品质、产量和抗病性，从而提高农业的劳动生产效率。美国农业在动植物育种、生物农药、肥料和基因技术等方面均有突出的成就。③节水高效农业推广程度较高，资源节约型生产特征明显。美国是全球水资源较为丰富的国家之一，但仍高度重视水资源的节约和保护。美国耕地的灌溉面积占总耕地的12.5%，灌溉面积中43%采用地面灌溉、50%采用喷灌、6%采用滴灌。水肥一体灌溉大都采用大面积中轴式移动喷灌方式，以节省劳动力、提高劳动生产率，同时严格控制灌溉用水和肥药施用量，可避免过量施肥（药）带来的土壤板结与污染，以及肥药淋洗所造成的地下水污染问题（郭丽英等，2013）。

（3）农业服务体系完备

高效的农业生产系统离不开一个完备的服务体系的支撑，农业服务体

* 英亩为非法定计量单位，1英亩≈0.404 7公顷。——编者注

系需要国家政府来构建，需要相应的制度引领和专业服务人员进行岗位填充和支撑。美国农业服务体系的先进性主要体现在以下几个方面：①高效的农业信息化系统及时跟进农业生产服务。目前信息化技术已经渗透到了美国农业生产的方方面面，形成了庞大、完整、健全、及时、准确的信息系统，建立了手段先进和四通八达的全球电子信息网络。通过信息资源共享，为农业生产统筹管理提供及时有效的信息，包括市场行情、农业生产及防灾技术等。②广覆盖的农情及防灾减灾监测系统能够有效全面地帮助农民规避风险和统筹管理。美国国家农业统计局（National Agricultural Statistics Service，NASS）建立有遥感实时监测、农民报告与调查员现场调查相结合的农业统计体系，并开展农业遥感监测，实时监测农作物布局、作物长势及土壤水分等农情信息，对农作物生长做到及时监测和预测。美国国家农业统计局还通过农民报告及在全国各地设置的农业调查员，采集各个农场的相关信息，对比验证遥感数据的准确性。③完备的农业补贴制度能够有效激发农民的农业生产积极性。美国政府有多种形式的农业补贴政策。首先，通过粮食补贴来维系一个廉价的粮食生产体系，既保障了数量充足、价格合理的粮食体系健康运行，同时也解决了中小规模家庭农场的生存问题；其次，为支持粮食生产及农业发展，由专门组织机构对土地、水利、道路、电力等基础设施进行监测、核算，并提供相应的基础设施建设补贴；此外，通过特别灾害援助计划，对因遭受自然灾害而造成的损失进行补贴，以帮助受灾对象稳定收入及恢复生产。④科学的农技推广制度体系保障了现代农业可持续发展。美国建立了由联邦、州、县多层次人员组成的农业技术推广服务网络。美国农业部国家粮食与农业研究院（NIFA）是负责农业技术推广的职能部门，主要从事农业技术研究、教育和农业推广，为州县提供项目和资金支持，与相关院校开展合作，并利用多种传播技术手段进行相关项目的教育培训和技术推广。美国的技术推广从体系设计到实际管理和运作，都充分体现出公益性原则，大多是无偿服务，既保证了农业推广工作的科学性和公正性，又使得新技术成果的转化率始终保持在较高水平。

（4）家庭农业为主体的农业经营模式

19世纪20年代初期，美国公有土地被私有化，从而确立了家庭农业的农业经济制度，促使更多的人向西部转移，推动了美国历史上的“西部大开发”热潮。1862 年美国《宅地法》颁布实施，对年满 21 岁且在土地上耕作超过 5 年的个人或一家之主，免费赠送 1.88 公顷的公有土地。土地私有化奠定了家庭农业发展的基础，推动了家庭农业的发展。美国家庭经营的小型农场的数量超过全国农场数量的 90%，占整个农业资产的 70%。销售额小于 25 万美元的小型家庭农场分 5 类：资源有限型农场、退休休闲型农场、居住生活型农场、低销售额的耕种型农场和高销售额的耕种型农场。大型农场有 3 种类型：大型家庭农场、超大型家庭农场和非家庭农场。“公司农场”的数量不断上升，大约有 7 万多个，虽然数量不多，但其面积和销售额所占的比例较大。美国的“公司农场”基本上也是由家庭农场发展来的。

美国农业高度规模化引致美国农民职业化程度高，职业农民即农场主的家庭收入也高于全美家庭平均收入。根据美国农业部的定义，一般把从事农场生产经营十年及以上的农民称为职业农民，不足十年者为新农民；与此对应，新农民经营的农场一般被称为初始农牧场，职业农民经营的农场一般被称为发展成熟农牧场。美国初始农场数量占农场总数的比例约为 22%，初始农场经营的土地面积占全部农场土地面积的 11%，生产的农产品价值比例为 10%。小规模低效率的初始农场特征反证了长时间专注形成的农业生产经验和农地规模化在现代农业生产中的特殊意义。

8.1.3　美国职业农民培育

由于第二次世界大战后科技进步、农产品市场开拓和大范围配置资源，促使美国农民家庭分工深化，使得生产要素向优势农户集中。专业化、集约化生产加速了农场在农户之间的兼并与重组。从农场数量看，1950 年美国农场总数为 565 万个，到 1998 年下降为 219 万个，农场数量下降了 60%，进入 20 世纪 90 年代农场总数已趋于稳定。农场总数的下降扩大了单个农场的规模，增强了农场经营户的产业竞争力，同时那些不适合现代农业经营的农户重新定位，转换职业，进入城市，完成了农业劳动力向二三产业和城市的转移。现在美国已经实现了农业规模经营和农民职业化，美国农业劳动力有 200 多万人，农业人口占总人口的比例已由 1910 年的 32%降到了 2%左右。

农业劳动力向二三产业和城市转移的结果使美国职业农民存在严重的

老龄化现象。根据美国国家农业统计局统计，1982—2007 年，青年农民的比例一直呈现下降趋势，1982 年 35 岁以下的农民占 16%，而到 2007 年下降至仅占 5%；2011 年，新农民平均年龄为 49 岁，而职业农民的平均年龄为 60 岁。不断吸引新人尤其是青年人进入农业领域是应对农民老龄化的根本之策，因此，美国十分重视新的青年职业农民培养，把培养新职业农民视为促进农业可持续发展和保障美国粮食安全的基石，采取各种措施加强对新职业农民的培养。

美国现代青年农业劳动力培养主要是基于高等教育机构开展的多层次的人才培养。

一是农业高等院校的系统培养。农业高校是培养现代农业人才的摇篮，农业高等教育的优劣决定着现代农业人才培养的质量，在现代农业人才培养中起着至关重要的作用，美国独特的教育模式和出色的教学成果已经成为很多国家效仿的榜样。粮食足额高效供给是保障社会和谐的根本，许多老牌美国高校都是通过首先建立农科逐步发展起来的。在农业高等教育的发展过程中，各高校所构建的教育体系均非常重视师生视野的拓展，都制定了农业高等教育国际化的人才培养制度，鼓励师生在大区域和国际层面的经验交流和知识积累。

二是创办短期高等教育学院。这样的短期教育学院是一种包括大学一、二年级的两年制短期职业技术教育，学生毕业后直接进入职场，职业技术比较强。在校期间，学院为学生提供普通教育、继续教育和社区服务实践等。这类学院采取开放式招生政策，学制短、费用低、专业技术性强，主要目标在于：①专门培养中等以上农业技术人才；②为在职的农业领域人员提供再教育的平台，凡是高中毕业生或同等学力的人员都可以就读初级学院，使从事农业工作的在职人员有机会进行学习深造。

三是针对创新型农民的教育培养。对农民进行综合性培养的目的在于提高农民的个人素质、技术素质和思想文化素质等（任娇等，2016）。主要做法包括：①在农业院校开设管理学院，强化农民农业管理能力的提升；②对农民进行市场经营领域相关知识的教育培训；③为农业试验站提供大量资金支持，以此来促进农业科研技术的应用和推广；④由地方政府聘请专业人员免费为农民提供技术指导，利用媒体宣传农业新技术的使用方法，让每个农民都能掌握基本的农业知识，从而提升农业人才的技术水平。

8.1.4　美国新农民入职支持措施

美国农业属于资本密集型产业，随着农业规模化水平不断提高，新进入农业领域的门槛也变得越来越高。新职业农民的最大挑战来自为获取盈利所需的最低规模的土地和资本。2012 年美国玉米带耕地每英亩的价格约为 7 000 美元，一家适度规模的农场（约 1 000 英亩）在土地、设备和设施方面的投资可达 800 万美元；2012 年加州灌溉地每英亩价格高达 12 000美元，一个 300 英亩灌溉地农场从事水果和蔬菜的生产，需要在土地、设备和设施方面的投资达 400 万美元。拥有这些资产所需的负债是巨大的，对于新职业农民而言是一个巨大的障碍。不过，美国联邦政府和地方政府对于进入农业领域的新农民有众多的支持政策措施，主要包括以下几方面。

（1）农业信贷

1972 年，美国农业部农场服务局（FSA）被永久授权建立“联邦农场贷款项目”，主要向无力从商业机构取得贷款的弱势群体和新农民经营的规模较小的家庭农场发放贷款。FSA 贷款资金来自联邦政府资金，贷款期限长、利率优惠。为了鼓励更多新人进入农业领域，从 1994 年开始，美国立法要求上述贷款中必须划出一定比例额度专门支持新职业农民。美国《2014 年农业法案》通过放松借款农场面积最低限制条件使更多新职业农民能够获得借款资格。

（2）农作物保险

农业生产过程通常会面临各种自然灾害、病虫害以及农产品价格波动风险，农业规模化也意味着风险规模化，购买农作物保险通常是美国农民进行农业风险管理的主要工具。新农民往往受资产积累的限制，购买联邦农作物保险的比例较低，2011 年新农民经营的耕地面积占全部农场耕地面积的 11%，但购买的农作物保险只占 7%。美国《2014 年农业法案》对新农民参加农作物保险制定了许多优惠政策，具体包括：①为《联邦农作物保险法》增加了“新农民条款”，该条款把从事农牧业生产不超过 5 年的农牧场主称为新农民，反映立法者对入行时间较短的新农民更加关注，因为他们大多数属于资源有限的农民，且处理风险的经验不足；②新农民购买农作物保险的保险费一律降低 10%；③豁免新入行农民巨灾级保险的300美元的管理费用；④在计算实际历史产量时，对于因灾而出现的极端产量，把替代实际产量的过渡产量从过去的60%提高至80%，从而提高了新农民的保障水平；⑤非可保农作物灾害救助计划为新农民提高了巨灾级保障水平，降低了50%的高保障级保险费，并不再收取申请费用。

（3）鼓励土地向新农民流转

美国农业土地流转的主要方式是买卖和租佃，买卖或出租价格完全市场化，由市场供求决定。农用土地流转的目的是加快生产要素的有序流动、优化资源配置以及促进先进科技与管理知识在农业领域运用。美国政府通过信贷支持、政策引导、利息调节、价格补贴等经济手段以及各种优惠政策来鼓励和引导家庭农场规模适度扩大。美国《2008年农业法案》每年拨款2 500万美元授权农业部开展流转激励计划，鼓励参加者把合同即将到期的耕地流转给新农民。流转激励计划的参与者必须已经退休或将在合同到期日1年内退休，该计划将向参与者支付2年额外租金以激励他们把土地流转给新农民。美国《2014年农业法案》保留了该计划，并把资金总额从每年的2 500万美元提高到3 300万美元。

（4）新农民发展计划和个人发展账户试验计划

针对农民日益老龄化、新一代农民数量不足、从事农业所需的知识技能越来越复杂的事实，美国《2008年农业法案》提出了新农民发展计划，该计划在2009—2012年耗资7 500万美元对新农民进行教育培训、提升和技术援助。美国《2014年农业法案》延续了这一计划，在2014—2018年耗资1亿美元对新农民进行教育培训和技术援助。新农民个人发展账户试验计划旨在通过商业理财教育和匹配储蓄账户帮助收入拮据的新农民，为他们从事农业提供资金支持。该计划始于美国《2008年农业法案》，由美国农业部管理，希冀通过此计划帮助新农民建立一种积累资金方式以获取所需资金，达到提升新一代农民综合能力的目的，最终储蓄账户资金用于土地定金、购买种畜、生产设备和其他生产性资产。

8.2 荷兰现代农业成就与职业农民发展实践

8.2.1 荷兰的农业资源状况与农业发展成就

荷兰位于欧洲西部，东与德国为邻，南接比利时，西、北濒临北海，国土总面积 41 528 平方千米，人口密度较大，平均每平方千米约 429 人。由于临近海洋，受北大西洋湾流的影响，荷兰属温带海洋性气候，其日温差和年温差都不大，一年四季的降雨量分配相当均匀，每年的降雨量约为 760 毫米。荷兰地势低平，全境四分之一的土地海拔不到 1 米，四分之一的土地低于海平面。除南部和东部有一些丘陵外，绝大部分地势都很低。荷兰境内河流纵横，主要有莱茵河、马斯河，西北濒海处有艾瑟尔湖。

荷兰耕地总面积 124 万公顷，地少人多，农业生产空间有限，农业资源匮乏，人均耕地面积仅 0.064 3 公顷，比我国人均耕地面积还少，处于世界上人均耕地面积较小的国家之列。但是荷兰全境土地平坦而肥沃，通过发挥农业比较优势，发展高效农业和生态农业，创新农业合作模式和农业产业化发展，建立了现代化农业生产体系，荷兰农民在土地利用方面可能是世界上效率最高的。同其他发达国家一样，农业在荷兰国民经济中的比重是相当低的，仅占国民生产总值的 2.6%，占就业人数的 3%（张莉，2015）。

荷兰农业高度集约化和规模化，其农业发展处于世界先进水平，是名副其实的农业强国。荷兰在农业创新领域处于先端地位，是粮食的第二大出口国，仅次于美国，马铃薯、洋葱、番茄等蔬菜的出口量占世界第一位。荷兰农业物流体系发达，农产品出口占全球的 9%，出口额位居世界前列，其花卉出口额约为 53 亿欧元，占国际市场的 60%左右。其中，种子研发、设施园艺、畜牧养殖是荷兰重要的农业品牌，全球 10 大种子公司有 3 家来自荷兰。荷兰十分重视植物资源保护和新品种培育，利用现代的杂交、分子育种等育种技术对植物品种进行有效的改良和选育，成为世界种业尤其是蔬菜种业领域的佼佼者。荷兰的品牌种子生产高度专业化，种子、种苗公司内的育种、繁种、检验、精选、加工、包装、试种、育苗等环节均高度专业化。荷兰的温室产业特色鲜明，机械化和自动化水平高，实现了自动化和网络化管理。畜牧业是荷兰的另一支柱产业，通过家庭农场和合作社的形式自发组建大规模奶农合作社，由此组建加工和销售乳制品的公司，荷兰的奶粉在中国占有很大的市场份额。

8.2.2　荷兰农业发展的基本措施

荷兰是一个农业资源贫乏的国家，有着非常高的人口居住密度，如果处理不好土地问题，将会使荷兰的农业资源难以维持本国居民的口粮需求。为了应对粮食安全问题，荷兰基于自身的资源基础形成了自己的解决办法。

（1）大力发展以玻璃温室为主体的设施园艺，有效提高复种指数

传统农业生产受自然条件的限制较强，且科技水平和生产能力较低，故应对自然灾害的能力差。由于人多地少、农业生产空间有限，荷兰社会要稳定发展，就要求其农业生产必须在一定程度上摆脱自然条件的限制，实现在生产量上的大幅度稳定增长。建立在先进科学技术之上的高效、安全和集约化是荷兰农业生产发展的方向，荷兰选择大力发展以玻璃温室为主体的设施园艺，利用高科技创新的支撑，构建可以调节和控制气候的农业生产模式，在有效提高复种指数的同时实现错季生产。目前温室园艺产业已成为荷兰国民经济的支柱产业。荷兰玻璃温室面积约为 1.08 万公顷，占世界玻璃温室总面积的 20%左右，并一直保持稳定。其中温室蔬菜种植以番茄和黄瓜为主，面积约为 4 200 公顷；温室花卉以月季、百合、香石竹等鲜花为主，面积约为 5 400 公顷。荷兰温室园艺的规模化、专业化与集约化程度高，是世界设施园艺产品的主要出口国。2017 年，荷兰园艺产品出口额为 917 亿欧元，占世界园艺产品贸易总额的 25%以上。荷兰农业 80%的耕地都在温室，通常以庞大的温室建筑群的形式出现，单体温室面积较大，多在 2 公顷以上。为了不断创新标准化的生产技术、提升产品质量、获取规模效益和分工收益，一般一个单体温室只种植一种农作物。其中包括屋顶上的温室农场，楼顶的温室农产品可以自给自足地循环提供蔬菜和鱼，鱼的粪便可以用来充当有机肥料（谭寒冰，2018）。

（2）构建了完备科学的农业产业和科技服务体系

农业教育、农业科研和农业推广是荷兰农业现代化的三大基石，已形成了完善的农业发展体系。农业科研和农业推广为荷兰的现代农业提供科技支撑，提高了农产品的科技含量，形成了农产品生产和出口的核心竞争力。农业科技服务始终贯穿于荷兰现代化农业生产的全过程，农业科技服务相对于农业推广而言是一种包含生产、销售以及技术指导的更高层次的体系。荷兰通过农业合作社的科技服务功能吸收农业科技成果，促进农业科技的研发与完善，使合作社的专业化程度逐渐提高，使农户实现了专业化和规模化的生产。在农户生产、销售的各个环节，农业科技服务为农户提供专业化的指导，加强其抵御市场竞争带来的风险的能力，形成核心竞争力。荷兰农业科技服务贯穿农业生产的产前、产中和产后全过程，包含农资供应、农产品销售、农民贷款的方方面面。此外，荷兰的品种选育技术是其设施园艺在世界占据领先地位的关键因素。

发展订单农业，以订单定产量，在一定程度上减弱了资源的浪费，保障了农民群体的收益，避免了价格波动和市场供求变化所带来的风险。订单农业，也叫合同农业和契约农业。合同中规定了农产品的数量、质量、最低保护价以及双方的权利、义务。按照订单合同的要求，合同的买方会定期检查生产情况，这就促使农民会尽全力保质保量地完成任务（谭寒冰，2018）。

(3) 职业农民经营的家庭农场是设施生产和经营的主体

荷兰的人均土地占有量很小，因此荷兰的耕地主要以家庭小农场的形式存在，小农场的生存要求决定了生产经营流程的各个环节都要保持先进性，这也对家庭农场的经营者提出了更高的要求。基于高素质职业农民和高新技术结合的“精准农业”生产发挥了最大潜力，减少了农作物生产对自然资源条件的依赖。

荷兰温室作物生产从设施建造到栽培管理大多使用各种机械化设备和智能化控制系统，通过计算机控制实现光照、温度、湿度等的完美结合，通过人工智能或手机监控农作物的生产、土壤的 pH 和其他属性，得到植物的准确生长和需求的报告，有效地节约水资源、土地资源与资金，使农民获得更高的利润。

8.2.3 荷兰职业农民培育与支撑体系

荷兰现代化农业生产环境与高素质的职业农民队伍建设是一个紧密联系的系统，其现代化农业生产环境由高效生态农业、农业品牌创建、农业合作模式、农业政策支撑和农业科技服务体系5个部分组成，其中高效生态农业和发达的合作社模式为荷兰的农业产业化经营创造了条件。农业各类人才和高素质的职业农民队伍是现代化农业生产环境的重要支撑，其中职业教育体系、农业科研体系、高等教育体系、农业推广体系和农业知识创新体系构成了各类农业人才和职业农民的培养环境。各类农业人才和职业农民的培养环境与现代农业生产环境协调发展，相互促进，使荷兰农业实现产业化经营并提高国际竞争力（谭寒冰，2018）。

荷兰现代化农业竞争力的形成得益于其完善的农业教育体系，通过针对性的职业农民培养实现职业农民的有效就业，防止人才流失，使农业人才和职业农民能够进入现代化农业生产环境，实现职业农民队伍的合理更替和利用。

荷兰农业教育经过100多年的发展和完善，已形成了层次清晰、门类齐全、从职业教育到大学教育的完善体系，为荷兰农业现代化的快速发展奠定了人才基础。职业教育作为经济和社会的基础和支柱，受到荷兰政府的高度重视，通过提前分流学生、改进教育培训内容、推进职业学校升学衔接、强化与劳动力市场对接等多项教育推力和职业拉力措施衔接，已形成技能升级顺畅、就业领域明确的职业教育体系。农业高等教育是荷兰农业科技的支撑，其高校专业设置面宽，注重理论与实践相结合，教学与科研以国际市场需求为导向、以社会需求为依据，勇于开拓创新，强调国际交流与合作，重视高等农业教育各机构之间的资源共享。荷兰农业科技服务重视技能培训，服务人员的素质普遍较高，形成了特色的农业科技服务体系，为农业科技服务发展提供了保障。政府、学校和企业形成“政教产融合”体系，职业院校在政府和行业协会的指导下以及在企业的配合下开展高质量的教学，教学内容与经济发展和企业需求密切相关，为企业培养人才。完善的教育体系为农业发展提供人才保障，使荷兰的职业农民具有较高的农业素养（谭寒冰，2018）。

8.3 德国现代农业成就与职业农民发展实践

8.3.1 德国的农业资源状况与农业发展成就

德国位于欧洲中部，濒临北海和波罗的海。德国北部平原主要以温带海洋性气候为主，德国南部和西部农耕区主要以大陆过渡性气候为主。夏季日照时间短，气候较为干燥。受海洋的影响，冬季温湿多雨，德国降雨较为丰富，全年平均降雨量为500～800毫米，南部山地、高原地区降雨量则可达到年均1 000毫米以上。德国境内河流湖泊较多、纵横交错，丰富的水资源为德国种植业和渔业的发展提供了优良条件。总体来说，德国主要农业区气候均较为适宜，一年四季均有降水，适宜农业发展。

德国人口 8 400 多万，农用地资源约为 1 673 万公顷，占全国总面积的 53.5%，可耕种土地仅为 1 185 万公顷，永久作物用地仅 20 万公顷，在欧洲属于农业用地紧缺国家。德国地势北低南高，北部多为居住区，农业用地大多位于南部山地和高原，农业发展可进一步利用的土地资源有限。德国利用互联网、物联网、大数据等现代信息技术，实现农业生产、加工、营销服务及产业拓展等全产业链的集约和协同，实现了农业产业智能化、精准化、高标准化和农民职业化，从根本上突破了本国农业资源的限制（肖红利等，2019）。

8.3.2　德国现代农业体系的基本特征

第二次世界大战后，为重建城市、复苏工业，德国大量人口从农村转移到城市，导致农村地区土地荒芜、日渐凋敝，城乡基础设施和公共服务差距日益加大。为改变这一状况，德国政府出台了一系列政策措施，对“三农”发展进行强有力的支持和保护。经过半个多世纪的努力，农业衰退、农村衰败的现象在德国得到有效遏制，工农协同、城乡融合一体化发展的格局基本形成，德国成为国际乡村建设与农业发展的典范。德国现代农业体系的基本特征表现在以下几方面。

（1）乡村基础设施完善，乡村生活便利

德国高度重视公共资源在城乡间的均衡配置，城乡差距小。德国《基本法》规定，不论城市乡村，都必须保持基本相当的生活水平。村庄规划整齐有序，注重历史建筑和特色文化保护，处处呈现出传统与现代交相辉映、人与自然和谐共生的乡村风貌。市政基础设施全部做到进村入户，只要有村庄的地方，都有完善的水、电、路、气等基础设施。农民只是一种职业，在乡村居住和城市一样便利，享受着同城市居民一样的公共服务和社会保障，同时还有优美宁静的环境。

德国通过空间规划和区域政策引导工商企业落户小城镇，使乡村不单单是农业生产的载体，也同样是其他产业企业特别是工业企业的集聚地，从而创造了大量就业机会，改善了乡村经济结构。

（2）稳定传承的规模化家庭经营是农业政策设计的核心内容

家庭农业是德国农业生产的主要生产单元和生产模式，平均每个农场占有耕地 62 公顷，有员工 2.29 人，有近 100 亩农地的家庭农场能够保证一个小型农业家庭取得较高的收入，平均每位农民月均收入为 3 300 欧元，德国城市全职就业人员月均收入为 3 771 欧元，各类劳动力收入基本相当。

为了促进现代农业发展，德国在农地利用方面为家庭农场提供了多方位的支持：①开展土地整理，将细碎化的土地平整为便于机械化、规模化经营的大块农地，提高劳动生产率。②明确规模化农地传承办法。德国规定每个农场主需要确定且只能确定一个子女继承农场，以稳定农场规模和农场继承人的经营收入。如果家庭农场确无子女继承，则该农场必须转让给其他人，但不能改变农业经营属性。③提升农地经营直接补贴，保证农地的粮食生产功能不转型。通常情况下，每个农场获得的各类补贴资金一般占总收入的 30％，多的甚至可达 40％～60％（肖红利等，2019）。

（3）注重生态环境建设，促进乡村和农业永续发展

德国高度重视乡村生态建设和环境保护，大力推行绿色种养方式，加强环境治理，一方面改善了人居条件，留住了绿水青山，优美的田园风光成为乡村最重要的资产和最吸引人的亮点，另一方面有力地促进了农业的可持续发展。

德国农业生产全过程坚持绿色、循环、生态，如采用轮作和间作、无抗饲养、限制单位面积畜禽饲养数量等举措。农村地区严格实施德国《土地整治法》，制定严格的农业环境保护政策，改善农民生活和生态环境。德国具有十分完善的农业生态补偿体系，从有机肥、有机农业病虫害防治到生态农产品的加工、运输等各环节，农业智能测控体系都为生态补偿政策的有效运行提供信息支持。德国《农业法》明确规定，每个养殖场的粪污必须由农场负责消纳，自身不能处理的粪污须付费转地消纳，但是全国每公顷土地消纳的粪污不得超过 170 千克（以氮计），以此为标准确定养殖业的总量。这个做法有力促进了种养循环的构建和种养业协调发展。

（4）农业生产智能与精准化，有效提高了农业生产效率

在农业基础信息数据获取方面，德国拥有先进的遥感技术、地理信息系统和应用卫星系统，用于完成土地面积、自然环境等的数据采集、贮存、分析、加工，进行土地资源的管理、规划，开展农作物测产，为制定农业有关的补贴政策、土地利用规划和精准农业提供可靠的技术保证和数据支撑。在农田生产管理方面，通过室内计算机自动控制系统控制大型农业机械，使其精准完成诸如播种、施肥、除草、采收、畜禽精准投料饲喂、奶牛数字化挤奶等多项功能。此外，德国政府还建立了完备的农业信息数据库和环境监测数据库，为农业生产的智能化和标准化提供信息支撑，用户可以通过电脑登录，获取各种农业生产的相关信息和咨询服务，并建立各种辅助决策模型。智能化和精准化的农业生产突破了人工限制，有效提高了农业生产率。德国有农场 26.9 万个，农业劳动力 61.7 万人，平均每个农场占地 62 公顷、有员工 2.29 人，平均每个农业劳动力创造产值 3.84 万欧元、养活 134 个人。农民收入高，城乡居民收入水平相当（詹慧龙等，2019）。

(5) 鼓励农场主之间成立农村合作经济组织

为弥补农业生产者个人经营能力或精力的不足，德国政府支持鼓励农场主成立农村合作经济组织，由农村合作经济组织研究制定内部科学合理的运行管理机制，实现一产环节在良种采购、生物肥施用、疫病防控、大型农机共享等方面互通有无，实现专业化分工、规模化生产；在二三产环节增强资金融通能力，实现农产品加工转化增值，减少交易环节成本，集体应对市场风险，打造区域公共品牌，提升农产品附加值，拓展农民利润空间。

8.3.3 德国职业农民发展措施

德国农业发展成效得益于有较高综合素质的职业农民群体，构建起了实用、高效、具有世界先进水平的农业教育培训和技术推广体系，通过教育立法推进职业农民培训工作的实施。通过教育和培训，德国农民实现了专业化和职业化，是农业企业化经营的全才。德国农民占全国人口的 2% 左右，数量少、素质高的特征明显。据统计，2015 年德国农民受过农业高等教育的约占 10%，受过职业进修教育的约占 59%，具有中等职业教育学历的约占 31%。在职业化农民的经营下，德国农业生产多功能化特征明显，种粮农民除了可提供粮食、食物外，还利用各种条件发展生物能源、再生原料等产业，农民经济收益来源广，收入得到很大保证。德国促进职业农民发展和素质提升的主要措施有：

(1) 优化乡村生产和生活条件，增强乡村对潜在职业农民的吸引力

一是保护优美乡村生态环境。划定村庄的生态空间，在法律层面对与农村生产生活紧密相关的林地、水域和生物资源进行严格保护，禁止开采生态林地，严禁狩猎野生动物，鼓励人工搭建鸟巢、水塘、洞穴、投喂站等设施，保护生物多样性。二是提升乡村生活条件。主要做法有：将工商企业布局在乡村，增加乡村就业岗位和财政收入，提振乡村经济；着力改善乡村教育条件，使农村孩子也能得到较好的培养，提高人员素质；强调公共资源的合理共享，凡是公共财政支持的项目，都力求在城乡之间做到均衡分配。比如，德国所有的乡村都纳入了市政水、电、气、暖供应系统；所有的公共基础设施都尽量延伸到农村；医疗卫生、中小学教育等补贴资金做到了城乡之间同一个标准。强调充分民主，让村民全面参与村庄事务的决策和管理，国家和地方政府作为管理者和服务者保障村民合理意愿的落地与实施。重视文化传承，为后代长期利用乡村建设成果和永续发展创造条件。

（2）通过立法推进职业农民素质提升

20 世纪 60 年代，出于德国战后经济恢复的需要，对不同类型劳动力的需求增大。为了提高各类职业劳动力的技术水平，德国政府建立了大量的职业学校，职业技能的培训覆盖面广，涉及社会经济的各个方面。在 1969 年颁布的德国《职业教育法》中明确规定：就业者必须先接受正规的职业教育。之后德国政府根据时代发展的需要对其不断完善，逐渐形成了系统化的职业教育法律体系，为德国职业教育的开展提供法律保障，同时为德国职业教育的发展提供方向。

在所有德国农民中，持有“专业资格证书”和“农民师傅证书”的比例达 22％。只有持有这两种“证书”的农民方能取得经营管理农场及招收学徒的资格。德国的职业教育经费由企业与政府共担，对培训者免费。职业农民不仅要经过系统教育或严格的职业培训和进修，还要经过考核才具有从事农业的资格。德国规定所有农业从业者必须完成 3 年的职业教育，获得 2 项以上农艺技能，通过考试并取得职业资格证书。对农场主则有更高的要求，需要取得农经专业本科以上学历认证（肖红利等，2019）。

（3）完善教育体系，强化实践锻炼，有效提高（准）职业农民农业生产素养

通过教育提升职业农民素质的行动体现在德国社会的角角落落、点点滴滴和时时刻刻，主要做法有以下几点。

第一，在社会和中小学间塑造良好的农业生产技能学习氛围。德国各个地区经常举行农业相关的社会文化活动，比如柏林地区的“绿色周展会”。政府和民间组织通过开展各类农业服务活动向民众宣传农业的最新思想和理念，比如生态农业、可持续发展等。农业知识是中小学生的必修课，中小学校经常邀请农业专业的教授走进校园，利用实物、视频、幻灯片等形式为学生讲解农业相关知识和最新研究动态。同时中小学校也会定期组织学生参观农场、农业企业等场所。这些都有助于激发学生对农业的兴趣。

第二，构建结构合理完善的农业教育体系。第二次世界大战结束后，粮食供给成为德国亟待解决的问题，德国政府和社会各界重新审视了农业的战略定位，把农业发展放到了更为重要的位置，更加重视农业教育的发展，不断强化高等农业教育机构在农业和农村发展进程中的社会服务功能，逐步形成了较为完善的教育体系。根据教育内容的不同，分为高等农业教育、农业职业教育和农业职业培训三类，其中高等农业教育的主要形式为“涉农应用技术大学”和“涉农综合性大学”，学制6年，可获硕士学位，并可以继续攻读博士学位，主要培养高层次研究型人才。德国政府非常重视高等教育科研成果的转化，联邦政府和各州政府都制定了促进科学技术成果转化的法律，一方面促进高等学校师生的科研成果得以转化为生产力，另一方面拉动农业劳动力职业化和生产经营素质的不断提高。

为有利于职业农民队伍的培养锻炼，德国在大学教育、生产实践、职业培训等方面都做了相应的政策设计和制度安排。这些措施确保了农业生产经营者都是符合产业发展要求、能够适应市场挑战的经营能手，强化了农业发展的人才支撑。在农业信息技术培训方面，培训种类多样，并且渗透到包括企业经营、财务核算、补贴申报等在内的农业生产和经营的各个环节（肖红利等，2019）。

第三，循序渐进的“双元制”职业教育培养模式。德国的职业教育分为三个阶段：职业预备教育、中等职业教育以及职业进修教育。职业预备教育针对的是职业方向还没有完全确定的学生，他们在这个阶段学习相关的基础知识，为升入中等职业教育阶段做准备。农民职业教育对应的是中等职业教育阶段，学生针对某一特定职业接受职业教育。职业进修教育针对的是已经完成了中等职业教育学习的学生，他们为了适应不断变化的工作内容、扩展职业技能选择而接受更高层次的培训。

德国的农业职业教育采用“双元制”的培养模式，即学生在接受理论学习的同时，也在农场或者指定的农业企业等实践场所进行实习，增强学生的实践技能。德国农民职业教育主要有两种：一种是公立职业教育，另一种是自由职业教育。公立职业教育主要由政府主导，3 年学制；自由职业教育根据地区不同其学制也有所变化，2～4 年不等。这两种教育方式都采用理论和实践相结合的培养方式。参加公立职业教育的学生在农场所在地的政府报道后，每周需要去学校上课，学习相关理论知识，之后去农场或者农业企业等地方进行实习，只有获得一定时间量的实习证明和通过考试才能毕业并获得证书。自由职业教育则要求接受教育之前有在农场至少实习半年的经历，上课方式相比公立职业教育更为自由，没有固定教材，但是会有教学大纲，授课老师根据实际情况确定教学主题。参加自由职业教育的学生在通过政府职业教育考试后也能获得同公立职业教育学生一样的证书（李磊，2020）。

8.4 以色列现代农业成就与职业农民发展实践

8.4.1 以色列的农业资源条件与农业发展成就

以色列位于亚洲西部，地处地中海东南沿岸，北靠黎巴嫩，东邻叙利亚和约旦，西南则为埃及。人口 900 多万，国土面积 25 740 平方千米（含争议地区）。以色列地处西亚干旱地区，国土面积的 2/3 以上为沙漠和戈壁地貌。以色列人均水资源占有量为 400 立方米，远远低于世界平均水资源占有量 8 800 立方米的水平。干旱缺水是以色列农业生产条件的典型特征，也是制约以色列农业发展的最大障碍因素。从农业的发展条件上看，以色列气候条件恶劣、水资源匮乏、土地贫瘠，这些均不利于现代农业的发展。

以色列自 1948 年建立以来，始终将农业视为立国之本，经过 70 多年的努力，利用科学技术手段和设备将自然条件的劣势减到最小，将大片沙漠变为良田，发展出了一条颇具特色的高科技现代农业之路，不仅成功地实现了农业现代化，农业从业人员约占全国总人口的 5%，解决了国内的粮食短缺问题，还成为世界上主要的农产品出口国，也是世界上最大的农业技术出口国之一。世界上有30%的新兴农业技术来自以色列，每年出口的农业技术能够为以色列带来近100亿美元的收入（王恒，2018），创造了现代农业的奇迹。其农业科技及生产、管理经验已经成为世界上很多国家学习的典范。

8.4.2　以色列现代农业发展特征

以色列现代农业的发展之所以能够取得如此辉煌的成就，与其实施了促进现代农业发展的各项政策措施密不可分。

(1) 立法推进农业资源高效利用

以色列通过制定若干法律或政策，促进农业资源的高效利用。在建立后的10年时间里，以色列先后出台了一系列相关法规，涉及土地管理、水源利用、排涝管理、植物保护、兽医服务生产与销售、农业投资、食品质量安全、价格保护等方面。

以色列的农业补贴水平位于世界前列，甚至超过了欧美等发达国家和地区。补贴主要用于生产领域，如出口创汇生产、节水、节工、增效及环境保护、资源利用、自然灾害救济、农业保险及农业科研等。1980—1996年以色列政府补贴农业投资的水平在20%左右。为推动机械化生产，2009—2014年以色列政府对农民购买机械给予价格40%的补贴。以色列政府还对农业保险及其他意外灾害给予50%的风险补贴。1955—2008年，以色列政府对农业用水的补贴占到了农业预算的1/3，主要形式是对供水公司给予价格支持，对减少用水定额给予补贴，对改进灌溉技术给予投入支持。支持科技开发与推广也是以色列农业补贴的重要内容，以色列政府每年提供农业科研经费上亿美元，占农业产值的3%，是世界上农业研究与开发投入较多的国家之一。农业补贴还体现在税收方面，除所得税外，在销售税、土地改良税和财产税方面也可享受优惠，如农业只征收0.5%的销售税，其他行业则为4.5%。

土地立法管理方面：一是加强审批管理，所有与土地有关的开发计划均要经国家主管部门审批，充分考虑耕地保护，减少挤占；二是规定农业用地只租赁不出售，政府根据地理位置和肥力对土地划分等级，并以此确定租金，租金每3年协商1次；三是多部门监管，由农业、卫生、环境等多个部门对农业生产与消费实施全程质量控制，保证无农药和化肥污染、农产品无农药残留、农业废物处理符合相关标准。同时，通过推广可持续农业、生态农业建设及综合防治管理，减少农业活动对环境的危害。

（2）以高端科学技术推动现代农业在恶劣的自然环境中发展

以色列发展农业生产的自然条件恶劣，现代化的高科技手段成为以色列突破自然条件约束的有力武器，创造了许多农业奇迹。以色列政府每年都会对农业科技和农业教育发展给予高额投入，核心目标是追求农业资源节约、增产增效、优质环保，重点是对沙漠进行改造以及开发适合于以色列自然条件的农畜品种。高额的农业科技投入的回报促进了其滴灌技术、基因育种技术、温室栽培技术、无土培植技术等在当今世界的领先发展，正是这些世界领先的农业生产技术促进了以色列耕地面积的扩大和作物产量的提高。

以色列的水资源极其匮乏，发源于叙利亚境内的约旦河是以色列的主要水源地，全长只有 360 千米。以色列 1950 年成立了国家水利委员会，负责制定全国水利政策、分配配额、用水计划与资源发展规划，对水资源进行保护。为减少用水成本，控制用水总量，以色列大力发展节水农业，节水滴灌技术的发展和应用有效提高了水资源的利用效率，将灌溉率至少提升了 95%。当前，以色列的绝大部分地区均应用了滴水灌溉技术。以色列不仅注重节约水资源，而且十分注重对水资源的污染治理，促进水资源循环利用。以色列从 1970 年开始，就在全国实施了“国家污水改造再利用工程”，对生活污水及城市污水进行改造再利用处理，这一工程使得 100%的生活污水和 70%的工业污水得到了有效再利用，不仅有效地减少了其国内的水源污染问题，还在很大程度上提高了农业灌溉水的供应量，当前以色列的污水再利用总量约占农业灌溉用水总量的 65%。各项科技手段的应用不仅使以色列实现了粮食自给，还使以色列成为世界上花卉、果蔬等农产品的主要出口国。

以色列农业是现代农业科技支撑发展的典范，一方面得益于其对农业科技研发的高额投入，另一方面得益于其建立的完备的农业生产服务体系。以色列建立起了一套由政府机构、科研组织、农业生产合作组织、农户相结合的农业科研和推广体系，推广体系的负责部门为以色列农业部，由以色列农业部对农民提供免费的技术服务。

(3) 以国际市场为导向，不断优化相关农业政策，实现农业效益的最大化

农业始终是以色列最为关注的产业，以色列政府不断探索对其国内农业发展更加有效的措施，只是其重点与方式随着经济形势变化而不断做出调整（宗会来，2016）。以色列建立时就将解决粮食自给问题作为农业发展的首要目标，因此大力发展小麦、玉米等粮食作物，到 1965 年粮食基本实现自给后，以色列政府开始改变农业种植发展方向。从 1970 年开始，根据国际市场的发展需求，以色列开始逐步发展向日葵、棉花、花生等经济作物，但这些大田作物的产量较低，收益不大。从 1979 年开始，以色列开始规模化种植花卉、果蔬等作物，具有高产量和高品质特点的花卉、果蔬逐渐成为以色列农业出口的主要产品（王岚等，2017）。

为推动经济私有化、贸易自由化改革，提高以色列农业竞争力，以色列政府逐渐减弱了对农业生产的计划性管理，取消或调整了一些不合时宜的支持政策，以推动产业结构调整和市场化经营。例如，政府不再对农业制订生产计划，对大田种植、花卉、马铃薯、番茄等取消生产定额；20 世纪 90 年代初，相继废除了对消费者的鸡蛋和禽肉价格补贴制度，以及国有果蔬、肉类产品经营特许权等；20 世纪 90 年代后期，完成了农业用水定额制度改革，减少了对农业的直接价格补贴；2004 年以来，取消了对水果、蔬菜产业的价格补贴，以及取消了除鸡蛋、牛奶之外的生产定额制度。

8.4.3　以色列职业农民发展实践

以色列一直将农业劳动力职业化和职业农民的专业技能提升视为民族生存和国家发展的支撑基础，在其建立初期受教育水平最高的职业劳动力是农民，他们大都受到高中以上教育，甚至有大学或专科学历，从国外移民归来的农艺师、工程师等大多进入了农业部门。以色列农场平均耕地面积为 20 公顷左右，具有从事规模化、机械化、集约化经营的基础与优势，但是高素质的职业农民却是其现代农业发展的关键因素。只有职业农民掌握了现代农业科学技术与管理技能，才能提高农业生产效率和农产品市场竞争力。

20 世纪 80 年代后期以色列就已经建立起了高度发达的全民教育体

系，在农业劳动力素质提升方面，以色列已经建成一个系统的、多层次的农业教育和农民培训体系，对农民进行终身教育。以色列成立的专门从事农业教育的培训机构每年组织专家面向农民讲授水利、气象、农产品加工等方面的专业知识；以色列的各农业院校及院系，每年针对各地农民实际情况，开设多次免费的短期农业科技培训班，在课程设置上更加注重实用性，农民不仅可以学习到最新的农业科技，还可以就其在生产中遇到的实际问题向老师咨询，真正做到了理论与实际相结合；以色列各农学院每年还会派出相关的专家，深入田间地头，对农民进行生产指导，切实解决农民在实际生产中遇到的各种问题；同时还通过远程培训网络系统等对农民进行不间断的培训。这些举措对农业教育发展、职业农民整体素质的提高和农业技术成果的推广发挥着积极的作用。

以色列在高中阶段就开设了相应的农业课程，对国民开展农业职业教育，鼓励高中毕业生从事农业生产。以色列完善的农业教育培训体系使农民的科技技能及职业素质始终保持在较高的水平上，为其农业现代化发展做出了积极贡献。虽然近些年从事农业生产的绝对人口在下降，但以色列的农业产值却在不断增加，这与其职业农民的高素质是相关的。

以色列现有各类农业院校及综合大学的农业院系共计 60 余所，这些农业院校及院系均是国立性质，政府每年投入大量的教育及科研经费。以色列的大学农业教育涉及面非常广，包括农作物育种、化学品使用、食品加工、食品安全、畜牧业品种改良、畜禽饲养、作物栽培、农业病虫害防治等各个领域。农学院不仅注重基础研究，而且还会依据该国的实际情形，注重实用性农业科技的传授，使毕业生能够很快地投入到农业生产一线（王岚等，2017）。

8.5 日本现代农业成就与职业农民发展实践

8.5.1 日本的农业资源条件与农业发展成就

日本位于亚洲东部、太平洋西北部，陆地面积约 37.8 万平方千米，约为我国的 1/25，总人口约 1.25 亿，全国 68%的地域是山地，平原面积狭小，耕地十分有限，只有 12%的土地是可耕地。日本在地理位置上跨越北纬 25°线，以温带和亚热带季风气候为主，夏季炎热多雨，冬季寒冷干燥，四季分明（李晓娜，2017）。日本境内多山地和坡地，平原面积狭小，仅沿海平原地区适宜农耕。

日本耕地资源十分有限，是世界上农耕地比率最低的国家之一，人多地少是其典型特征，人均耕地不足0.05公顷。在生产经营方式上，日本农业属于典型的小农经济，经营单位较小，但是日本却在小土地所有制的基础上实现了农业现代化。日本的农业现代化经历了一个漫长的转变过程，到第二次世界大战以后才实现农业劳动生产率的迅猛增长。

8.5.2　日本现代农业发展措施

日本农业的发展与其国情相适应，经营规模小，职业农民少，但是由于高度重视生化技术，广泛推广优良畜禽品种，农户平均拥有农业固定资本额快速增长，农业集约化水平不断提高，单位耕地面积固定资本额大，农业基础设施好，农业生产向工业化方向快速发展（王建刚，2019）。日本农业成功发展的做法有：

（1）不断创新措施，应对发展中的土地难题

日本在1947年的农地改革中，以极为低廉的价格把经营地主及寄生地主的土地转卖给佃农，建立起以农户小规模家庭经营为主的土地制度。随着经济的高速增长，人多地少形成的传统小农经济逐渐难以提高农业生产效率，日本自1961年起不断探索改造传统小农、推动农业规模化和现代化的方法。在半个世纪的土地规模化进程中，日本先是以提供补贴和培育流转中介的方式推动土地所有权和经营权流转，但是农户的流转意愿低；随后日本农村地区自发地出现了由一定区域内的农户联合形成的农业经营组织（村落营农），通过合作生产和提供农业生产服务的方式整合区域内的农业生产要素实现规模化经营。然而，过于零碎的地块、缺乏规划的市场化流转以及复杂的地形条件，导致整合土地要素的成本极高。同时，农业劳动力老龄化、弱质化的问题也日趋严重，致使大量土地被撂荒，土地利用率低。在这样的情况下，日本政府出台了农地中间管理业务，强化地方政府对土地规模化经营的干预能力，通过政府进行流转规划、土地改良和由中间机构提供农业生产服务，试图解决日本土地零碎、整合成本高和土地利用率低的难题。这项制度一定程度上促进了土地要素的整合集中，缓解了区域内农业经营主体数量不足的问题（胡霞等，2021）。

（2）小农户衔接一二三产融合发展，实现现代农业提质升级

近年来，面对耕地减少、农户子女减少、农业劳动力老龄化加剧、生产成本提高、进口依赖程度增加等形势，日本以传统农户小规模经营为主的生产经营模式受到冲击。为此，日本政府制定了一系列旨在支持和保护农业农民利益、具有日本特色的涉农法律法规，涵盖了生产扶持、基础建设、农业合作经济组织、农业金融与灾害保险、农业用地与农民土地权益保护等多个方面。通过政策引导，调动农业科研、生产、经营、服务等多主体的积极性，依托专业化生产经营主体挖掘资源，带动指导农户标准化生产、规模化经营、规范化管理，发展专业化农业生产、经营和服务组织，通过多种手段推动农业发展（郎秀云，2013）。

日本99%以上的农民加入了农协农会，实现了区域内成员基本覆盖。日本农协采取“基层综合经营＋上层专业经营”模式，在帮助农业政策落实、辅助地区农业管理的同时，为农户提供产前、产中、产后服务，实现“产加销一体化”：前期提供生产资料购买、生产指导、技术普及和培训等；中期负责收购与加工农产品，使农户种植有稳定预期；后期负责营销与推广，销售农产品。其中，专业农协占比较大，涉及大米、养殖、机械等，业务涵盖农业生产、金融、文化、福利等，一个农户可加入多个农协。这样小农户的生产行为突破了个体能力制约，以农产品加工业为基础，向两端延伸，实现了生产、加工和服务一体化，在这一过程中不仅保证了农产品质量的提高，更是将视野拓展到文化、教育、历史等领域去寻找价值（曾福生，2020）。

（3）智能美丽乡村建设，助推现代农业发展

乡村生产和生活条件优化是顺应广大农民美好生活期盼而助推农业现代化的基础，农村人口的减少和农业劳动力的老龄化严重制约了日本农业的发展，因此日本政府期望在农村地区扩大智能基础设施建设，以机器替代人力，从而缓解农业劳动力短缺的危机。通过在农业生产区域安装机器人传感器、人工智能和物联网等先进技术设备，搜集农业生产环节的数据和活动记录，并将其上传共享。随着智慧农业技术的普及，有利于将传统农业生产模式有效导入现代农业发展体系，推动日本农业产业向规模化、集约化和现代化发展。此外，日本政府坚持绿色兴农，以便捷智能、优美舒适的生活环境吸引青年劳动力在乡村和农业领域就业。日本提出了“美丽乡村”计划，在促进农业地区的资源保护和提高利用效率的同时，扩大水力发电等清洁能源的使用范围，构建资源节约型社会，营造良好的乡村生态环境，提高农村的发展活力（陈雪等，2021）。

8.5.3 日本职业农民发展实践

日本是人口老龄化最严重的国家。在过去的二三十年里，农业人口急剧减少。在非常不利的人口结构条件下，日本通过对内实行强有力的政策支持，对外实施高关税的保护政策，实现了农村的发展和农民素质的快速提升，为职业农民的发展营造了良好的环境，使他们能更专业、更专注地投身于农业现代化建设。

（1）树立农民职业意识，构建了完善的职业农民教育体系

日本以政府为主导构建了由国家相关部门、社会组织、企业相互配合的农业发展和农民教育体系。日本的职业农民教育和培育体系较为完善，培育对象的覆盖范围也比较广，针对不同年龄阶段、不同学历水平、不同从业经历的农民都有相应的培育措施。

文部科学省的农业教育以农业高中（职业高中教育）为依托，重点培养掌握专业知识的务农人员和技术人员，这些人员是目前日本青年职业农民的主要来源。农林水产省和各县农业大学开办的各类农业非学历教育以高中和初中毕业生为对象，传授初次务农人员基本的农业技术和经营知识，指导实践培训和进修教育。日本农协是涉及农业、农民、农村的综合社区组织，又是农业经营组织。日本农协结合地区实际情况，开办相关技术、政策、产业等短期研修，辅助职业农民了解相关政策和农业经营现状。日本全国农村青少年教育振兴会、农业青年俱乐部等民间协会接收和指导务农青年进行农业学习和实践（胡永万等，2017）。

日本的农业培训和教育资金来源于政府和农业协会。政府资助有两种形式，即直接资助或者长期的低息贷款。经过认证并合格的职业农民在申请贷款时，可以享受政府的低息贷款优惠政策，最长时间可达12年，低息贷款减少了农业生产的资金压力，提高了农民从事农业生产的热情。经过认证的职业农民在购买农业基础设施时，农业协会通常会给予不超过50％的资金支持（胡永万等，2017）。

（2）完善相关优惠政策，不断吸引青年劳动力返乡务农

日本在农民职业化培育体系中，注重优惠政策引导和资金补贴支持，使得职业农民培育事业得以迅速发展。日本近年来积极推进“青年务农计划”，农民职业化教育培训对象也主要集中在青年务农人员，号召了一大批青年劳动力返乡务农，对农业可持续发展起到了积极的推动作用（胡永万等，2017）。

日本农民认定制度是日本农民职业化培育的重要一步，日本政府通过职业农民资格认定规范地引导农民职业化发展，树立了农民职业这一社会主流意识。职业农民资格认定不仅是为了政策保障到位，更是为了明确职业农民准入条件，也改变了社会大众对农民的歧视态度。日本实行的职业农民认证有两种，农业职业从业者认定和生态农户认定。要想取得相关的认证证书，需要参加培训并通过技能考核，取得证书的职业农民便可以获得政府的保障，政府会在融资方面予以支持，相关的保障制度还会使认证证书在农业发展中发挥更大的作用。职业农民资格认证与农民教育彼此促进，相得益彰。

农业经营资金支持政策包括免息贷款制度（经资格认定的 18～45 岁的青年职业农民可以获得免息贷款资格）、农业经营主体（职业农民）培育支援制度（针对购买农业设备的职业农民经营主体提供融资补助）、农业经营基础强化准备金制度（将收入纳入准备金补贴作为经营的必要费用，从而合理避税）等（马春燕，2020）。

日本为促进城乡教育均等化发展，建立了职业培训制度，加强对农业生产技能和管理能力等方面的培训，培训内容有针对性和侧重性，重点是教会农民如何科学种田和饲养。面向偏远的山区和乡村，日本政府还提供相关教育设施改造和建设、交通工具购置以及卫生医疗投入等费用，并增加对贫困地区基层教师的补助。

(3) 制定和完善农民法律，全方位保障农民职业化发展

职业农民培育法制化是日本农民教育和农民职业化培育的重要保障。日本颁布了《农学校通则》《农业改良助长法》《社会教育法》《粮食、农业、农村基本法》等法律法规，强调农业教育在整个教育体系中的重要地位，确立了职业农民的形象，将农业逐步变成了正规职业。日本相关法律切实提高了职业农民的社会地位，保障了职业农民的收入，使职业农民掌握了农业技术，提升了农业经营能力。同时，日本政府从法律法规上保障了农民职业化发展所需的支持，并且不断改进完善培育和发展体系。日本的法律法规体系为农民职业化培育和发展提供了相对较为完善的政策保障。

8.6 发达国家农民职业化和现代农业发展实践的启示

我国既是人口大国，也是农业大国，农业生产在国家安全体系中具有举足轻重的地位，农业稳，天下安。随着我国城镇化水平的快速发展，大量的农村青壮年劳动力流向城镇和从事非农产业，我国农业正面临着劳动力短缺和成本过高的问题。以大宗作物种植、大规模园艺生产为主的产业类型实现经营专业化、生产机械化、服务社会化是现代农业适应人口就业与社会转型发展的重要方向。当前我国农业专业化生产与社会化服务的总体水平不高，与发达国家相对完备的现代农业发展体系相比还有较大的差距，它们在现代农业发展和职业农民培育道路上的成功经验值得我们学习和借鉴。

启示一：政府的正确扶持与帮助是农业快速走向现代化的重要基础

农业是一国国民经济的重要基础行业，同时也是利润率比较低的产业部门。没有政府的正确引导和帮助，农业资源自动走向合理配置将是一个漫长的过程。政府的调控是国家农业系统合理运转和效率进一步提升的基本保证，例如，在小农经济向现代农业转型的过程中，合理流动土地要素，发展适度规模经营，重构劳动、土地、资本等生产要素的关系等都离不开政府的协调与管理。政府调控的内容要放在：①积极完善农业知识创新体系的配套制度，保障农业知识创新体系的合理运转；②积极发挥国家农业政策对农业知识创新体系的激励作用，将激励机制运用到教育、科研和推广体系中；③直接或间接地提升农民的职业吸引力，不断提高农民的文化素质和技术水平；④鼓励农民接受职业教育与技术培训。

启示二：农业科学技术发展是现代农业发展重要的支撑力量

现代化农业生产是以现代科技为依托的，发达国家的经验表明，农业知识与创新的动力来源于农业实践，农业科技成果能否转化为生产力取决于其有无市场价值、能否给农民带来实际利益。农业科技服务体系在农业成果转化中占有举足轻重的地位，要充分发挥农业知识创新体系的功能，必须完善农业教育与农业推广工作，促进农业教育、农业科研与农业推广服务的有效衔接，不断提升农业科技成果转化率，促进农业现代化发展。目前我国的高校及科研单位每年都会产生大量的农业专利和科技成果，但是真正转化为生产力的却较少。首先，要完善我国的农业知识创新体系；其次，要以农业发展的实际需求为发展动力，促使农业科研、农业教育与农业推广协同发展，确保目标一致，从而产生良好的执行力。

启示三：农业适度规模经营与职业农民培育须同步推进

规模化的家庭农业在发达国家占据着重要的农业经营主体地位，这表明乡村家庭仍然会是未来一定时期内适合农业生产的经营主体，但家庭农业的规模必须随着经济发展的水平和工业化、城市化的进程而不断扩大。即便是人地矛盾突出的日本，也力求把农地经营规模扩大到能够有效吸纳现代生产要素的最低临界规模以上，或者能够实现与非农产业劳动力所得收入相均衡的最小必要规模以上。

我国传统小农模式正面临着工业化发展的挑战，工业化使得小农模式正日益失去生存的社会基础与经济环境，农业适度规模经营是大势所趋。农民职业化是农业规模经营的逻辑结果，而职业农民又是农业规模经营与农业现代化的重要推动力量，在实践中二者需要同步推进。目前我国政府提出了促进我国农业适度规模经营的具体政策措施，如《中共中央关于全面深化改革若干重大问题的决定》提出："鼓励承包经营权在公开市场上向专业大户、家庭农场、农民合作社、农业企业流转，发展多种形式规模经营。"2014 年中央 1 号文件对"发展多种形式的规模经营"提出了具体的支持政策措施，但对职业农民培育尚未提及。缺乏职业农民支撑的农业规模经营难以稳定、持久和可持续，因此有必要出台职业农民支持政策，推进农业规模经营与职业农民同步发展。2015 年中央 1 号文件提出："积极发展农业职业教育，大力培养新型职业农民。"培育职业农民问题已经引起我国政府决策层的注意。

启示四：农民职业化需要从各类规模化经营主体开始

培育职业农民是一个循序渐进的过程。我国农民数量庞大，大多数是兼业农户、小农户，有待于向二三产业转移，从农业生产视角看，这一群体是不稳定的，不适于作为职业农民的候选人。我国职业农民培育应从规模化经营主体开始，如专业大户、有一定规模的家庭农场、农民合作社负责人、农业服务专业户，因为他们已经成为独立的市场主体，以农业为主业并以农业为主要收入来源。可从以下几个方面为突破口：第一，把职业农民纳入城镇职工医疗和养老保险体系。此举有利于消除长期以来对农业、农民的歧视，给予职业农民“国民待遇”，使职业农民的生存条件得到制度保障，与其他职业具有平等关系，有利于农民专注于专业分工下的生产。第二，创新土地流转。农民职业化进程会受各种因素的影响，其中土地是最基本、最重要的制约因素，没有稳定的土地制度就谈不上职业农民。应建立土地使用权合理流转制度，解决职业农民对土地的需求问题。第三，加强职业培训。职业化首先要具有专业的职业技能，当前我国农业规模化经营主体文化水平总体不高，种田主要依赖于经验，难以适应农业未来专业化和规模化的进一步发展的需要。需要加强对规模经营农民的培训，提供免费的科学种养等知识更新培训。

启示五：鼓励高素质农民回流和大中专高校毕业生下乡创业

农业人才是促进农业科技创新和建立现代化农业生产环境的前提，现代化农业生产环境的优化反过来又会促进农业教育的发展，从而吸引更多的农业人才从事农业生产。目前我国农村人口和农业劳动力老龄化问题比城镇更加严重，呈现明显的城乡倒置现象，造成这一现象的根本原因在于大量农村青壮年劳动力长期在城镇务工。农村规模经营主体的年龄结构趋于老年化，青年农民少，解决未来谁来种田的问题需要及早培育新一代职业农民。首先，采取措施吸引素质较高的外出务工者回流乡村从事规模化农业经营，他们有一定的资本，有较宽阔的视野和对农业的天然情感，是未来职业新农民的理想人选；其次，我国应在总结大学生村官经验基础上进行新的探索，鼓励大中专毕业生尤其是农林类大中专毕业生到农村创业，使其成为新一代职业农民的主要来源。政府应出台具有含金量的大中专学生去农村创业的支持政策，为初始创业的职业农民提供特别帮助，如指定专业技术人员进行技术指导、提供低息农业贷款、提供政府特别补贴、提供优惠政策性农业保险、提供与城镇职工医疗养老保险同等待遇等。

8.7　小结

世界各地农业生产条件和劳动力素质的差异性决定了完全一样的生产

模式、效率和手段是不存在的，即使相同的农业生产技术在不同地区的应用也会衍生出不同的现实问题。许多发达国家依据自身的自然条件，采取相应的措施，促使本国的农业发展达到了相当的高度，他们的成功经验中有值得我们学习和借鉴的地方，也有需要我们依据本国的国情进行改造的地方。发达国家农业的成功发展，一方面基于成功的技术研发，另一方面要归功于相应的管理政策调控的成功，这两个方面相互促进，促成了发达国家农业的成功发展，缺一不可。

我国国土辽阔，跨越多个气候带，地貌特征多样，区域间的气候条件差异大，土地类型和条件复杂多样，相应的农业生产和管理模式也应该是有差异和有针对性的。从我国的自然条件和文化历史视角看，某一个发达国家的单一农业发展成功经验并不能完全适用于我国多样的农业区，如果基于拿来主义进行照搬使用，失败是必然的，但是它们所积累的成功经验里面一定有值得我们学习的地方。本章所选择的发达国家农业情况均能够在我国发现类似的条件区。美国大农场的生产模式与我国新疆的生产条件相类似，如何在新疆开展大农场经营并保持合理更替，其中的应用技术、管理方案和政策支撑等方面均值得我们借鉴。以色列的节水技术及应用推广值得我们学习，在我国新疆、内蒙古等许多地区同样面临着缺水的情况，虽然这些硬技术可以拿来为我们所用，但是其中的技术应用政策支撑环境的构建值得我们思考和改进。日本农业的发展值得我国人口稠密和多山的地区借鉴。在我国也能发现与德国和荷兰农业具有相似条件的地区，它们农业机械化的发展与政策之间的成功衔接值得我们思考。

除了相关地区与相似的农业生产条件的发达国家对照农业生产模式之外，发达国家在农业生产之外的领域对农业生产的政策影响也是值得我们学习的，比如对大农场的代际传承只能由一个子女继承的法律规定、强化养老保障和教育环境的政策基础等。成功的农业发展往往来源于成功的支持政策体系设计，发达国家农业发展政策成功的关键点在于对职业农民的生产决策及其家庭生活的正向影响，我们必须重视，因为政策运行的效果都来自相关劳动力的响应，包括农业领域的职业农民的响应。

第9章 职业农民生产生活维度的未来乡村图景及其实现的政策建议

9.1 未来乡村图景

近年来，学术界关于我国职业农民培育、乡村发展、现代农业、粮食安全相关领域发表的文献异常丰富，从不同的角度探讨了我国目前“三农”领域存在的问题以及相应的解决方案，为实现我国农业现代化发展献计献策。实际上学者们发现问题并提出解决方案的过程就是想通过改变现存问题使我国的农业走向现代化，是描绘我国未来乡村理想图景的过程。笔者依据对发达国家经验的观察、相关学者研究的梳理和前述章节的研究认识，对我国乡村社会的未来图景做一番展望和描绘。

在对我国未来乡村图景描绘前，需要进行几点说明：一是关于未来概念的说明，这里的未来没有具体的时间限定，是指实现结果需要经过的发展和建设的时间段；二是本处的乡村图景是基于相关学者提出的解决目前问题后可能结果的综合性汇总描绘，是结合发达国家乡村发展状况的总结。任何事情都有两面性，社会发展过程中的问题也是有时代性的，这里并不涉及未来可能出现的新问题的探讨。

9.1.1 乡村布局调整

乡村布局调整是乡村经济发展的必然，这种必然是乡村居民为追求更低的生活成本、更便捷的生活服务而自发调整居住地的结果。主要来自几个方面的动因。

第一，交通、通信技术的发展使得乡村居民生产和生活的活动半径不断扩大，居住地对农业生产产生影响的极限距离在延伸，在交通成本足够支撑的情况下，农村居民向中心村镇集中以提高生活水平成为可能。

第二，专业的职业农民的发展正在驱离小农户，面对正在减少的乡村人口，乡村公共服务和基础设施效率的提升需要调整乡村居民点布局。目前我国农民正朝着三个方向分化：①一部分家庭在城市定居并具有体面的收入，其部分家庭成员留乡务农的经济意义趋于消失，最终这个家庭将整体退出农业领域甚至离开乡村；②一部分家庭因为经济或其他原因未能进入城市，但是又由于经济受限而难以扩大农地经营规模，于是留守家乡成为小农户或其他非农职业类型家庭；③一部分家庭的土地经营规模逐渐扩大，专业化水平不断提高，逐步发展为专业农户，其家庭劳动力也就是本书强调的职业农民。在农户分化过程中出现的大量的“半耕半工”农户是农户分化的过渡形态，这些农民希望走出乡村分享城镇化的红利，同时又不肯放弃家乡的土地。所谓“半耕半工”是指以家庭代际分工为基础，年轻的家庭成员进城务工赚取收入，年老的家庭成员在乡村务农提供基本保障。从发展趋势来看，“半耕半工”并不是一个稳定的状态，最终的结果往往是离开农业。

第三，当城镇化与市场化发展到一定阶段后，微观尺度上的村庄内部阶层分化将转变为宏观尺度上的村庄类型分化。当前我国乡村大体可以分为三类：一是城中村、城郊村和经济发达村；二是生态脆弱区村庄；三是典型农区村庄。第一类村庄虽然还叫村庄，但大多实际上已经不是农村，也基本没有农民和土地，一些经济强镇将突破原有生态层级跃升为小城市；位于城镇密集区和大城市周边的小城镇和乡村则会随着城市地理空间的扩张和功能的发展而成为城市的重要组成部分。第二类村庄从长远看大部分终将走向消失，只有少量的特色村庄因具有较强的文化价值而仍旧存在。典型的农业生产区是乡村振兴的主战场，是我们关心的未来乡村的基础，这些乡村在人口大幅度减少、村庄趋于收缩、土地连片经营的情况下，城乡格局和乡村治理体系需要进行适应性调整（陈明，2019）。

随着乡村经济的发展、现代农业技术的发展和农民生活标准的提升，不同的乡村地区都出现了适度聚集的态势，然而不同地区的城乡空间集聚模式是不同的，这种差异不仅与城镇化发展的不同阶段有关，更是时代背景、地理特征、气候条件、资源禀赋、生存环境及其塑造的不同地域多元的文化体系综合影响的结果。

目前引导乡村集聚和分散的空间力量同时并存。在一些劳务需求大的农业生产季节里，有些村民离开中心村而留在田间地头居住，以获得较好的收益回报。互联网既是促进乡村人口集聚的力量，也是促进乡村人口分散布局的力量。乡村如果过度集聚就会失去自身的特色和优势，乡村空间布局是乡村居民在一定社会发展水平条件下找到集聚与扩散之间最佳平衡点的结果，是在生产、生活、生态之间找到的最佳平衡分布。在一些现代农业条件好、交通便利的优势地区，大规模机械化生产将支持村镇高度集聚，而一些不适合人类居住的地区，乡村人口将持续退出，从而形成大疏大密的空间格局（杨保军等，2021）。在个别地区，由于农业生产水平的提升，在农业规模化生产收入足够支撑的情况下，与美国乡村地区类似的独立于村落之外的现代化农场也是未来乡村一隅。

9.1.2　乡村劳动力与居民构成

大量农业人口堆积在乡村让每一个农业家庭都很难过上富裕的生活，只有在乡村农业人口大幅度减少、职业农民的人均可耕作面积大幅度增加之后，乡村现代化才能够顺利实现。在比较收益的拉动下，大量的农业劳动力离开土地成为市民或非农业劳动力，小部分农业劳动力再次与土地结合成为职业农民。小农户的终结将成为不可逆转的历史潮流，但是小农户的终结并不是农业的终结或乡村生活的终结，乡村以小农户为主体的农业经营模式终将被经营适度规模农场的职业农民所替代。

当前传统农区的常住人口主要由少量专业农户（职业农民）和大量小农户构成。通常认为，中等规模（10～50 亩）的粮食种植难以实现一家两口人的充分就业，在经济理性驱使下，中等规模农户要么放弃农业经营，要么向更大规模的专业农户方向发展。也就是说，中等规模（10～50 亩）的农户实际上是小农户和专业农户之间的过渡状态，不具有长期稳定性。目前的小农户本质上是老弱病残等留守群体，这些小农户看似数量庞大，但绝大多数小农户实际上是不“下地”的，小农户的土地要么流转给专业农户，要么交给农业社会化服务组织托管或者代耕。在未来一定时间内，随着农村老年人自然生命的终结，我国小农户的数量将会急剧减少（可能需要10～20 年）。在未来乡村，一家一户的小块农田将越来越难以见到，取而代之的是连片耕作的规模化农场：一户农民可以耕作几百亩甚至上千亩土地。不少农场跨越村庄甚至是乡镇，专业化的职业农民经营的家庭农场崛起将成为难以阻挡的潮流（陈明，2019）。

职业农民的成长与发展是发生的一连串事件促成的结果。职业农民的发展与土地经营规模的扩大具有直接的联系，但其反映的内在逻辑是乡村人口布局的变化和专业分工的深化。一方面，农业人口逐步向城市或非农岗位转移，乡村农业人口大幅度减少，随着城市劳动力边际收益率递减和乡村农业劳动力边际收益率递增，只有当城市劳动力收益率等于乡村农业劳动力收益率时城乡之间的人口流动才会结束，其结果是职业农民成长为乡村农业生产的中坚力量；另一方面，职业农民深度卷入产业分工，成为广阔市场中的一个生产经营单元，他们饱经市场化的洗礼，比传统小农具有更强的生产经营能力、更加充分的就业、更令人满意的收入。高素质的职业农民凭借着集约高效的生产劳动成长为乡村的富裕阶层，产业兴旺和生活富裕在他们身上成为现实，而产业兴旺、生活富裕又将成为乡风文明的基础和前提。

在传统乡村社会中，小农不仅是一个规模概念，还是一个生产关系概念、一个政治文化概念。乡村农业生产的主体力量转变为从事规模化生产的职业农民以后，农民的概念仅代表职业，为职业农民所专有；传统的小农则转变成为乡村居民，或者是相应职业的劳动者，其中也包括在农业劳动力缺乏的季节为家庭农场提供季节性临时服务的劳动者，当然，在农业生产大量需求劳动力的季节也不排除吸纳更多的外来劳动力从事农业生产。

乡村地区因其绿色、健康、可持续、田园栖居的特点而对城市居民形成持久的吸引力。除了乡村原住民，各种各样的乡村新居民将有可能以更加自由和灵活的方式在城市和乡村之间切换，并在乡村地区产生一种全新的城乡双栖的居住模式。未来乡村的人口群体可能有：职业农民、乡村生活服务从业者、乡村秩序管理者、乡村农业生产服务者和休闲生活居住者等。

9.1.3 乡村功能

乡村的核心功能是粮食生产，这一功能涉及国家的稳定和政权的延续发展，无论任何时期这一功能都不能有丝毫的减弱。一些学者因乡村人口的过度减少而担心可能引发乡村衰败，进而影响到国家整体的粮食安全。其实乡村概念不是指某个村庄或村落，城镇化进程是不可阻挡的，乡村人口的析出引发的部分村落的衰败是乡村空间布局变化的结果，是经济社会发展的正常现象，并不是整体乡村的衰败。

粮食安全问题在任何时候都是国家安全和稳定发展的重大问题，保持一定比例的粮食本土生产是社会稳定发展的基本要求，未来农业将由低收益的劳动密集型产业转变为高收益的技术密集型产业。未来乡村的粮食生产核心功能是由职业农民通过运营家庭农场来实现的，通过少量可持续的高素质职业农民队伍运用高科技手段进行规模高效的农业生产，在有限农地资源条件下承担的乡村粮食生产和保障功能不仅不会衰减，还会因为生产效率的提高而提升。乡村兴旺是从整体上看其功能是否能够保持或增强的，如粮食安全功能，如果粮食供给能够在数量安全、质量安全、未来安全上得到保障，那么农业产业是兴旺的。乡村振兴与否不能用村庄的大小来说，一部分村庄的消失是正常的调整，是现代交通、通信发展引起的乡村居民活动半径扩大的结果，也是农业生产效率提高的必然结果，相应地，乡村地区人口和农业劳动力数量的减少也是正常的。

乡村社会面临着从传统向现代的转型，我国未来乡村与发达国家一样，乡村除了可以提供生产服务外，更是人们生活的场所。现代化的大城市既具有生活的种种便利，又使得人们不得不忍受城市病的困扰。乡村生活与节奏紧张的都市生活形成鲜明的对比，可以带给人们更多的心理抚慰和舒缓，田园栖居是许多人的新生活态度和新价值观。城市与乡村在就业、市场、产业、交通和空间等方面的一体化融合，有助于实现城乡要素的自由流动。未来乡村的人口结构必然发生重大的变化，除了乡村原住民外，各种各样的乡村新居民将有可能以更加自由和灵活的方式在城市与乡村之间切换生活，并在乡村地区产生一种全新的城市与乡村双栖的居住模式。未来的乡村与城市是无法剥离的，只有当城乡一体化的网络构建到一定程度时，乡村才能发挥出应有的作用。乡村的功能既是作为农业的服务点，也是作为都市区的有机组成部分。全球科技发展迅速，低成本的生活设施供给已经成为现实，信息化、智能化和机动化在乡村地区正在实现。互联网的普及使乡村正在实现与城市信息的一体化。与此同时，智能化设备和服务的迅猛发展使得居家养老与医疗机构的联网也在逐步实现。传统意义上的乡村公共事务将逐步收缩或者转型：一部分内容将随着人口的疏解而逐步消失，比如纠纷调解、宗族祭祀；一部分内容将转化为专业农户之间的自主合作，比如共同生产、村容环境整治；还有一部分将转化为政府在更广范围内提供的公共服务，比如治安保卫。

9.2 乡村劳动力素质结构升级路径

世界各国经济发展和农业现代化的历程表明，一个国家的现代化进程是市场化、国际化、工业化、城市化水平不断提高的过程，也是传统农业向现代农业转变、传统乡村村落向城市社区和现代乡村社区转变、传统农民向现代市民和现代职业农民转变的过程。农业现代化进程从本质上看，是传统农民不断分化和农民素质结构不断升级，最终形成以专业化的高素质职业农民为经营主体的农业生产和发展过程。我国长期以来形成的城乡分治的管理体制和城乡有别的资源配置制度在一定程度上阻滞了传统农民的分化。制度创新无疑是加速传统农民分化和现代职业农民素质结构升级的有效路径选择（杨泽娟，2007）。

9.2.1 实现困境

乡村劳动力素质结构提升是一个系统工程，其基本目标是农业劳动力的年龄结构年轻化和高素质化。要实现这一目标，一方面需要促进小农户非农化转移，包括向城市非农岗位转移和向乡村本地非农岗位转移，在为高素质职业农民让位农地资源的同时塑造有利于乡村居民的生产和生活服务的乡村环境；另一方面需要大力培育高素质的青年职业农民，并形成有利于职业农民代际合理更替的长效制度安排。目前乡村小农户正在分化和转移，青年高素质劳动力正在离开乡村，这与留守劳动力群体素质提高的目标背道而驰。乡村劳动力素质结构提升需要一个漫长的过程，主要原因在于以下几点。

（1）小农家庭在非农化转移的过程中不会轻易放弃其承包地可能带来的农业收入

对于一个乡村小农家庭来说，只有该家庭成员在城市的非农收入水平能够支撑其全部家庭成员在城市生活所需时才能实现该家庭的城市非农化转移，否则这个农民家庭不会放弃农业收入，也大多不会选择全家人进城生活或完全离开农业。其原因是农业收入是通过家庭中几乎被甚至已经被城市劳动力市场挤出的成员用还富余着的劳动能力获得的，属于额外的意外之喜。所以为什么要放弃呢？非农收入结构和较高收入水平是成功的城市化转移对潜在城市化农民家庭提出的硬要求，而不同的农民家庭同时达到这两项要求的能力存在显著的差异。因此，在城市化或非农化进程中，农民家庭普遍处于“半城市化”状态，在经济收入上和制度身份上始终与农业保持着有关联的状态。

条件较好的城市化家庭退回农村参与农业生产的可能性很小，因为他们已经达到城市化的要求，且农业收入对于他们而言已经可有可无，除了那点微乎其微的租金，他们与农业和乡村基本上不再有经济关联。然而，他们并不愿以无偿或低偿的方式放弃农地承包权，而是通过与乡村维系制度关联的方式将这个权利保持在自己手中，期待能有使其权利增值和变现的政策机会，所以即使已经城市化的相对优势家庭也不会轻易放弃“半城市化”状态所拥有的以农地为核心的权利。相对弱势的农户维持“半城市化”状态缘于其还未达到高质量城市化的要求，必须从事农业生产，以充分配置家庭中所有成员的劳动能力，用相对弱势的劳动力从事农业生产和相对优势的劳动力进城务工的办法尽可能多地积累家庭财产。“半城市化”状态下所拥有的农地是相对弱势农户维持生计的基础来源之一，也是谨慎心理下安全的需要。

(2) 高素质青年农业劳动力向城市集中，影响了乡村各业劳动力素质结构的提升

高素质青年劳动力在工作和生活中需要承担更多支撑其家庭发展的重任，其追求的目标就是通过竞争更高收入的职业岗位来改善家庭成员的生活条件，也就是说，高素质青年劳动力在竞争高收入岗位时具有明显的优势，总会对低素质劳动力产生挤压。城市非农岗位具有较高收益率，同时城市完善的基础设施不仅方便了居民的生活，还有利于下一代的成长。城乡职业收益率和生活条件差异大，首先通过获得非农岗位流出农业系统的是高素质青年劳动力，被挤压而留下的老年劳动力、妇女劳动力和低学历劳动力由于体力、资金和智力等方面的限制而不得不以原来传统的方式从事农业生产。留守劳动力生活状态的示范效应会进一步传播，影响到乡村劳动力素质结构的提升和现代农业生产技术的应用，其结果就是被挤压的低素质劳动力集聚乡村从事传统的农业生产方式，他们期盼下一代能尽快离开乡村、离开农业，由此形成的认识不利于乡村劳动力素质结构的进一步提升。

(3) 乡村干部整体素质不高，在一定程度上阻碍了现代农业的发展

村镇一级的管理者是当地社会政策的执行者，是乡村经济社会发展中的“关键少数”。事实表明，好的村镇负责人和管理班子对粮食生产和村镇各项事业发展具有重要意义。目前我国乡村干部整体素质不高，交流性不强，容易形成稳定的利益小圈子，与乡村快速发展形式不相匹配，甚至在一定程度上阻碍了各方劳动力素质的提高和现代农业的发展进程。改变目前现状可以考虑吸引高素质大学毕业生入职乡村干部队伍，加强交流，不断提升乡村干部眼界和工作能力。

9.2.2 基本目标

农业劳动力兼业化是在工业化发展过程中世界各国农业发展存在的共同现象，农户兼业是农业劳动力分化的过渡态。农户兼业的动因主要在于：①人多地少，加上农业增长方式由劳动力集约向资本、技术集约转变，农业富余劳动力增加，农业生产的边际生产收益率低；②工业和服务业的发展提高了农业生产劳动的机会成本；③均分性地承包农田具有社会保障功能，并且随着经济发展，土地的价值也在提高，农民对土地使用权的转让比较谨慎。虽然农户兼业在一定条件下具有存在的合理性，提高了农业劳动力及其他资源的使用效率，增加了农民收入，但是农户兼业始终是一种过渡状态，负效应明显：①兼业化的结果是高素质青年劳动力逐步离开农业，使务农劳动力素质降低，主要表现是老年人和妇女劳动力增加，农业新技术应用能力差；②兼业化阻碍了农地的流转和集中，延缓了规模经济的发展，不利于推广现代农业科学技术；③兼业化加剧了小农生产与大市场的矛盾（秦雯，2012）。

改变目前农户分化不完全、分化缓慢、效率不高的状态是现代农业和乡村发展的必然要求，基本的目标任务指向包括以下几个方面。

①通过对城乡经济社会发展关系的统筹，使我国乡村社会朝着“生产

发展、生活宽裕、乡风文明、村容整洁、管理民主”的方向积极推进。乡村生活环境优化、秩序优良、生产有盼头是吸引高素质青年劳动力乡村就业的基本条件，只有让乡村成为高素质青年劳动力职业选择的竞争地，才能通过高素质青年劳动力的竞争将其他简单劳动力挤压到城市或者非农行业，这样才能有效改善乡村地区各类职业岗位的劳动力素质结构。但是目前的现实情况是相反的，劳动力的理想竞争地是城市，理想的竞争行业是非农行业。

②优化乡村中小学义务教育，提升未来乡村劳动力转移竞争力。乡村居民子女是未来的人口和劳动力，其成长的方向关系着乡村未来的人口和劳动力结构，其成长方向的托举基础是乡村的中小学义务教育体系。完善科学的中小学义务教育体系，一方面有利于提升乡村未来劳动力职业岗位的竞争力，在我国目前乡村人口数量较大的情况下，高素质的乡村人口无论是城镇就业还是乡村就业，均有利于我国现代农业的发展；另一方面也有利于吸引高素质青年劳动力选择乡村就业，让职业农民在没有子女教育之忧的乡村环境下安心于专业化的农业生产。

③积极推进兼业化农户走向职业专业化和非农化，为规模化的农场发展创造条件。兼业农户过多，造成的结果就是农地流转集中缓慢。兼业农户已经走在了离开农业生产的道路上，促进其下定决心离开农业意味着其承包的农地可以通过一定方式集中于适合的农民群体手中，有利于实现农业规模化生产，发展现代农业。

④积极培育职业农民。从发达国家现代农业发展的经验来看，农业技术的研发和推广应用是现代农业发展的基础，但是最终的使用依赖于高素质的职业农民。高素质的职业农民是现代农业发展的关键，职业农民的培育是一个系统工程，涉及教育、政策扶持、技术服务、生活条件和市场帮扶等。

9.2.3　政策优化路径选择

要实现未来美丽的乡村图景，需要将乡村经济结构调整与城镇结构调整结合在一起，将促进城镇化建设作为乡村结构演进的关键环节。

(1) 调整投入结构

在宏观上优化国家对农业和乡村的支持政策。第一，应调整投入方向，保证乡村经济结构调整能够加快农产品流通体制的改革进程，能够将农产品流通环节内的补贴进一步推广到生产环节和技术环节，实现对农产品生产的直接补贴。第二，应重点加强乡村公共产品和公共服务的政府投入。在公路、电网、学校和医院等建设方面投入更多，即在持续实施积极的财政政策的过程中，让投资结构能够朝有利于乡村经济结构的演进方向倾斜。第三，逐渐降低甚至取消不应由农民负担的各类税费，并在降低农民直接负担的同时，为其创造更多理想的就业机会（高兴民等，2018）。

一般来讲，国家资源投入应当解决市场无法解决的问题，应当具有保底性质。我国乡村发展正处于剧烈变化时期，地方政府若不计成本地在所有乡村地区搞基本建设，变迁村庄与静态投资、农民进城与资源下乡产生的错位会造成巨大的无效投资，一方面造成了巨大的资源浪费，另一方面也大大降低了投资效率。

我国城镇化水平节节攀升的另一面是村庄数量的大幅度减少，在乡村人口迁移、征地、交通和居民收入水平提高等多种因素的作用下，乡村空间布局调整成为历史发展的必然要求，我国政府也相应地开展了撤村并点工作，我国的自然村数量从 1990 年的 420 万个减少到 2013 年的 280 万个，24 年间至少有 140 万个自然村消失，减幅高达三分之一。实际上，目前的撤乡并村工作并没有达到理想的效果，自然村的合并不代表居民点的减少，因为许多村庄的撤并仅仅是行政机构的合并而已，这样的结果仅仅是村庄名称数量的减少，村级委员会行政机构和人员的减少，并没有实现村庄居民点的有效减少，在此情况下反而增加了过渡期的日常管理纠纷。由于资源的有限性，乡村公共产品和公共服务的投入难以做到覆盖每一个居民点，也没有必要，因此必须分清哪些乡村居民点需要迁移，哪些居民点有必要大力发展，有效提升乡村基础设施和公共服务的努力只能放在有发展潜力的乡村居民点，对于有可能消失的村庄居民点则需要加强撤并。乡村基础设施建设和公共服务投入的过程需要加强居民点的整理，让乡村空间布局跟进时代的发展，进一步提升乡村基础设施建设的效能。

当前我国居民区基础设施和公共服务的城乡差距明显，乡村优质人口外流态势严峻。加快补齐乡村基础设施和公共服务短板，改善乡村人居环境，有利于更多的高素质青年劳动力愿意在乡村生产和生活，为乡村带来人气、聚集财气、增添活力。

当前我国乡村环境问题比较突出，农业生产方式粗放，乡村人居环境亟待改善，自然资源保护还不够有力。为此，应大力推行农业绿色生产技术模式，推动农业高质量发展；加快推进农村改水改厕与垃圾污水处理，加强环境治理，改善人居环境，塑造清新自然的田园景观，彰显宜居的乡村风貌。

（2）优化乡村教育体系

乡村建设是振兴中国乡村社会的重要内容，其中人口和劳动力素质提升处于中心位置。乡村教育具有向社会输送和培养合格劳动力的长远功效，是乡村建设和社会稳定发展的根本手段。如果乡村社会秩序恶化，风气败坏，形成负的外溢效应，则会导致整个社会的治理成本增加，不仅无法吸引资本和高素质劳动力流入，还会驱赶本地有限资本外流，呈现出负的聚合效应。

通过教育提升乡村人力资本的知识技能和精神素养，就必须构建起有效的乡村人力资源开发机制，通过学历教育、技能培训、实践锻炼和人才引进与回流等途径提升乡村人力资本的数量与质量。值得考虑的实现路径有：一是设立乡村专项教育基金，普及义务教育，改善教学条件，高等教育资源比重向乡村地区倾斜；二是通过教育并结合其他措施提高乡村劳动力的个人收入，提振乡村居民生活信心；三是通过各种优惠政策鼓励国有、民营及外资企业到乡村进行项目投资，让乡村劳动力通过“边干边学”提升技能和积累经验，使他们开阔眼界，增长见识；四是鼓励企业家、高校学者、技术专家、大学毕业生等社会精英到乡村任职，积极地影响乡村教育氛围；五是加强乡村基层党组织建设，通过建立乡村基层组织党员联系人等帮扶措施，由党员带头移风易俗，改善乡村居民的精神面貌和文化素养，引导乡村居民自我管理、自我教育和自我提升（张金山等，2019）。

（3）调整乡村就业结构

促进农民分化是促进现代农业发展的推手，基本手段就是调整乡村就业结构。耕地资源要合理配置，需要促使不想种地和不愿种地的农户转让土地经营权给愿意种地、会种地的职业农民，可以创造条件、明确措施以促使兼业农户非农化或市民化。为解决兼业农户市民化过程中因放弃农村土地、城市置业又失败所可能带来的社会问题，可以采取以下措施：一是用法律保障转为市民的农民的土地承包权益，安定人心；二是鼓励其利用承包土地换取城市居民社会保障，或利用承包权弥补城市社会保障的欠费；三是积极发展城市福利，提升城市户籍的“含金量”，切实保障新转为市民的农户能够享受到与普通城镇居民完全同等的权益（秦雯，2012）。也可以针对这种情况，对迁入城市的“新市民”（如几年以内）给予特殊的社会福利保障，以推动农民市民化的过程。兼业农民市民化可以带来诸多积极效应，要构建城乡平等的就业环境，不断清理和取消针对乡村劳动力进城务工和定居的各种歧视性规定和不合理收费，建立城乡统一的劳动就业服务体系，完善涉及乡村劳动力的劳动合同制度，切实维护进城就业和定居的农户的合法权益，积极创造有利于乡村劳动力及其家庭进城安居乐业的环境，真正做到城乡居民就业机会的平等。

在本地非农化方面，需要将转移模式从局限在就地就近转移转向就地就近转移和跨区域流动结合方面，重点发展乡村二三产业与多种经营，以此延伸和扩展乡村就业领域；同时应加强乡镇企业与中小企业的发展，提升小城镇的发展速度，并在社会保障方面做出更多努力。当前，我国工业园区、创新基地大多布局在大中型城市，引发了城市人口超载等一系列社会问题。与此同时，乡村广阔的空间未得到充分开发利用，要素资源持续外流。统筹城乡区域及产业规划，出台优惠政策，引导和鼓励工商企业和产业园区向乡村布局，既有利于改善城市病，也有利于提高乡村基础设施和公共服务的建设效益，同时还可以为乡村的持续繁荣奠定坚实基础。

（4）不断创新农地管理和地力提升机制

土地是发展现代农业、保障粮食供给的自然资源基础。我国目前农业土地利用还比较粗放，低产田较多、细碎化严重，土地规划及治理体系尚需完善。应在现有提高耕地质量、增加耕地面积这一任务目标的基础上，扩展土地整治的内容，将其与农业产业化、基础设施建设、生态环境保护有机结合起来，以最优化利用土地资源，最大化发挥土地效能。

在农地利用上，既要保持农业生产队伍的稳定性，又要有利于现代农业生产发展的需要，推进规模化生产。这一目标的实现，需要在农地管理上积极创新，必须在以市场为主体配置土地资源的机制下赋予农民长期、稳定、有法律保障的土地使用权、经营收益权和一般转让权。明确农民的土地财产主体地位，农民可以把其承包的土地使用权出租、抵押或买卖，以放松其承包的耕地对农民生产和生活决策的束缚。对于条件成熟或已经改变了身份的农民，要允许并促成市场化的农地使用权流转，发展规模经营。完善农地收益评估机制，要严格区分公益性用地和经营性用地。公益性用地要提高补偿标准，要合理调整土地增值收益在国家和农民间的分配关系。经营性用地应打破政府垄断，真正引入市场机制，由市场机制决定土地征用价格，以此减轻农民转化身份的压力，为传统农民转产转业和进城提供一定的资本保障。改变土地流转收益的支付方式，变一次性补偿为持续性补偿，并随物价的上涨而有所变化，确保农民的长久生计。

在土地利用上，我国农户已经有了明显的分化，小规模农户兼业特征明显并已经迈出了离开农业的步伐，大农户专注于农业生产和经营，这是个可喜的现象。目前需要做的有两方面。一方面是加快兼业农户的离农步伐。当然，小农户离农步伐的快慢很大程度上是由他们去哪里来决定的，如果有一个稳定的去处，那么他们就会有决心和信心离开农业专注地从事其心仪的职业。另一方面是要稳定大农户的农业生产，这个稳定是指持续的稳定。大农户大部分的农地都是流转过来的，流转期限有长有短，当合同到期的时候又会涉及土地持续稳定利用的问题。大规模的农地利用适合于利用现代科技手段发展现代农业，对吸引劳动力传承发展是有利的，但是如何保持规模化农地的可持续利用值得研究。可以参照发达国家家庭农场的传承做法，家庭农场在家庭成员中的传承只能由一个子女成员来继承，以保证规模利用和收入水平的不降低，也就保证了科技手段的应用和生产效率的提高。

土地资源作为农民生产生活的空间载体，是乡村经济、社会和生态发展所依赖的重要资源。在乡村人口结构和村庄空间布局变动过程中，通常会出现乡村耕地碎片化、空间布局无序化、资源利用低效化和生态质量退化等问题，从而制约着乡村的发展。在促进土地流转集中过程中，需要集合各方力量，创新土地管理机制，通过土地整理实现土地利用结构优化、提高土地利用效率，通过土地整治改善乡村生态环境，提高土地生产力，加强高标准农田建设，突破自然条件对农业生产的约束。

（5）积极培育新的乡村市场主体

劳动力是生产经营活动的主体，劳动者的数量和质量（特别是质量）、体力和智力（特别是智力）直接影响着生产力各要素效能的发挥，直接决定着劳动生产率的高低。乡村各行各业都需要高素质的劳动力，其基础来源是乡村原有的劳动力。提升乡村劳动力素质既有利于促进乡村现代农业发展，也有利于实现乡村非农岗位均衡发展，促进乡村功能有效发挥。提升乡村劳动力素质的基本路径有：

①教育培训。教育培训的功能是传递知识与经验，是现代社会劳动者获得专业知识和职业技能的基本途径。应在继续普及乡村义务教育、提高新一代劳动者的基本文化素养的同时，加快发展乡村职业技术教育。职业技术教育的目标定位应是适应社会需求，提高职业技能。教学内容应是农业技能和非农业技能相结合，既帮助农民掌握先进实用的种植、养殖和农产品加工技术，又注重培养他们先进的经营理念，加强市场营销的技能，发展商品生产。

在乡村劳动力中开展教育培训的内容指向应该是“精、准、对”，总体上是多元的，也就是说，从事现代农业生产的劳动力由少数高素质劳动力来承担，必须通过教育培训提升多余的劳动力在相应的非农岗位的竞争力，进而使其分流出农业生产，为职业农民的发展留出资源利用的空间。除了农业劳动力岗位外，非农岗位和技能要求也是多元的，需要在精准识别的基础上，为相应的岗位设置相应的培训内容。当然，有些能力和态度是有共性特征和要求的，如对所有劳动力加强法律法规及道德方面的培训，帮助他们提高自强自立的能力。教育培训工作需要充分动员社团、社区、企业等社会力量参与。

②生产实践磨炼。实践是训练和提高劳动者技能水平的现实途径。我国地域广阔，各地区间经济发展不平衡，各地区在实践发展中均有各自特色的经验和做法。在实践中交流和体会是促进劳动力成长和生产经验传播的有效方法。随着经济的发展，乡村劳动力的实践岗位逐步变化，实践空间不断拓展，外出务工和交流已成为乡村劳动力增长才干的重要途径。广大农民在务工实践中，直接接受现代工业、城市文明的熏陶和洗礼，学习先进的经营理念，掌握新的知识技能，开阔视野，拓展思维，从而提高适应现代化建设的工作能力。可以说，以务工实践为主的劳务开发是实现乡村人力资源转化的重要途径，也是人才资本积累和增值的有效形式。在乡村劳动力非农岗位实践能力提升的基础上，需要跟进的是相配套的有利于农业劳动力转移的户籍管理制度，促进农业劳动者有序流动，自主择业；

为民营经济在乡村和小城镇发展提供帮助和服务，为乡村劳动力提供更多的务工实践平台；完善和规范劳动力市场管理，依法保护农民工的合法权益，不断畅通输出渠道，拓展输出空间，提高输出的质量，扩大输出的规模。

③“能人”带动。按照现代人才学的观点，人才不仅包括技术、管理、经营人才，也包括具有各种手艺和才能的“能人”。广大乡村地区拥有相当数量的能工巧匠，他们有一技之长，实际收入较一般农民高，思想观念较一般农民新，适应市场能力较一般农民强。乡村中的一般劳动力受限于认识水平和其较弱的承受风险的能力，往往行为谨慎，很难接受先进的理念和应用技术，但是“眼见为实”是他们的行为准则。而成功的乡村“能人”在农民中的认同度较高，对农民的生产和生活实践影响更直接、引导更实在、示范更有效，同样，“失败者”也有强烈的反面影响效应。因此，应充分发挥乡村“能人”增收致富的带动作用、科技应用的示范作用、高素质农民的榜样作用。要积极开发乡村各类实用人才，以建立乡村实用人才库等不同方式，对乡村“手艺人”从技术资格上给予确认，从舆论上给予鼓励；对经营大户要从政策上给予扶持，从服务上给予便利，促进他们壮大规模，增强实力，进而在广大农民中形成学技能、闯市场、做实业的良好导向，带动更多农民掌握一技之长，学会经营本领。

提升部分劳动力的非农岗位技能和素质是为了尽快实现农业劳动力的非农化转移，针对部分农业劳动力开展的农业技能精准提升则是服务于现代农业生产。我国农业劳动力资源丰富，但是大多数农民主要靠基本的体力和经验从事农业生产，是典型的生产型农民。随着时代的发展和农民的快速分化，科技进步和劳动者技能日益成为农业发展的关键，爱农业、懂技术的职业农民逐渐成为乡村粮食保障功能实现的核心力量。从根本上看，现代农业的发展不仅是农民数量不断减少的过程，而且是农业劳动力农业经营技能不断提高的过程。现代职业农民不仅要会组织生产，还要善于经营；不仅要懂相关的科学技术，还要熟悉现代科学管理。必须着力培育适应现代农业发展的市场主体，不断提高农业劳动力的专业化、社会化的职业技能，使农业劳动力从生产型向经营型转变。

农业劳动力素质的整体提升是一个系统工程，涉及农业基础设施建设和发展规模稳步提升，农民家庭收入不断攀升，乡村人力资本水平以及农民群体就业创业能力不断提高，以及让更多有文化、懂技术和会经营的新时代农民参与到农业生产和农村发展中来。但是这些仅靠市场机制的拉动是不够的，需要政府的帮扶，基本做法应是在稳定职业农民队伍的基础上不断提升农业生产技能。可以考虑：一是全面开展美丽乡村建设，从生活条件改善、子女教育优化、医疗保障等方面提高乡村生活和生产的吸引力，加大对农村社会养老保险、新农合、最低生活保障制度的投入，同时发展和优化粮食生产、销售保险、子女教育等系统工程以有效解决职业农民发展的后顾之忧，让他们安心留在乡村种粮；二是完善惠农政策补贴方式，把种粮能手和经济困难的种粮农户作为惠农政策补贴的重点，以提高农业生产的吸引力；三是可以创新职业农民培训模式，比如面向社会发放职业农民培训券，城乡居民可以领券自主参加由各农业院所、社会团体举办的职业农民培训班，培训学员参加专业部门的考核可获得职业农民资格证书，形成以青年农民为重点、以现场教学为特色、以结果考核为奖扶标准的开放、多元、竞争性的职业农民教育培训模式；四是创新不同农业发展程度区域间的职业农民帮扶模式，加强区域间的交流学习，进一步提高农业科学技术的推广力度。“干中学”和“眼见为实”是农民群体接受科学技术应用的基本途径，需要积极拓展职业农民间、职业农民与科研机构间的交流机会。

（6）创新户籍和社会保障制度

户籍创新的目标应该是取消城乡的户口差别，剔除依附在户籍关系上的种种社会经济差别，使户籍彻底和社会待遇脱钩，恢复户籍的本来面目，消除户籍所引起的社会公平问题。因此，应将有稳定收入、稳定就业和稳定居住场所的迁移人口登记为本地常住人口，在时机成熟的情况下取消城乡户籍的差别，逐步实现城乡户口的一体化管理，促进农业富余劳动力有效转移，推进城镇化进程。农民取得城市户口以后，与原城市居民一样，尽同等义务，享受同等权利（杨泽娟，2007）。

要破除城乡分割的社会保障制度，需要着力构建乡村背景群体的社会保障体系，先将乡村非农产业群体特别是进城农民工纳入城镇社会保障制度有利于促进农户的分化和农地的流转集中。需要关注的几个方面有：按照普遍性原则为农民工设计工伤保险制度并依法强制推行；建立面向农民工的失业保险和医疗保险；根据进城务工乡村劳动力的不同情况将其有差别地纳入社会养老保险体系。在稳定兼业农户非农化的基础上，开展职业农民的社会养老保险体系建设，力度应小于非农化弱势农户的保险力度。

9.3　提升大学毕业生乡村就业水平实现路径

乡村劳动力分化和素质结构提升的过程不仅是原有农民学习提高、非农化和城市化转移的过程，也应有转入和更替（新）的过程。只有转入和更替（新）的劳动力具有更高的基本素质和更年轻的年龄，才能实现乡村劳动力素质结构的提升，才有利于乡村的振兴和发展，有利于现代农业的发展。大学毕业生群体是社会各行各业优秀的准劳动力，促进大学毕业生乡村就业可以有效改善农业劳动力的年龄结构和知识能力结构。大学毕业生是乡村劳动力理想的候选人。目前吸引大学毕业生乡村就业并最终促进乡村劳动力结构升级有其困难的地方，但是也有其可能性，需要有针对性地解决困难，积极拓展大学毕业生乡村入职路径。

9.3.1　大学毕业生乡村就业存在的问题

①大学毕业生选择乡村就业的动力来源于城市的推力，因此表现出来的大学毕业生就业选择的主要流向地是城市地区，或者说乡城单向迁移是乡村生源大学毕业生就业流动的主要特征，这样一来大学毕业生就业成了乡村人口城市化转移的重要途径。其实我国目前乡村生源高等教育入学率相对于城市生源的情况来说并不高，高等教育的扩招并没有实现更多乡村学龄人口接受高等教育。受高考入学专业选择和竞争的影响，乡村生源大学生在就业过程中也处于劣势，就业过程的城市化转移效率也不高。乡村就业的大学毕业生是城市就业岗位竞争失败被挤压的结果，这样一来，乡村就业的大学毕业生数量少，且相对竞争力弱，表现出来的主动意愿也不强，那么在乡村工作中的效率水平就会大打折扣。

②具有乡村来源背景的大学毕业生比具有城市来源背景的大学毕业生更有可能在乡村地区工作，尽管他们在农业生产方面具有情感、认识和实践等方面的优势，但是有乡村来源背景的大学毕业生即使选择了在乡村地区工作，他们中的大多数也更倾向于乡村地区的非农管理岗位。具有城市来源背景的乡村就业大学毕业生却往往会选择从事与农业生产有直接关系

的工作岗位，但他们作为新的农业入职者，需要更多的时间积累农业生产方面的知识和实践经验。综合来看，国家层面的现代农业发展和粮食安全保障不单是职业农民的事情，只有有效提升乡村各业劳动力的基本素质，才能构建和协调好乡村生活服务系统、农业生产服务系统和农业生产系统三个方面的功能，进一步实现农业劳动力素质结构的优化。失衡的大学毕业生乡村就业岗位结构说明，目前的大学毕业生乡村就业选择对直接的农业生产帮助不大。

③影响乡村生源大学毕业生流动的直接原因是专业因素，家庭因素和个人特征对就业流动具有间接影响，其中性别不平衡的现象值得关注。乡村生源大学毕业生在入学专业选择的过程中较为盲目，一方面影响了自身职业向上流动，另一方面在回流农业生产的过程中也不具优势。

④乡村“重工轻农”的文化环境不利于乡村生源大学生的专业选择和乡村回流。这个环境的形成一方面来源于社会整体中农业生产效率低下的事实，另一方面来源于乡村义务教育系统中一贯的“城市导向”和“非农导向”。

城乡二元结构存在诸多不利于乡村义务教育的财政制度缺陷，严重阻碍了乡村文化建设，使乡村居民对乡村区域失去信心，“城市导向”和“非农导向”乡村氛围的形成成为必然。我国的城乡二元结构不仅在经济上将发展城市置于优先地位，导致乡村地区在经济上远远落后于城市，而且在市场机制配置资源的作用下，较好的教育资源在追逐利益的过程中不断流向城市，导致乡村教育文化体系更加落后，乡村居民子女受教育质量受到较大的影响，也不利于乡村劳动力群体的代际分化。

⑤农业家庭收入水平低，接受教育成本高，来自家庭的支持效率不高，家庭经济状况不能很好地支持大学生在校期间的学习。乡村农业家庭收入低，乡村社会保障体系不完善，因此当下如何谋生仍然是农业生产家庭的关注点，有长远收益的人力资本培育过程并未受到农业生产家庭的重视，相当比例的农民家庭认为乡村背景生源的高等教育有较好结果（上好学，就好业）的概率不高，以至于在实际生活中许多家庭放弃了让子女接受高等教育的想法，特别是让男孩过早地参与到家庭的简单体力劳动过程中。“男娃打工，女娃读书”既是一种乡村教育进步的表现（乡村地区女娃读书比例有了较大的提高），也是一种乡村教育仍然落后的表现（乡村

学龄男学生仍然受到家庭经济拖累），因为学龄子女年龄较小，本身缺乏主体意识，对父母的依赖很强，也大多接受父母的决策，子女的个人发展往往受到父母做出的家庭决策的影响，同时农业家庭社会资本弱势也影响了子女对高等教育的需求。因此，家庭经济状况已经成为农业生产家庭中男孩接受高等教育的严重障碍，无法进入高中正成为制约乡村子女进入大学的新瓶颈（陈江生，2014）。

⑥城乡有差别的义务教育资源配置。义务教育阶段城乡预算内生均经费存在较大差距，尤其是预算内公用经费，城镇比乡村高出一倍左右，城镇的义务教育基建经费也远远高于乡村义务教育基建经费。城镇义务教育的基本建设投资由财政承担或通过其他渠道筹措，而在乡村主要由乡、村负责筹措。困难地区乡、村筹措教育基建经费的主要途径是向农民集资，致使农民负担了新校建设和危房改造、修缮的大部分支出，政府则负担得很少，这使本来就经济落后的乡村地区又背上了沉重的教育负担，使乡村地区教育面临重重困难。从财政经费投入的情况可以看出，乡村中学的生均预算内教育经费仅为城市的1/7，乡村小学生均预算内教育经费不到城市的1/3，城乡义务教育的政府投入存在着严重的不公平，而且这种不公平正在日益扩大。长期以来乡村生源子女面临较差的教育环境（来自当地有限教育资源和家庭现实的不支持），直接带来的后果是低素质乡村劳动力的积淀，以至于新增的乡村劳动力受教育水平难以提高。

9.3.2　提升大学毕业生乡村就业的干预目标

乡村人力资源培育系统的长期低效运行，直接带来的结果是大批低素质乡村劳动力的积淀。在现代农业生产体系中，从事农业生产的劳动力是现代农业技术的执行者，从这个角度看，现代农业的生产需要高素质的农业劳动力；在城市现代工业体系中，城市二三产业需要适合其岗位的劳动力，这些劳动力中的一部分需要从农业劳动力转化而来，从乡城迁移的视角看，现代城市工业也需要高技能的农业劳动力。乡村人力资源培育系统运行的质量决定着乡村劳动力的素质高低，决定着农业现代化的劳动力基础，也决定着农业劳动力城市资本化迁移的能力。

乡村人力资源培育系统运行不畅的原因是多方面的，由于教育培训具有公共产品的属性，所以政府在其中的责任是不能推脱的。要改变这种局面，政策干预和引导是关键，通过政策干预能够解决相关问题，能够在有效帮助实现具体目标的基础上实现最终的宏观目标。乡村人力资源培育系统需要的政策干预和引导方向包括以下几个方面。

①统筹乡城文化市场，均衡教育资源在城乡间的配置。城乡二元经济也造成了城乡文化教育市场的长期割裂（或不平衡），乡村和落后地区的教育资源不断流向发达的城市地区，也造就了乡村孩子在职业代际流动过程中始终处于劣势的地位，不利于乡村优质劳动力的形成和农业富余劳动力的城市化转移。要破除目前的二元结构，必须走统筹城乡教育体系的路子，实现城乡教育均衡发展。

②全面构建乡村义务教育提升的支持环境，弥补乡村为城市教育所做的贡献，改变目前乡村家庭承担较多教育成本的状况，从而切实大大提高乡村居民对子女的直接教育投入能力。乡村基础教育培养的人才一般都流向了城市，城市人才资源富集和经济增长在一定程度上凝聚着乡村教育资源的成果，而城市没有为此支付任何教育成本，至少没有支付这些学生的前期教育成本。

③多种途径调整高等教育相关录取标准，扩大农业生源背景家庭的子女在农科相关专业的录取比例，执行城乡相同的普选政策。目前乡村生源高校学生录取比例偏低，既有相关联的中学教育培养环境的原因，也有录取标准城市化倾向的原因。例如长期以来考试内容围绕城市背景的知识展开，一方面不利于乡村生源学生对城市知识的理解，另一方面也造就了农业地位低下的现实。在这一背景下，命题内容上的乡村学生低分倾向、特长政策的城市生源加分倾向以及同等分数线的录取原则共同造就了乡村精英录取特征。

④切实提高乡村农业生产家庭家长对其子女的教育预期，提高农业家庭家长对其子女教育的支持力度。农业生产家庭家长对其子女教育的预期来自高考录取率、就业率和收入的乘积。乡村生源大学生就业率的提高将会增加乡村农业生产家庭家长培养学生的信心，农业家庭背景环境将会由乡村生源学生的入学阻力变为正向的推动力。

⑤构建现有乡村劳动力技能提升培训的长效机制。对潜在的乡村劳动力进行培育以提升人力资源水平是着眼于远期人力资本的转化，对乡村现有劳动力的技能提升培训则是着眼于当前的城市化转移能力的提高。对现

有的乡村劳动力培训成功的基础在于乡村劳动力愿意参加技能培训，但是我国目前现有的乡村劳动力参加技能培训的意愿低，他们宁愿着眼于当前利益。这种着眼于当前利益的行为是在信息不完全对称的情况下，抵御当前社会风险的一种适应性行为。类似于“养儿防老”行为，由于社会养老保障缺失，乡村老人养老求助于家庭人口规模化的生计模式。在相关保障制度缺失的情况下，为了抵御无处不在的社会风险，乡村家庭只能求助于眼前能够获得的收入。完善相关保障制度才会使乡村劳动力安心于并专注于参加培训和获得收入。

9.3.3　政策优化路径选择

农村劳动力素质提升和转移的速度与劳动力层次成正比，未受过职业技术教育和培训的农民工，其创新能力、适应能力较差，通常只能从事一些依靠传统经验生产的工作，很难开拓新的就业渠道。全面构建乡村人力资源提升的支持环境，有利于提升潜在人力资源质量，增加现有劳动力就业技能，提高他们的城市人力资本化能力，顺畅实现永久城市化。笔者提出的具体政策引导措施包括以下几个方面。

①加大乡村基础教育财政补贴力度，提升乡村地区教育资源水平，基本普及乡村生源学生的高中阶段教育，减轻乡村家庭教育负担，为职业技术教育和高等教育入学提供更宽泛的乡村生源基础。

随着我国乡村义务教育制度不断推进，乡村家庭子女入学状况不断改善，但仍然受到较弱的乡村经济基础的影响。笔者认为在乡村家庭经济状况弱势的情况下，政府应该承担起责任，加大政府对乡村教育投资的力度，一方面用于提升乡村地区的教育资源水平，提高师资待遇，努力构建与城市地区无差异的教育文化环境，减缓教育资源的城市流向速度；另一方面用于支付乡村地区的办学成本，改变目前乡村地区自己办教育的状况，减轻乡村农业家庭子女教育负担，提高乡村农业家庭子女初中进入高中的入学率，基本普及乡村地区的高中阶段教育，提高乡村人口整体的综合素质，为进一步的乡村劳动力的素质结构升级和乡村的社会经济可持续发展创造条件。

免费教育制度应该与乡村地区的其他问题综合考虑，在国家层面上，除了减免费用外，应继续加大乡村基础教育预算、改善基础教育的基础设施建设，这对于促进教育公平和社会公平、提高全民素质和乡村发展能力至关重要。通过兴办农民子女学校、整合城区教育资源、降低农民工子女入学门槛等举措，让更多的留守儿童能够跟随父母在异地平等就学；大力发展乡村职业教育，开展乡村劳动力素质培训，使各种职业教育、就业培训制度等在政府的主导下充分发展。

②制定有差异的城乡生源学生入学标准，降低乡村生源学生入学标准，包括入学试题增加乡村相关内容的知识考核点，使更多的乡村学生有机会进入职业技术学校或普通高校学习。

目前高考加分制度的初衷是好的，但是较高的覆盖面仅有利于城市生源学生的入学，不利于乡村生源学生的入学；乡村生源高等教育精英教育的特征明显，乡村生源职业教育和高等教育机会扩大存在合理性和可能性，改革不平等的职业技术教育和高等教育入学制度，均衡城乡学生入学机会，将乡村生源职业技术教育和高等教育推向大众化阶段势在必行。

③在毕业生就业环节，采取切实措施，为乡村生源大学毕业生就业提供帮助。乡村生源大学毕业生的就业成功率会影响到乡村家庭对子女高等教育的期望，如果就业成功率不高的话，乡村家庭的父母就不会对孩子的高等教育抱有太高的期望，在没有家长支持的情况下，乡村学生的辍学率必然高，一方面会严重影响到乡村农业人口的有效转移，另一方面会有效降低大学毕业生返乡就业率。在研究中发现，乡村生源大学毕业生在城市就业的部门选择过程中具有明显的劣势，乡村家庭背景劣势已经成为乡村生源大学毕业生城市就业的一道障碍，制定针对乡村生源大学毕业生的就业支持政策很有必要，例如发放就业补贴等。

④不断改善高等院校的区域布局。高等院校的区域布局不仅会影响到当地学生接受高等教育机会的可能性和公平性，而且会影响到当地经济发展以及人才供给。从各个省份角度看，各行政区内高等教育机构的地理分布存在严重的不均衡。我国高等教育分布的调整工作，重点应该放在尚无高等教育或高等教育十分薄弱的中小城市及县级市，特别是经济不发达的西部地区应引起重视。高等院校布局逐步向西部倾斜、向中小城市发展，既有利于城乡经济的均衡，也有利于城乡生源毕业生就业机会的均衡。

⑤发挥政府的作用，完善对现有农民就业技能提升的培训。目前乡村劳动力培训体系存在发育不好、培训质量不高的特点，原因之一是政府在

其中没有发挥很大的作用，以至于就业信息服务不到位，乡村劳动力流动较盲目，流动前既没有掌握有针对性的技能，也没有为特定岗位进行就业技能培训，面对没有事先定位的就业机会，只能选择能满足眼前利益的简单劳动。要改变这种状况，首先，政府要提供相应的信息服务，让乡村现有劳动力自愿地、有针对性地事先接受就业技能培训；其次，要改进乡村劳动力社会保障机制。农民工社会保障机制将是劳动力增加生活安全感、合理放置眼前利益、着眼长远、愿意接受培训的基础。在解除后顾之忧的情况下，在完善信息服务的基础上，努力构建职业技能覆盖面广的职业教育机构、培训机构和职介机构。通过订单培训、定向培训等措施来完善培训和转移的衔接机制。

培训费是制约乡村劳动力参加培训的主要原因。农民由于经济原因，自身无法承担培训费用，应不断改革和完善教育投入机制，多方面筹措乡村各类教育和培训经费，不断地提高教育投资水平。一方面应发挥财政投入的保障作用，加大各级政府尤其是中央政府和省级政府对乡村劳动力培训的投入力度；另一方面应建立政府、社会、用人单位、个人合理分担的多方投入机制。适当增加当地职业教育实训基地建设经费，加快职业院校教育教学改革，进一步完善职业技术教育院校毕业学生的就业援助体系，通过多种形式帮助经济困难家庭劳动力接受职业教育与培训。

参考文献

REFERENCES

常明杰，2020. 城乡关系发展的三重向度及其嬗变逻辑[J]. 学术探索（9）：1-7.

陈池波，韩占兵，2013. 农村空心化、农民荒与职业农民培育[J]. 中国地质大学学报（社会科学版），13（1）：74-80.

陈江生，2014. 基于系统观的农村人力城市资本化路径诊断与优化[M]. 北京：中国农业出版社.

陈江生，2011. 试论人力资源与人力资本的判别标准[J]. 价值工程，30（12）：13-14.

陈明，2019. 新中国 70 年的农民形态演进与乡村治理变革[J]. 理论月刊（9）：5-14.

陈文琼，刘建平，2018. 城市化、农民分化与“耕者有其田”：城市化视野下对农地制度改革的反思[J]. 中国农村观察（6）：15.

陈锡文，2019. 乡村振兴的核心在于发挥好乡村的功能[J]. 上海农村经济（4）：4-11.

陈锡文，2013. 农业和农村发展：形势与问题[J]. 南京农业大学学报（社会科学版），13（1）：1-10，29.

陈雪，毛世平，2021. 村庄基础设施建设如何推进农业农村现代化[J]. 世界农业（8）：69-76，120.

陈煜婷，2016. 代际职业流动视角下性别收入差距的实证研究[J]. 晋阳学刊（6）：91-104.

方行明，魏静，郭丽丽，2017. 可持续发展理论的反思与重构[J]. 经济学家（3）：24-31.

冯雪艳，2018. 改革开放 40 年中国可持续发展理论的演进[J]. 现代管理科学（6）：27-29.

盖庆恩，朱喜，史清华，2014. 劳动力转移对中国农业生产的影响[J]. 经济学（季刊），13（3）：1147-1170.

高帆，2018. 中国乡村振兴战略视域下的农民分化及其引申含义[J]. 复旦学报（社会科学版）（5）：149-158.

高兴民，李宗明，2018. 乡村经济结构演进与未来趋势研究[J]. 河南社会科学，26（6）：1-6.

郭丽英，陈印军，罗其友，等，2013. 浅谈美国现代农业的几个特点[J]. 中国农业资源与区划，34（6）：158-161.

韩俊，2013. 中国“三农”问题的症结与政策展望[J]. 中国农村经济（1）：4-7.

贺雪峰，2020. 城乡关系视野下的乡村振兴[J]. 中南民族大学学报（人文社会科学版），

40（4）：99-104.

胡霞，刘晓君，2021. 东亚小农现代化的土地难题：以日本为例[J]. 中国农业大学学报（社会科学版），38（3）：18-29.

胡小平，李伟，2014. 农村人口老龄化背景下新型职业农民培育问题研究[J]. 四川师范大学学报（社会科学版），41（3）：57-62.

胡晓亮，李红波，张小林，等，2020. 乡村概念再认识[J]. 地理学报，75（2）：398-409.

胡永万，白睿，回文广，2017. 日本现代农业发展的特点及启示[J]. 世界农业（6）：177-180.

黄国勤，2019. 农业可持续发展的研究与实践[J]. 农学学报，9（3）：79-88.

黄季焜，靳少泽，2015. 未来谁来种地：基于我国农户劳动力就业代际差异视角[J]. 农业技术经济（1）：4-10.

黄艳平，马松林，2018. 改革开放40年我国耕地面积变动趋势研究[J]. 粮食科技与经济，43（9）：72-74，101.

纪珽，梁琳，2020. 代际职业流动及其影响因素的性别差异[J]. 南开经济研究（2）：25-48.

郎秀云，2013. 家庭农场：国际经验与启示：以法国、日本发展家庭农场为例[J]. 毛泽东邓小平理论研究（10）：6.

李宾，马九杰，2014. 多重资本约束下劳动力转移对农户生产经营模式选择的影响研究[J]. 江西财经大学学报（5）：78-88.

李谷成，梁玲，尹朝静，等，2015. 劳动力转移损害了油菜生产吗[J]. 华中农业大学学报（社会科学版）（1）：7-13.

李磊，2020. 德国农民职业教育的特点与启示[J]. 现代化农业（5）：47-48.

李天舒，王广慧，封军丽，等，2017. 代际职业流动及代际教育流动：对中国城乡家庭的比较研究[J]. 统计与管理（5）：48-53.

李晓娜，2017. 日本国农业发展概况[J]. 世界热带农业信息（Z1）：19-21.

李裕瑞，张轩畅，陈秧分，等，2020. 人居环境质量对乡村发展的影响：基于江苏省村庄抽样调查截面数据的分析[J]. 中国人口·资源与环境，30（8）：10.

刘洪彬，王秋兵，董秀茹，等，2012. 城乡结合部区域农户土地利用行为差异及其政策启示：以沈阳市苏家屯区238户农户调查为例[J]. 经济地理，32（5）：113-119.

刘洪仁，2006. 农民分化问题研究综述[J]. 山东农业大学学报（社会科学版）（1）：64-68.

刘亮，章元，高汉，2014. 劳动力转移与粮食安全[J]. 统计研究，31（9）：58-64.

刘喜波，张雯，侯立白，2011. 现代农业发展的理论体系综述[J]. 生态经济，（8）：98-102.

刘炎周，王芳，郭艳，等，2016. 农民分化、代际差异与农房抵押贷款接受度[J]. 中国农村经济（9）：16-29.

刘云晴，陈江生，余新有，等，2020. 农村家庭子女特征对农地流转影响的研究：基于粮食安全视角[J]. 山东农业大学学报（社会科学版）(2)：83-90.

卢现祥，尹玉琳，2018. 代际职业流动的制度分析[J]. 广东社会科学（3）：185-198，256.

马春燕，2020. 日本农民教育和农民职业化培育对我国解决“三农”问题的启示[J]. 现代化农业（4）：43-45.

秦立建，张妮妮，蒋中一，2011. 土地细碎化、劳动力转移与中国农户粮食生产：基于安徽省的调查[J]. 农业技术经济（11）：16-23.

秦雯，2012. 农民分化、农地流转与劳动力转移行为[J]. 学术研究（7）：85-88.

任娇，何忠伟，刘芳，2016. 美国农业人才培养对中国现代农业人才培养改革的启示[J]. 世界农业（12）：234-237.

邵宜航，张朝阳，2016. 关系社会资本与代际职业流动[J]. 经济学动态（6）：37-49.

孙文凯，白重恩，谢沛初，2011. 户籍制度改革对中国农村劳动力流动的影响[J]. 经济研究（1）：28-41.

孙旭，雷晓璐，2018. 农村居民职业代际流动性的测度及分析[J]. 青年研究（2）：14-23，94.

谭寒冰，2018. 荷兰现代化农业生产环境及人才队伍建设的经验与启示[J]. 世界农业（11）：212-216.

唐华俊，2014. 新形势下中国粮食自给战略[J]. 农业经济问题（2）：4-10.

陶武先，2004. 现代农业的基本特征与着力点[J]. 中国农村经济（3）：10.

万宝瑞，2014. 当前我国农业发展的趋势与建议[J]. 农业经济问题（4）：4.

汪少良，高亮，2014. 改革以来农民分化的路径选择及影响因素研究综述[J]. 山西农业大学学报（社会科学版），13（5）：5.

王昌森，董文静，王学睿，2019. 农业可持续发展战略与乡村振兴战略耦合与调适研究[J]. 安阳师范学院学报（4）：5.

王德文，蔡昉，张国庆，2008. 农村迁移劳动力就业与工资决定：教育与培训的重要性[J]. 经济学（季刊）(3)：18.

王芳，2020. “五个振兴”实现乡村全面发展初探[J]. 农村经济与科技，31（6）：2.

王恒，2018. 以色列农业发展成就对我国农业发展的启示[J]. 中国市场（5）：2.

王建刚，2019. 日本农业经济发展经验对中国的启示[J]. 山西农经（19）：2.

王岚，马改菊，2017. 以色列现代农业发展的影响因素、特征及启示[J]. 世界农业（1）：6.

翁贞林，徐俊丽，2019. 农机社会化服务与农地转入：来自小规模稻农的实证[J]. 农林经济管理学报，18（1）：11.

吴伟伟，2014. 农村劳动力转移、分工收益激励与农民分化[J]. 福建农林大学学报（哲学社会科学版），17（5）：25-30.

夏益国，宫春生，2015. 粮食安全视阈下农业适度规模经营与新型职业农民[J]. 农业经济问题（5）：56-64..

向国成，韩绍凤，2005. 农户兼业化：基于分工视角的分析[J]. 中国农村经济（8）：7.

肖红利，王斯佳，许振宝，等，2019. 德国农业 4.0 发展经验对中国农业发展的启示[J]. 农业展望，15（12）：5.

肖铁肩，陈谦，周批改，2017. 分化的农民及其种粮意愿：石牌村实地研究[J]. 湖南社会科学（1）：8.

谢旭轩，张世秋，朱山涛，2010. 退耕还林对农户可持续生计的影响[J]. 北京大学学报（自然科学版），46（3）：457-464.

杨保军，曹璐，2021. 未来乡村的八个图景[J]. 小城镇建设，39（7）：10-15.

杨沫，葛燕，王岩，2019. 城镇化进程中农业转移人口家庭的代际职业流动性研究[J]. 经济科学（2）：117-128.

杨泽娟，2007. 传统农民分化的制度障碍与制度创新[J]. 江西行政学院学报，9（4）：16-19.

杨志海，王雅鹏，麦尔旦·吐尔孙，2015. 农户耕地质量保护性投入行为及其影响因素分析：基于兼业分化视角[J]. 中国人口·资源与环境，25（12）：105-112.

于晓华，Bruemmer Bernhard，钟甫宁，2012. 如何保障中国粮食安全[J]. 农业技术经济（2）：5.

岳翔，陈江生，屠明忠，2020. 现代农业发展视角的农户分化特征研究[J]. 农业经济（4）：74-76.

曾福生，2015. 建立农地流转保障粮食安全的激励与约束机制[J]. 农业经济问题（1）：15-23.

曾福生，2020. 日本、韩国及我国台湾地区农业现代化与之比较研究[J]. 湖南农业大学学报（社会科学版），21（2）：8.

詹慧龙，刘洋，2019. 德国乡村发展的做法与启示[J]. 古今农业（4）：1-5.

张桂金，张东，2018. 当代青年的职业流动：基于多代视角的考察[J]. 青年成长与发展研究（3）：71-80.

张金山，彭述华，袁航，2019. 人力资本理论及对我国乡村振兴的启示[J]. 税务与经济（3）：38-44.

张莉，2015. 荷兰的农业现代化[J]. 当代农机（3）：54-56.

张宁，陆文聪，2006. 中国农村劳动力素质对农业效率影响的实证分析[J]. 农业技术经济（2）：74-80.

张彤，2016. 发展家庭农场推进现代农业的思考[J]. 农业技术与装备（8）：35-36，39.

张艳华，李秉龙，2006. 人力资本对农民非农收入影响的实证分析[J]. 中国农村观察（6）：9-16.

张英男，龙花楼，马历，等，2019. 城乡关系研究进展及其对乡村振兴的启示[J]. 地理研究，38（3）：578-594.

张玉林，2019. 21世纪的城乡关系、要素流动与乡村振兴[J]. 中国农业大学学报（社会科学版），36（3）：18-30.

钟云华，邓杨学，李学勇，2015. 大学毕业生职业流动现状及其促进对策[J]. 高教探索（1）：112-119.

周兴，张鹏，2014. 代际间的职业流动与收入流动：来自中国城乡家庭的经验研究[J]. 经济学（季刊），14（1）：351-372.

周逸先，崔玉平，2001. 农村劳动力受教育与就业及家庭收入的相关分析[J]. 中国农村经济（4）：60-67.

朱启臻，胡鹏辉，许汉泽，2014. 论家庭农场：优势、条件与规模[J]. 农业经济问题（7）：11-17.

宗会来，2016. 以色列发展现代农业的经验[J]. 世界农业（11）：136-143.

Adamowicz M，Szepeluk A，2016. Support to young farmers as part of agricultural policy of the European union [J]. Problems of Agricultural Economics，3（348）：106-127.

Agergaard J，Broegger D，2016. Returning home：migrant connections and visions for local development in rural Nepal [J]. Geografisk Tidsskrift-Danish Journal of Geography，116（1）：71-81.

Balgah R A，Amungwa F A，Egwu B M J，2019. A Gender Analysis of Intra-Household Division of Labor in Cameroon Using Moser' s Triple Roles Framework [J]. Asian Journal of Agricultural Extension，Economics & Sociology，1-12.

Baert S，Heiland F W，Korenman S，2016. Native-immigrant gaps in educational and school-to-work transitions in the 2nd generation：the role of gender and ethnicity [J]. *De Economist*，164：159-186.

Bertoni D，Cavicchioli D，2016. Farm succession，occupational choice and farm adaptation at the rural-urban interface：the case of Italian horticultural farm [J]. Land Use Policy（57）：739-748.

Breustedt G，Glauben T，2007. Driving forces behind exiting from farming in Western Europe [J]. Journal of Agricultural Economics，58（1）：115-127.

Burton R，Walford N，2005. Multiple succession and land division on family farms in the South East of England：a counterbalance to agricultural concentration [J]. J. Rural Stud（21）：335-347.

Chamberlin J，Ricker-Gilbert J，2016. Participation in rural land rental markets in sub-saharan africa：who benefits and by how much evidence from malawi and zambia [J]. American Journal of Agricultural Economics.

Chang F, Jiang Y, Loyalka P, et al., 2019. Parental migration, educational achievement, and mental health of junior high school students in rural China [J]. China Economic Review, 54, 337-349.

Chang H, Dong X Y, MacPhail F, 2011. Labor migration and time use patterns of the left-behind children and elderly in rural China [J]. World Development, 39 (12), 2199-2210.

Chen A, Gao J, 2011. Urbanization in China and the coordinated development model - the case of Chengdu [J]. The Social Science Journal (48): 500-513.

Chen J, Yang H, 2016. Geographical mobility, income, life satisfaction and family size preferences: an empirical study on rural households in Shaanxi and Henan provinces in China [J]. Social Indicators Research, 129 (1): 277-290.

Chen J, Cui C, 2018. Large city or small town: an Empirical analysis of the effects of migration strategies of rural households on income in China. Applied Research in Quality of Life, 13: 211-228.

Chen Z, Huffman W E, Rozelle S, 2009. Farm technology and technical efficiency: evidence from four regions in China [J]. *China economic Review*, 20 (2): 153-161.

Christiansen F, 2009. Food security, urbanization and social stability in China [J]. Journal of Agrarian Change, 9 (4), 548-575.

Defloor B, Ootegem L V, Verhofstadt E, 2015. A good or bad transition from school to work: who is responsible: International Journal of Manpower, 36 (8): 1207-1226.

De Brauw A, Huang J, Zhang L, et al., 2013. The feminisation of agriculture with Chinese characteristics [J]. The Journal of Development Studies, 49 (5), 689-704.

Fielke S J, Bardsley D, K, 2014. The importance of farmer education in South Australia [J]. Land use Policy, 39: 301-312.

Finney M M, Kohlhase J E, 2008. The effect of urbanization on labor turnover [J]. Journal of Regional Science, 48 (2), 311-328.

Faggian A, Corcoran J, Rowe F, 2017. Special issue on youth and graduate migration. The Annals of Regional Science (59): 571-575.

Fukase E, Martin W, 2016. Who will feed China in the 21st century: Income growth and food demand and supply in China [J]. Journal of Agricultural Economics, 67 (1): 3-23.

Graeub B E, Chappell M J, Wittman H, et al., 2016. The state of family farms in the world [J]. World development (87): 1-15.

Godfray H C, Beddington J R, Crute I R, et al., 2010. Food security: the challenge of feeding 9 billion people [J]. Science, 327 (5967): 812-818.

Gasson R, Crow G, Errington A, et al., 1988. The farm as a family business: a review [J]. Journal of Agricultural Economics (39): 1-41.

Gasson R, 1998. Educational qualifications of UK farmers: A review [J]. Journal of Rural Studies, 14 (4): 487-498.

Ghebru H, Lambrecht I, 2017. Drivers of perceived land tenure (in) security: Empirical evidence from Ghana [J]. Land Use Policy (66): 293-303.

Glaeser E L, 2012. The challenge of urban policy [J]. Journal of Policy Analysis and Management, 31 (1), 111-122.

Guo G, Wen Q, Zhu J, 2015. The impact of aging agricultural labor population on farmland output: from the perspective of farmer preferences [J]. Mathematical Problems in Engineering: 1-7.

Huang J, Ding J, 2016. Institutional innovation and policy support to facilitate small-scale farming transformation in China [J]. Agricultural Economics, 47 supplement: 227-237.

Ji Y, Hu X, Zhu J, et al., 2017. Demographic change and its impact on farmers' field production Decisions [J]. China Economic Review, 43: 64-71.

Ji X, Rozelle S, Huang J, et al., 2016. Are China' s farms growing [J]. China & World Economy, 24: 41-62.

Lei X, Shen Y, Smith J P, et al., 2017. Sibling gender composition' s effect on education: evidence from China [J]. Journal of population economics, 30 (2), 569-590.

Lowde S K, Skoet J, Raney T, 2016. The number, size, and distribution of farms, smallholder farms, and family farms worldwide [J]. World Development, 87: 16-29.

Leonard B, Kinsella A, O' Donoghue C, et al., 2017. Policy drivers of farm succession and inheritance [J]. Land Use Policy, 61: 147-159.

Liu Y, Shen J, Xu W, 2017. From school to university to work: migration of highly educated youths in China [J]. The Annals of Regional Science, 59: 651-676.

Li J, Rodriguez D, Tang X, 2017. Effects of land lease policy on changes in land use, mechanization and agricultural pollution [J]. Land Use Policy, 64: 405-413.

Lobley M, Butler A, Reed M, 2009. The contribution of organic farming to rural development: an exploration of the socio-economic linkages or organic and not-organic farms in England [J]. Land Use Policy, 26, 723-735.

Magnani E, Zhu R, 2012. Gender wage differentials among rural-urban migrants in China [J]. Regional Science and Urban Economics, 42 (5), 779-793.

Meng L, Zhao M Q, Liwu D S, 2016. Joint migration decisions of married couples in rural China [J]. China Economic Review (38): 285-305.

Min S, Waibel H, Huang J, 2017. Smallholder participation in the land rental market in a mountainous region of Southern China: Impact of population aging, land tenure security and ethnicity [J]. Land Use Policy (68): 625-637.

Mukhamedova N, Wegerich K, 2018. The feminization of agriculture in post-Soviet Tajikistan [J]. Journal of Rural Studies (57): 128-139.

Meadows J, Emtage N, Herbohn J, 2014. Engaging Australian small-scale lifestyle landowners in natural resource management programmes-perceptions: Past experiences and policy implications [J]. Land Use Policy, 36: 618-627.

Moxnes Jervell A, 1999. Changing patterns of family farming and pluriactivity [J]. Sociologia Ruralis, 39 (1): 100-116.

Mishra A K, Fannin J M, Joo H, 2014. Off-farm work, intensity of government payments, and farm exits: evidence from a national survey in the United States [J]. Canadian Journal of Agricultural Economics, (62): 283-306.

Ojha H R, Shrestha K K, Subedi Y R, et al., 2017. Agricultural land underutilization in the hill of Nepal: Investigating socio-environmental pathways of change [J]. Journal of Rural Studies, 53: 156-172.

Qin H, Liao T F, 2016. The association between rural-urban migration flows and urban air quality in China [J]. Reg Environ Change, 16: 1375-1387.

Qin M, Brown J J, Padmadas S S, et al., 2016. Gender inequalities in employment and wage-earning among internal labour migrants in Chinese cities [J]. Demographic Research, 34, 175-202.

Quisumbing A R, Pandolfelli L, 2010. Promising approaches to address the needs of poor female farmers: Resources, constraints, and interventions [J]. World Development, 38 (4), 581-592.

Ren C, Liu S, Van Grinsven H, et al., 2019. The impact of farm size on agricultural sustainability [J]. Journal of Cleaner Production. 220 (20): 357-367.

Rao J, Ye J, 2016. From a virtuous cycle of rural-urban education to urban-oriented rural basic education in China: An explanation of the failure of China' s Rural School Mapping Adjustment policy [J]. Journal of Rural Studies, 47 : 601-611.

Raggi M, Sardonini L, Viaggi D, 2013. The effects of the Common Agricultural Policy on exit strategies and land re-allocation [J]. Land Use Policy, 31: 114-125.

Ren Y, Bian Y, He T, 2017. Characterizing the land shareholding cooperative: a case study of Shanglin village in Jiangsu, China [J]. Sustainability, 9 (7): 1175.

Rigby D, Young T, Burton M, 2001. The development of and prospects for organic farming in the UK [J]. Food Policy, 26: 599-613.

Shawyer A, 1990. Farm structure and farm families: a Nottinghamshire field area [J]. East Midland Geographer, 13: 1-18.

Struffolino E, Borgna C, 2020. Who is really 'left behind': Half a century of gender differences in the school-to-work transitions of low-educated youth [J]. Journal of Youth Studies 2020：1-24.

Sumarti T，Falatehan S F，2016. The role and position of young coffee farmers：the gap between generations in the coffee business [J]. Agriculture and Agricultural Science Procedia，9：500-509.

Su B，Li Y，Li L，et al.，2018. How does nonfarm employment stability influence farmers' farmland transfer decisions：Implications for China' s land use policy [J]. Land Use Policy，74：66-72.

Tian C，Song Y，Boyle C E，2012. Impacts of China's burgeoning rural land rental markets on equity：A case study of developed areas along the eastern coast [J]. Regional Science Policy & Practice，4 (3)：301-315.

Unay-Gailhard I，2016. Job access after leaving education：a comparative analysis of young women and men in rural Germany [J]. Journal of Youth Studies，19 (10)：1355-1381.

Wang X，Yamauchi F，Huang J，et al.，2018. What constrains mechanization in Chinese agriculture：Role of farm size and fragmentation [J]. China Economic Review. 62：1-9.

Wenban-Smith H，FaBe A，Grote U，2016. Food security in Tanzania：the challenge of rapid urbanization [J]. Food Sec，8：973-984.

Wouter Z，Simonetta L，2018. Employment and earning differences in the early career of ethnic minority British graduates：the importance of university career，parental background and area characteristics [J]. Journal of Ethnic and Migration Studies，44 (1)：154-172.

Wineman A，Liverpool-Tasie L S，2017. Land markets and land access among female-headed households in northwestern Tanzania [J]. World Development，100：108-122.

Xiao L，Fan M，2014. Does social network always promote entrepreneurial intentions：An empirical study in China [J]. Neural Computing and Applications，24 (1)：21-26.

Xiong J，Shi X，2014. An analysis of self-assessment and influencing factors of student village officials in China [J]. Asian Social Science，10 (12)：177-183.

Xu D，Deng X，Guo S，et al.，2019. Labor migration and farmland abandonment in rural China：Empirical results and policy implications [J]. Journal of Environmental Management，232：738-750.

Ye J，He C，Liu J，et al.，2017. Left-behind elderly：shouldering a disproportionate share of production and reproduction in supporting China' s industrial development [J]. The Journal of Peasant Studies，44 (5)：971-999.

Yao Y，You W，2018. Women' s political participation and gender gaps of education in China：1950-1990 [J]. World Development，106：220-237.

Zagata L，Sutherland L A，2015. Deconstructing the ‘young farmer problem in Europe’：Towards a research agenda [J]. Journal of Rural Studies，38：39-51.

Zhan J，Wu Y，Zhang，X，et al.，2012. Why do farmers quit from grain production in China? Causes and implications [J]. China Agricultural Economic Review，4 (3)：342-362.

Zhang L，Brauw A D，Rozelle S，2004. China's rural labor market development and its gender implications [J]. China Economic Review，15 (2)，0-247.

Zhang L，Cao，Y，Bai Y，2022. The impact of the land certificated program on the farmland rental market in rural China. Journal of Rural Studies，93 (7)：165-175.

Zhang Z，Zhao W，Gu X，2014. Changes resulting from a land consolidation project (LCP) and its resource-environment effects：A case study in Tianmen City of Hubei Province，China [J]. Land Use Policy，40：74-82.

Zhang Q F，Donaldson J A，2010. From peasants to farmers：peasant differentiation，labor regimes，and land-rights institutions in China' s agrarian transition [J]. Politics & Society，38 (4)：458-489.

Zhang X，Yang J，Reardon T，2017. Mechanization outsourcing clusters and division of labor in Chinese agriculture [J]. China Economic Review，43：184-195.

Zhang H，2017. Opportunity or new poverty trap：Rural-urban education disparity and internal migration in China [J]. China Economic Review，44：112-124.

Zou B，Mishra A K，Luo B，2020. Grain subsidy，off-farm labor supply and farmland leasing：Evidence from China. China Economic Review，62 (c)：101293.

附　录
APPENDIX

《农村劳动力受教育程度与可持续农业》调查问卷

非常感谢您参与本次调查，完成问卷将花费20～30分钟。调查以匿名形式进行，您的回答将处于保密状态。本次调查仅用于探索大学生返乡就业对农业可持续发展的影响，以期为国家相关政策修订建言献策。

您的回答没有“对”与“错”之分，但对于我们得出正确的结论十分重要，谢谢您的配合和支持！

调研地址：______省______市______县____镇____村

一、家庭成员基本信息（请在被调查人员前面打“√”）

编号	家庭关系	性别 1男 2女	年龄	受教育程度或年限	是否为家庭劳动力 1. 是 2. 否	从事农业工作 1. 村干部 2. 普通农业家庭 3. 农业大户 4. 回乡创业人员 5. 大学生村官	就业类型 1. 农业 2. 本地非农 3. 外地非农	在农村工作几年	专业 1. 农 2. 文 3. 理工 4. 经管 5. 医学 6. 其他	子女继续从事农业活动 1. 是 2. 否 3. 希望 4. 不希望	是否转行 1. 不转 2. 本地转行 3. 异地转行	家里的种植结构主要决策者（打√）
1												
2												

（续）

编号	家庭关系	性别 1男 2女	年龄	受教育程度或年限	是否为家庭劳动力 1. 是 2. 否	从事农业工作 1. 村干部 2. 普通农业家庭 3. 农业大户 4. 回乡创业人员 5. 大学生村官	就业类型 1. 农业 2. 本地非农 3. 外地非农	在农村工作几年	专业 1. 农 2. 文 3. 理工 4. 经管 5. 医学 6. 其他	子女继续从事农业活动 1. 是 2. 否 3. 希望 4. 不希望	是否转行 1. 不转 2. 本地转行 3. 异地转行	家里的种植结构主要决策者（打√）
3												
4												
5												
6												

注：与户主关系包括配偶、父母、子女、公婆、岳父母、祖父母、外祖父母、儿媳妇、女婿、孙、外孙、兄弟姐妹、其他。家庭成员中不包括已经分家的成员。

二、家庭收入信息

类别	种植业				养殖业				外出打工		家庭副业	本地企业	政府补贴	其他
具体行业	粮食作物	经济作物	蔬菜作物	其他	养猪	养牛	养鸡	其他	本地	外地				
面积（亩）或规模（只、头）														
年均收入（元）														
总收入（元）														

三、农业活动信息

1. 您是否为返乡人员：是（1）______；否（2）______；

返乡年龄：______岁；

返乡之前从事的工作：______；

2. 从事农业活动的时间长短：每年______个月；

3. 现代农业技术使用情况：

农业现代技术采用	温室大棚	机械播种	灌溉技术	有机农业	其他现代技术	传统农耕种植
是						
否						
面积（亩）						

4. 使用农业技术的频率：经常（1）______；偶尔（2）______；从不（3）______；

5. 农户农机机械拥有量______台；

6. 您家里土地利用情况：

土地利用方式	数量（亩）	租入或租出方式	租金（元/年）	租地土地特征	租用对象 1. 农户 2. 集体 3. 公司	租地用途	租地期限（年）
租入							
租出							
自种							
抛荒							

注：土地租入或租出的方式是通过：1、书面合同；2、农村合作社；3、口头转让；4、地方政府；5、其他。

7. 您家一共有______块地；抛荒______块；

8. 您对生活满意度为：非常满意（1）______；基本满意（2）______；感觉一般（3）______；压力很大（4）______；其他（5）______。

调查问卷编号（由调查人员填写）：__________

《乡村振兴视角的农科大学毕业生乡村就业特征研究》调查问卷

非常感谢您参与本次调查，完成问卷将花费 20～30 分钟。调查以匿名形式进行，您的回答将处于保密状态。本次调查仅用于探索不同影响因素对大学生就业迁移的影响，以期为国家相关政策修订建言献策。

您的回答没有“对”与“错”之分，但对于我们得出正确的结论十分重要，谢谢您的配合和支持！

一、基本信息（在对应选项后面打√即可）

1. 性别：男（1）______；女（0）______；

2. 年龄：______；

3. 民族：汉族（1）______；其他（0）______；

4. 政治面貌：中共党员（1）______；共青团员（2）______；无党派人士（3）______；其他党派（4）______；

5. 生源地：______省______市______县（区）______镇（乡）；城市（1）______；农村（0）______；

6. 就读院校：________________________________；

7. 所学专业：____；学位类型：农（1）____；理工（2）______；文（3）______；其他（4）______；

8. 学历：专科（1）______；三本（2）______；二本（3）______；一本（4）______；

9. 在学校每个月的平均花费约为______元：

10. 在学校的学业成绩属于：前 30%（1）________；30%～60%（2）______；其他（3）______；

11. 在学校是否为学生干部；是（1）______；否（0）______；

12. 请评价你的校园生活满意度：总体满意程度为非常不满意（1）______；不满意（2）______；一般满意（3）______；比较满意

（4）______；非常满意（5）______。

二、家庭背景信息

1. 家庭年收入约为：______万元；
2. 家庭成员数量：______人，主要劳动力______人；
3. 是否独生子女：是（1）______；否（0）______；
4. 父亲年龄：______；母亲年龄：______；
5. 家庭所在地：______省______市______县（区）______镇（乡）；城市（1）______；农村（0）______；
6. 父亲学历：初中及以下（1）______；高中（2）______；专科及本科（3）______；硕士及以上（4）______；
7. 母亲学历：初中及以下（1）______；高中（2）______；专科及本科（3）______；硕士及以上（4）______；
8. 父亲岗位：____________________；母亲岗位：_______________；
9. 家人有无意向让你回乡就业：是（1）______；否（0）______；
10. 本人有无意向五年内回乡就业：是（1）____；否（0）____；
11. 家人是否已安排工作岗位：是（1）______；否（0）______；
12. 家里父亲是否是户主：是（1）______；否（0）______。

三、就业信息

1. 是否找到工作：是（1）______；否（2）______；继续深造（硕、博）（3）______；出国（4）______；
2. 工作单位所在地点：______省______市______县（区）；村镇（0）______；城市（1）______；
3. 影响你返乡就业的因素：国家就业政策补贴（1）______；外部环境压力（社会压力、父母压力）（2）______；自身意愿（3）______；其他（4）______；
4. 本次就业是否专业对口：是（1）______；不对口（0）______；
5. 初次就业可能收入（税前）______元/月；
6. 本次就业工作岗位：__________；是否为子承父业：是（1）______；否（0）______；

7. 找到工作的渠道：招聘会（1）______；亲戚介绍（2）______；网上查询（3）______；社会统招（4）______；

其他（具体说明）（5）________________；

8. 对初次就业工作满意度：非常不满意（1）______；不满意（2）______；一般（3）______；比较满意（4）______；非常满意（5）______。

四、乡村背景信息（就业地信息，城市就业的可以不填写）

生源地基本情况

1. 本地主要支柱产业：农业（1）______；工业（2）______；旅游业（3）______；其他（4）______；

2. 本地主要作物类型：粮食作物（1）______；经济作物（2）______；其他（3）______；

3. 本村镇基础设施现状：

医疗点：卫生室（1）______；医院（2）______；其他（3）______；

教育点：小学（1）______；中学（2）______；其他（3）______；

道路情况：均为硬化路（1）______；否（0）______；

4. 本村镇生态环境现状：

直饮水：有（1）______；无（0）______；

文化广场：有（1）______；无（0）______：

规范的垃圾清理回收措施和地点：有（1）______；无（0）______；

公共绿植：有（1）______；无（0）______；

5. 污染源现状：

工业污染源：有（1）______；无（0）______；

农业污染源：有（1）______；无（0）______；

生活污染源：有（1）______；无（0）______；

畜禽粪便污染源：有（1）______；无（0）______；

最近污染源距离约为：______千米。

就业地基本情况

1. 本地主要支柱产业：农业（1）______；工业（2）______；旅游业（3）______；其他（4）______；

2. 本地主要作物类型：粮食作物（1）______；经济作物（2）______；其他（3）______；

3. 本村镇基础设施现状：

医疗点：卫生室（1）______；医院（2）______；其他（3）______；

教育点：小学（1）______；中学（2）______；其他（3）______；

道路情况：均为硬化路（1）______；否（0）______；

4. 本村镇生态环境现状：

直饮水：有（1）______；无（0）______；

文化广场：有（1）______；无（0）______；

规范的垃圾清理回收措施和地点：有（1）______；无（0）______；

公共绿植：有（1）______；无（0）______；

5. 污染源现状：

工业污染源：有（1）______；无（0）______；

农业污染源：有（1）______；无（0）______；

生活污染源：有（1）______；无（0）______；

畜禽粪便污染源：有（1）______；无（0）______；

最近污染源距离约为：______千米。

调查问卷编号（由调查人员填写）：__________